本書由揚州大學出版基金資助

揚州大學
圖書館館藏珍貴古籍圖録

吳善中　侯三軍等　著

廣陵書社

圖書在版編目（ＣＩＰ）數據

揚州大學圖書館館藏珍貴古籍圖錄 ／ 吳善中等著
 —— 揚州 ： 廣陵書社，2018.12
　　ISBN 978-7-5554-1157-4

　　Ⅰ．①揚… Ⅱ．①吳… Ⅲ．①院校圖書館－古籍－圖
書館目錄－揚州 Ⅳ．①Z838

中國版本圖書館CIP數據核字(2018)第273926號

著 作 者　（按姓氏筆畫爲序）

　　　　　吳善中　侯三軍　洪　濤　姚海英　駱　凡　趙　宣

書　　名　揚州大學圖書館館藏珍貴古籍圖錄
著　　者　吳善中　侯三軍等
責任編輯　李　潔
出版發行　廣陵書社
　　　　　揚州市維揚路 349 號　　　　郵編　225009
　　　　　（0514）85228081（總編辦）　　85228088（發行部）
　　　　　http：// www.yzglpub.com　　E—mail：yzglss@163.com
印　　刷　無錫市海得印務有限公司
裝　　訂　無錫市西新印刷有限公司
開　　本　787 毫米 ×1092 毫米　1/16
印　　張　13.5
印　　數　500
版　　次　2018 年 12 月第 1 版第 1 次印刷
標準書號　ISBN 978-7-5554-1157-4
定　　價　280.00 圓

序

吳善中

　　圖錄是應用描摹、攝像、複印以及掃描等傳統的、現代的複製技術來再現某一(類)實物的真實形象且配以文字說明的一種著述體裁。在歷史研究領域,運用較多的是各色種類的文物圖錄和古籍圖錄。所謂古籍圖錄,就是呈現古籍版式或部分內容的一種複製品,這種複製品,一般均配有解題文字或必要說明。古籍圖錄,起初稱爲"書影",顧廷龍先生有言:"自楊守敬創爲《留真譜》,一書數刻,各撫其形,以便稽覽,此言版本而注重於實驗也。若僅聞傳本之眾多而不獲目睹其真面目,則誠有釋氏所謂寶山空返之憾也。故'書影'事業尤爲從事目錄學者當務之急。"(《明代版本圖錄初編敘》,載《民國叢書》第5編第100冊)顧先生所言"書影",亦即"圖錄"。學界競賞佳章,交口贊同顧先生所說的圖錄("書影")濫觴於楊守敬《留真譜》。不過,須指出,楊守敬潛心蒐集在日本流傳的中國散失古籍而成書的《留真譜》,所收均爲摹寫刊印各種古籍的樣張,是"摹寫"而不是後來製作圖錄所廣泛使用的攝像等技術手段。

　　學界一般認爲,古籍圖錄具有"目錄"的性質和作用。姚伯岳《中國圖書版本學》(北京大學出版社2004年版第194頁)一書中將古籍圖錄歸於"版本目錄",說古籍圖錄"就是反映書刊版式和部分文字內容的圖片樣張"。"而彙集反映某類或某處所藏書刊版式文字的書影集,又常被稱作圖錄或影譜,實際上是一種變相的版本目錄"。並強調古籍圖錄的"作用在於,不必親見原書就可以基本知曉原書的面貌,特別是版式、字體等各種版本風格、特徵可以通過圖錄得到逼真的再現,較任何細緻生動的文字描述都更爲準確。如再加上恰當的文字說明,可以說,圖錄是一種體例最爲完善的版本目錄"。黃實《淺談書影目錄的發生與發展》(《圖書館學研究》1982年第6期)一文開宗明義認爲:古籍圖錄"是從古籍的諸版本中,選出有代表性的頁子影摹下來,按著一定的目錄體系編製而成,以便人們檢索各種版本形象特徵的書本式目錄。它是研究、考證古籍版本的重要工具"。

　　揚州大學圖書館古籍特藏部的古籍庋藏較爲宏富。古籍藏量 100602 冊,其中善本古籍數量 360 餘部。古籍查詢具有卡片目録和電子查詢系統兩種方式。館藏中,現有 9 部入選《國家珍貴古籍名録》,22 部入選《江蘇省珍貴古籍名録》。善本古籍中年代最早的爲明正德七年(1512)刻本《京口三山志》,是一部十分珍貴的地方誌文獻;另有孤本《左國類函》等。此外,館藏中蘇北方志、清人別集、揚州地方文獻等頗具特色。古籍特藏部于 2009 年成立,是國務院公佈的第二批"全國古籍重點保護單位"和首批"江蘇省古籍重點保護單位"。現有工作人員 8 人(博士 2 人,碩士 4 人),其中古籍管理閱覽 2 人,古籍修復 2 人,古籍研究開發 4 人。古籍書庫總面積 450 平方米,古籍閱覽室面積 460 平方米。

　　同時,特藏部的古籍修復已進入常態化,建有完整規範的古籍修復檔案,古籍修復室亦成爲揚州大學社會發展學院檔案學、歷史學專業學生的實習基地。近年來,揚州大學圖書館在全國古籍普查登記、古籍著録、保護與開發利用、館藏古籍數字化、多途徑爲讀者提供古籍資源等方面,做了大量工作。認真完成了國家、江蘇省珍貴古籍名録的申報工作;承擔了《揚州文庫》中本館十三種入編古籍的提要撰寫工作;按照國家要求,開展了館藏古籍普查目録登記工作,2016 年 9 月《揚州大學圖書館古籍普查登記目録》順利出版。在館藏古籍數字化工作方面,2015 年《揚州大學圖書館藏古籍珍本叢刊》出版,同時掃描館藏古籍中揚州地方文獻 63 部,配有介紹文字,建成《館藏揚州文化典籍庫》。2011 年揚州大學圖書館被江蘇省古籍保護中心評選爲"江蘇省'十一五'古籍保護工作先進單位";2016 年 7 月,被江蘇省古籍保護中心授予"江蘇省古籍保護工作先進單位"稱號。

　　石渠天禄,鄴架巍巍。面對宏富的古籍館藏,同仁們焚膏繼晷,無問寒暑,兀兀窮年,染翰操觚,去年撰就並出版了《揚州大學圖書館館藏古籍善本書目提要》,現在又完成了其姊妹篇《揚州大學圖書館館藏珍貴古籍圖録》,可喜可賀!然而,編撰圖録是一件不易爲力的工作。我們編就的這部圖録,仍存在諸如著録專案不細、解題説明失當的毛病,有待不斷修訂和完善。書中出現的諸多不足甚至錯誤,望方家指正!是爲序。

2018 年 9 月 20 日

凡　例

（一）《圖録》共收録揚州大學圖書館所藏珍貴古籍 343 種。

（二）《圖録》收録古籍，基本以清乾隆六十年（1795）爲下限。同時收録了部分有價值的稿本、抄本、批校本以及其他較爲稀有的珍貴古籍。按"經""史""子""集""叢"五部編排。

（三）《圖録》按書名、卷數、著者、版本、版框等内容著録。对入選《國家珍貴古籍名録》或《江蘇省珍貴古籍名録》的古籍，均予以注明。

目　録

經　部

史　部

子　部

道家類 / 089

集　部

楚辭類 / 093

別集類 / 096

經　部

總　類

易數鈎隱圖卷上
太極第一

太極無數與象今以二儀之氣混而爲一以畫之蓋
欲明二儀所從而生也

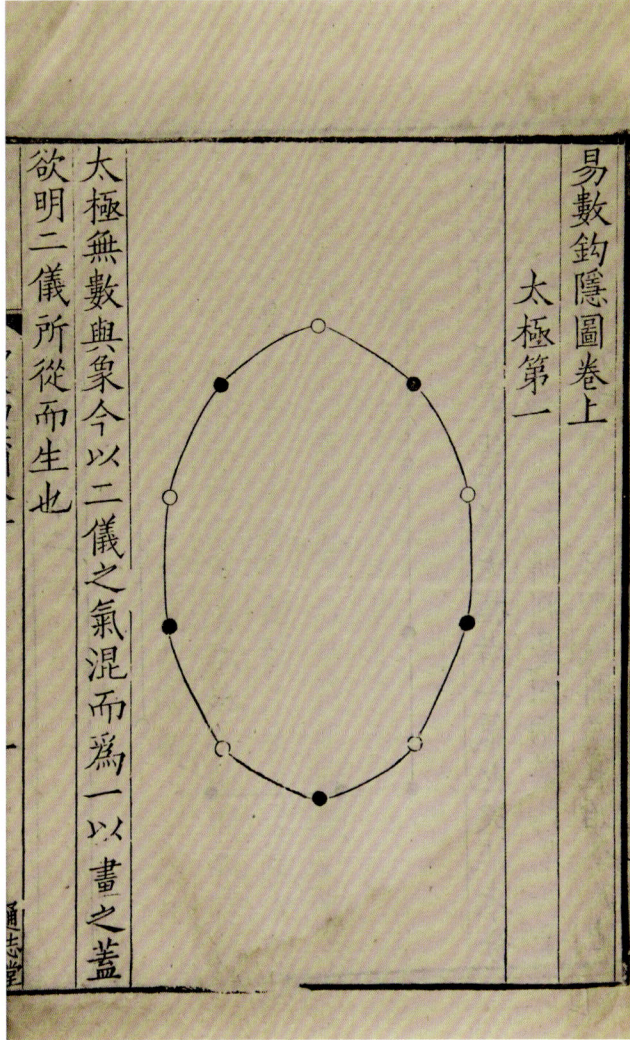

001 通志堂經解一百四十種一千八百六十卷（存五種）

（清）納蘭性德輯

清康熙十九年（1680）通志堂刻本。 半葉十一行，行
二十字。白口，左右雙邊。框高 19.9 厘米，寬 15.1 厘米。

易　類

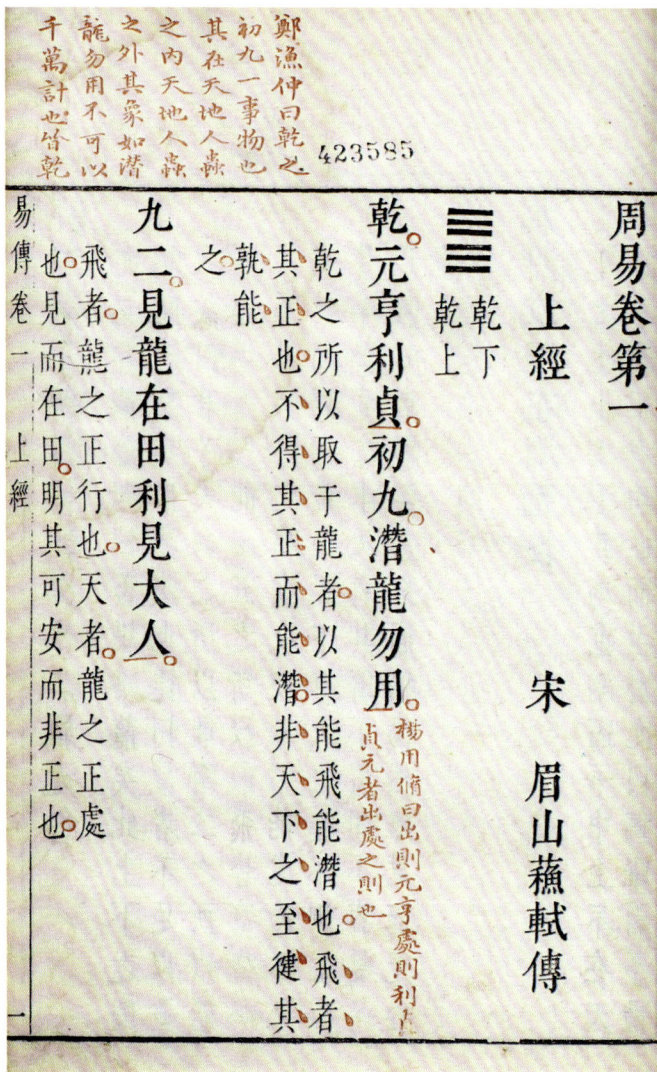

002 易傳八卷

（宋）蘇軾撰

王輔嗣論易一卷

（魏）王弼撰

明吳興閔齊伋刻朱墨套印本。半葉八行，行十八字，小字雙行同。白口，四周單邊。框高 20.2 厘米，寬 14.6 厘米。江蘇省珍貴古籍號 0012。

書　類

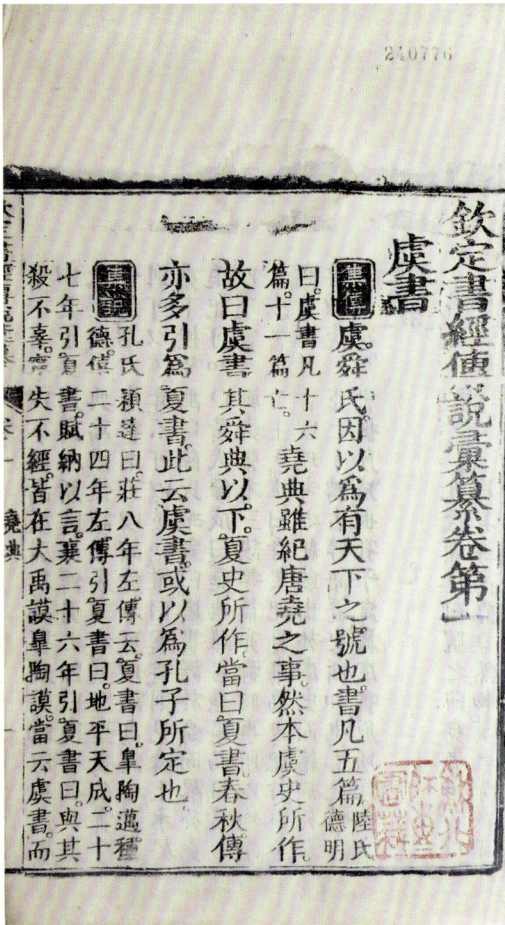

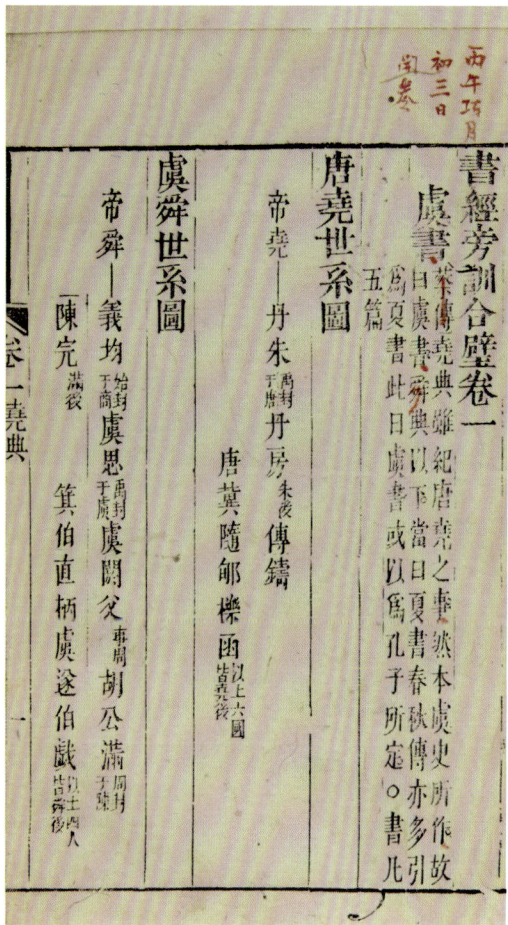

003 欽定書經傳説彙纂二十一卷首二卷書序一卷

（清）王頊齡等撰

清雍正刻本。半葉八行,行十八至二十二字,小字雙行同。白口,四周雙邊。框高 21.5 厘米,寬 16 厘米。

004 書經旁訓合璧六卷首一卷末一卷

（清）李繩輯

清乾隆五十六（1791）年刻本。半葉九行,行二十字。小字雙行同,上黑口,四周單邊。框高 20 厘米,寬 14.5 厘米。

詩　類

<table>
<tr><td>

禹貢會箋卷之一

夏書

蔡傳曰夏禹有天下之號也禹貢作於虞時而繫
之夏書者禹之王以是功也箋按王克論衡曰堯
以唐侯得位始舜以虞地得達禹由夏而起皆本興
昌之地爲號重本不忘也周書武王克商至周
日吾其有夏之居乎遂營洛邑徐廣曰陽翟夏地

當塗

高淳　　　徐文靖位山箋

趙　　升文晃訂

</td><td>

毛詩說卷上

國風

關雎后妃之德也

關關雎鳩在河之洲窈窕淑女君子好逑

參差荇菜

左右流之窈窕淑女寤寐求之求之不得寤寐思服悠

哉悠哉輾轉反側

參差荇菜左右采之窈窕淑女琴

瑟友之參差荇菜左右芼之窈窕淑女鐘鼓樂之

關雎三章一章四句二章章八句

易基乾坤書美釐降春秋譏不親迎禮始于謹

秀水　諸　錦　學

</td></tr>
</table>

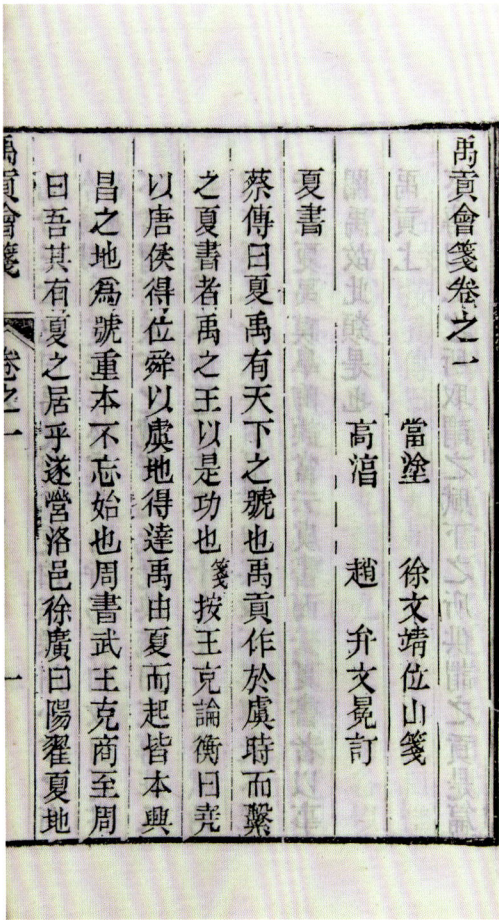

005 禹貢會箋十二卷

（清）徐文靖箋

清乾隆刻本。半葉九行，行二十字，小字雙
行同。白口，左右雙邊。框高 19 厘米，寬
12.9 厘米。

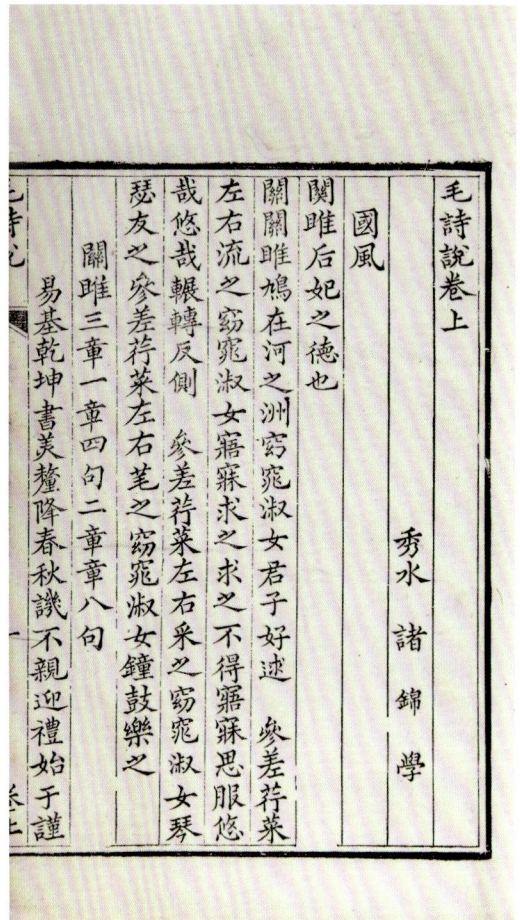

006 毛詩說二卷首一卷

（清）諸錦撰

清乾隆二十一年（1756）刻本。半葉十行，
行二十一字。白口，四周雙邊。框高 17.1
厘米，寬 12.2 厘米。

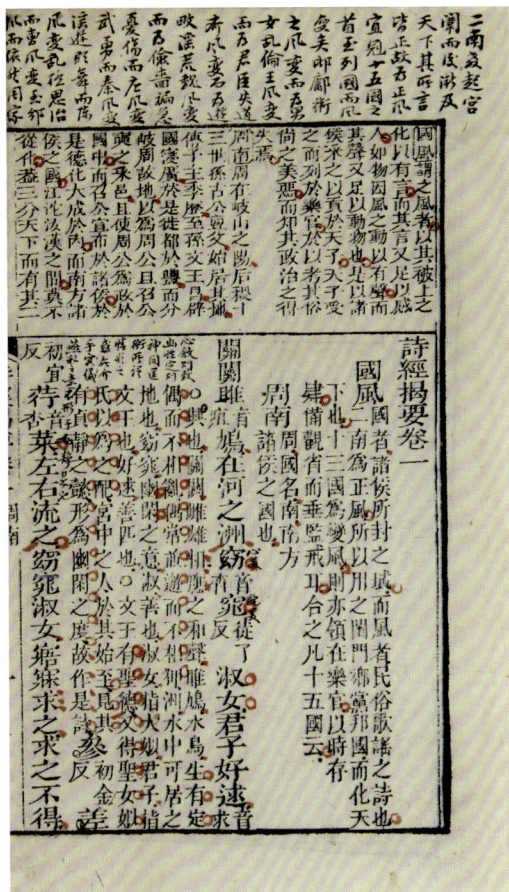

007 詩經揭要四卷

（清）周蕙田輯

清乾隆五十四年（1789）刻本。兩欄，上欄半葉十八行，行十一字；下欄半葉九行，行二十一字。小字雙行同。白口，左右雙邊。框高 19.1 厘米，寬 12.1 厘米。

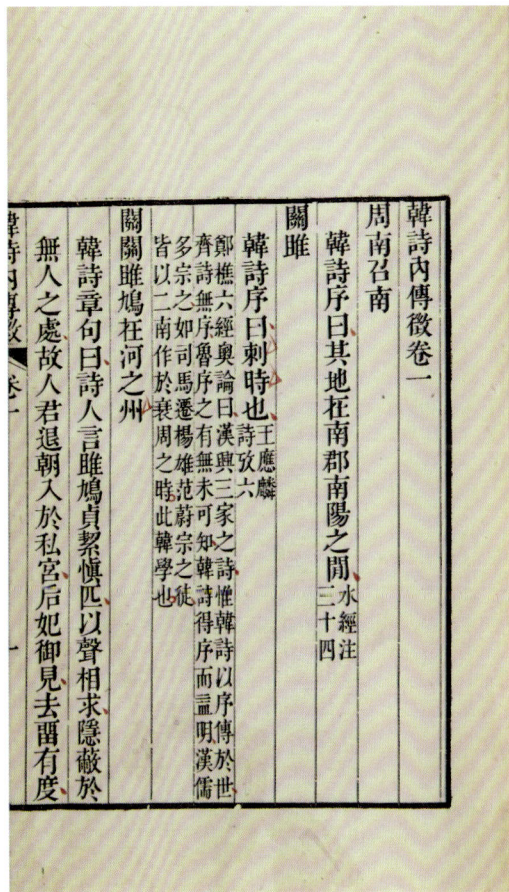

008 韓詩內傳徵四卷附錄二卷

（清）宋綿初輯

清乾隆六十年（1795）志學堂刻本。半葉十行，行二十二字，小字雙行同。白口，左右雙邊。框高 17.1 厘米，寬 12.9 厘米。

詩經闡註卷一

太倉浦

同學錢　　　校　方蔚氏同校

郁　　原　　氏閱

詩裁

詩經卷之二　朱子集傳　宋寶王校

國風

周南之一

召南之一

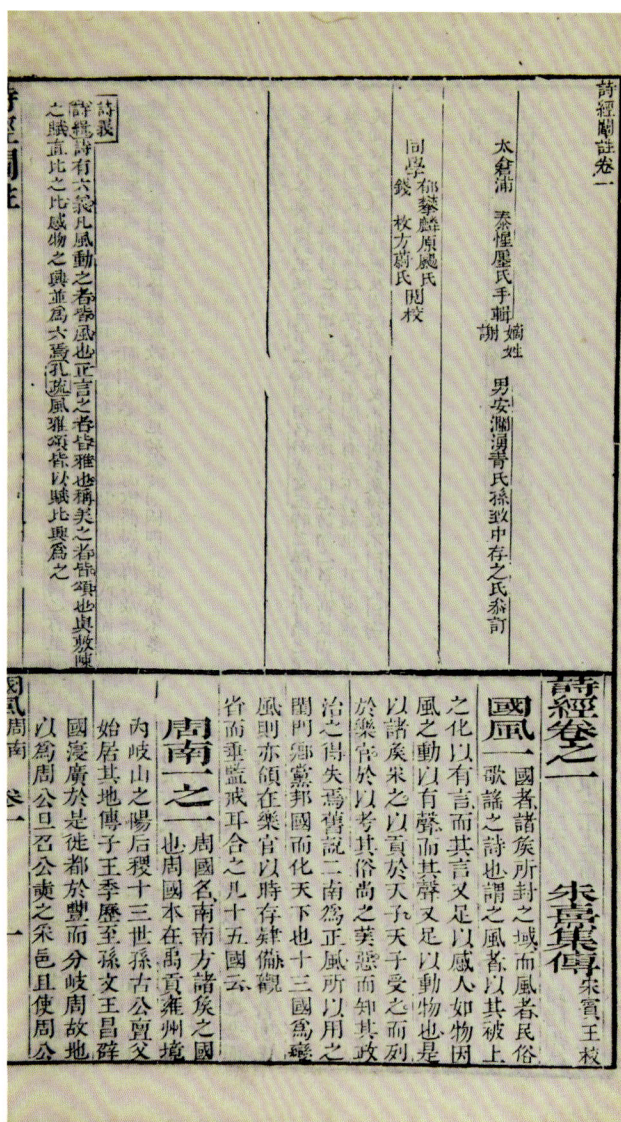

009 詩經闡註八卷

（清）浦泰輯

清乾隆八年（1743）刻本。此書爲上下兩欄,上欄爲《詩經闡註》,下欄爲《詩經集傳》。上欄半葉二十四行,行三十二字;下欄半葉九行,行十七字。小字雙行同。白口,上欄四周單邊,下欄左右雙邊。框高28厘米,寬15厘米。

讀風臆評

周南

關關雎鳩在河之洲窈窕淑女君子好逑〇參差荇菜左右流之窈窕淑女寤寐求之求之不得寤寐思服悠哉悠哉輾轉反側〇參差荇菜左右采之窈窕淑女琴瑟友之參差荇菜左右芼之窈窕淑女鐘鼓樂之

文王生有聖德又有聖女姒氏以為配宮中之人於其始至見其有幽閑貞靜之德故作是詩

詩之妙全在離空見奇此詩只窈窕淋女君子

讀風臆評卷上周南

一

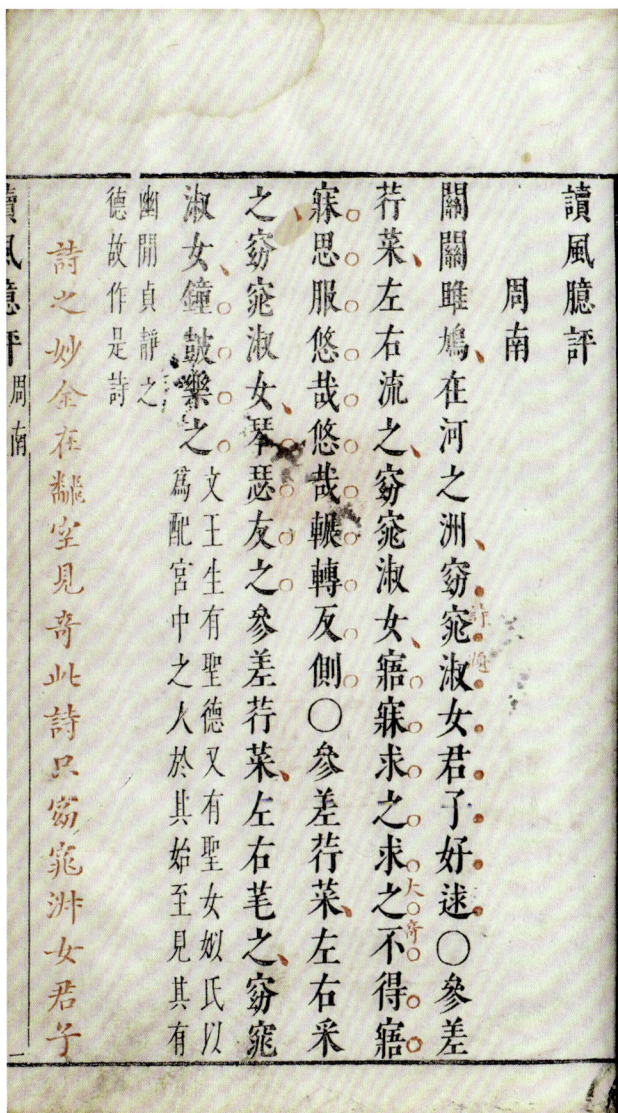

010 讀風臆評一卷

（明）戴君恩撰

明萬曆四十八年（1620）閔齊伋刻朱墨套印本。半葉九行,行十九字,小字雙行同。白口,四周單邊。框高21.1厘米,寬15厘米。江蘇省珍貴古籍名錄號0061。

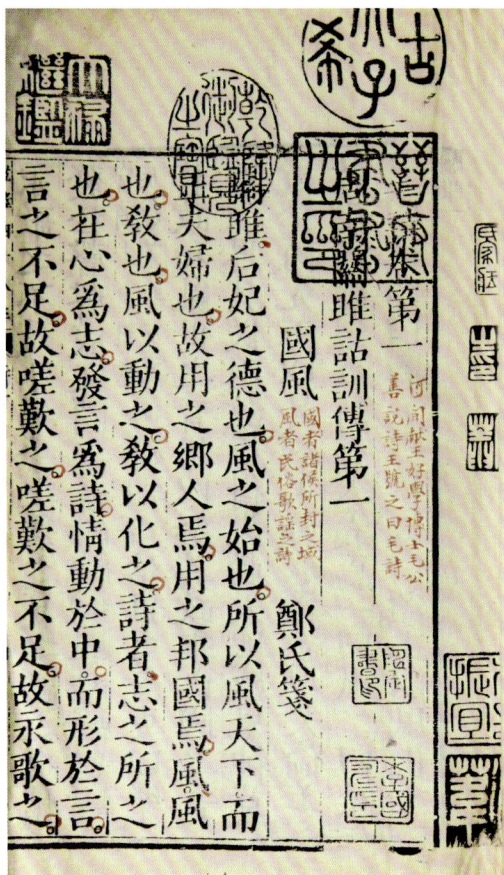

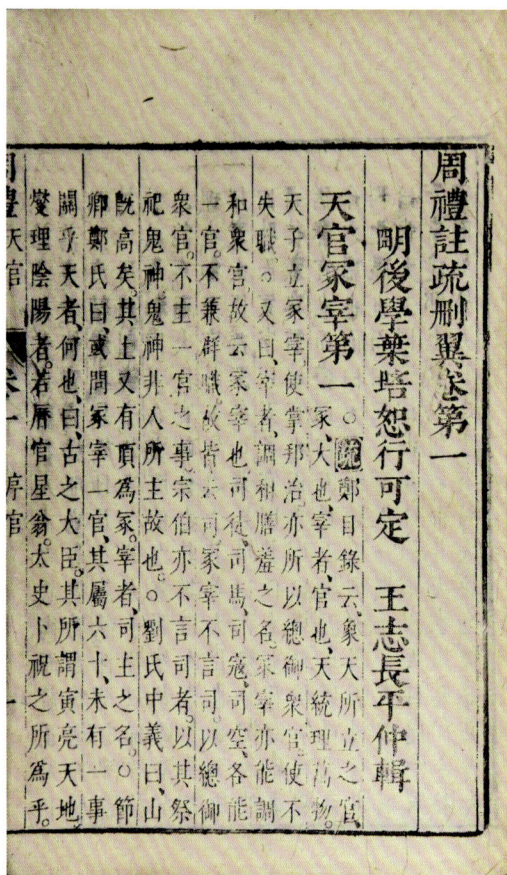

011 毛詩二十卷

（漢）鄭玄箋

清乾隆四十八年（1783）武英殿仿宋刻本。半葉八行，行十七字，小字雙行同。白口，四周雙邊。框高 20.3 厘米，寬 13.5 厘米

012 周禮註疏删翼三十卷

（明）王志長輯

明崇禎刻本。半葉八行，行十九字，小字雙行同。白口，左右雙邊。框高 19.1 厘米，寬 13.9 厘米。

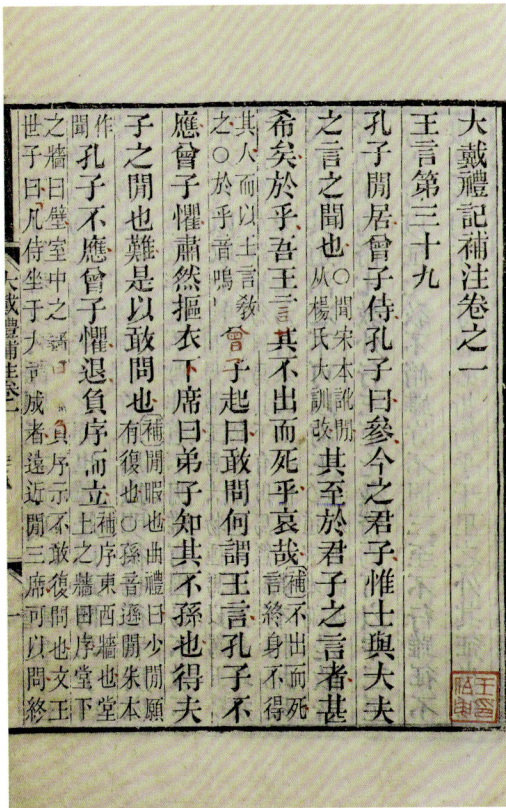

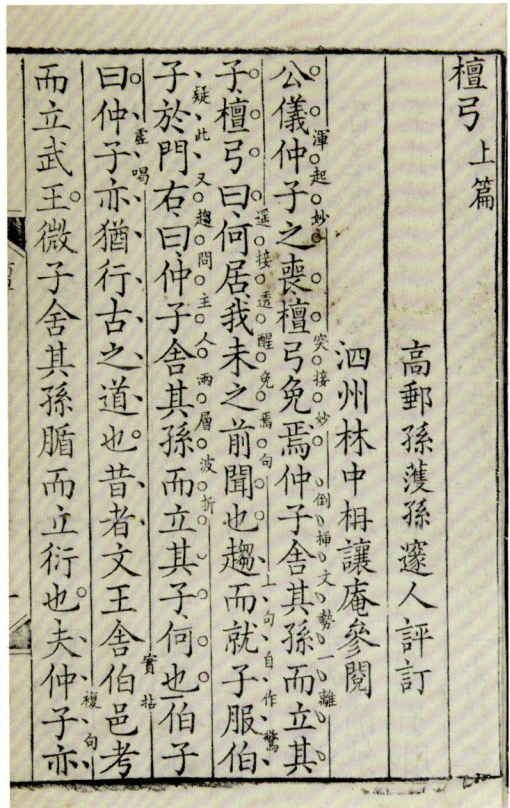

013 大戴禮记补注十三卷

（清）孔廣森撰

清乾隆五十九年（1794）刻本。半葉十行，行二十字，小字雙行三十六字。上黑口，左右雙邊。框高 18.5 厘米，寬 15.4 厘米。

014 檀弓論文二卷

（清）孫濩孫評訂

清康熙六十一年（1722）刻本。半葉八行，行十八字，小字雙行同。白口，左右雙邊。框高 17.2 厘米，寬 12 厘米。

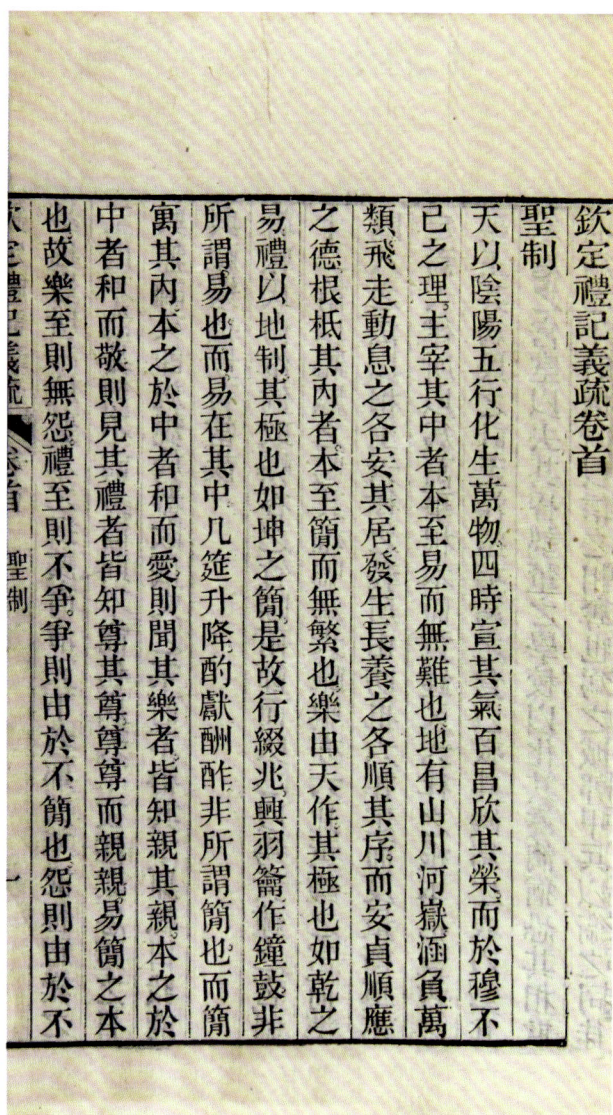

欽定禮記義疏卷首

聖制

天以陰陽五行化生萬物四時宣其氣百昌欣其榮而於穆不
已之理主宰其中者本至易而無難也地有山川河嶽涵負萬
類飛走動息之各安其居發生長養之各順其序而安貞順應
之德根柢其內者本至簡而無繁也樂由天作其極也如乾之
易禮以地制其極也如坤之簡是故行綴兆興羽籥作鐘鼓非
所謂易也而易在其中几筵升降酌獻酬酢非所謂簡也而簡
寓其內本之於中者和而愛則間其樂者皆知親其親本之於
中者和而敬則見其禮者皆知尊其尊尊尊而親親易簡之本
也故樂至則無怨禮至則不爭爭則由於不簡也怨則由於不

015 欽定禮記義疏八十二卷首一卷

（清）允禄等編

清乾隆刻本。半葉十一行，行二十四字，小字雙行同。
白口，左右雙邊。框高 18.8 厘米，寬 14 厘米。

禮記卷之一

宋陳澔集說　後學程用昌校訂

曲禮上第一

經曰曲禮三千言節目之委曲其多如是也。此即古禮經之篇名。後人以編簡多。故分爲上下。〇張子曰。物我兩盡。自曲禮入

曲禮曰毋不敬儼若思安定辭安民哉

毋。禁止辭。〇朱子曰。首章言君子修身。其要在此三者。而其效足以安民。乃禮之本。故以冠篇〇范氏曰。經禮三百。曲禮三千。可以一言蔽之。曰毋不敬〇程子曰。心定者其言安以舒。不定者其辭輕以疾〇劉氏曰。篇首二句。如曾子所謂君子所貴乎道者三。而籩豆

禮記集説　卷一

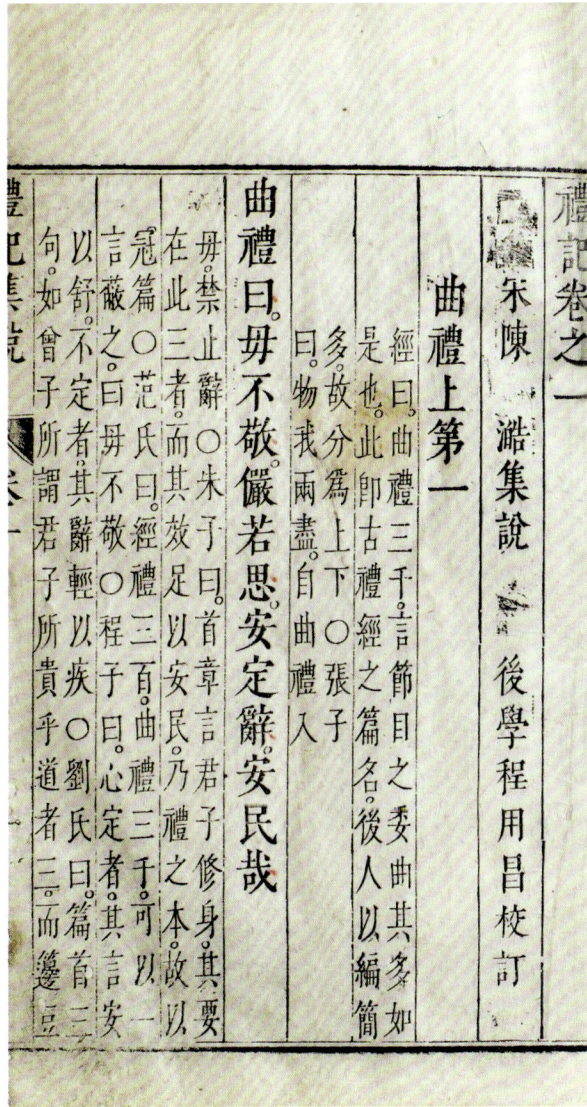

016 禮記集説十六卷

(元)陳澔撰

明刻本。半葉九行,行十八字,小字雙行同。白口,四周雙邊。框高21.1厘米,寬14.5厘米。江蘇省珍貴古籍名録號0082。

春秋類

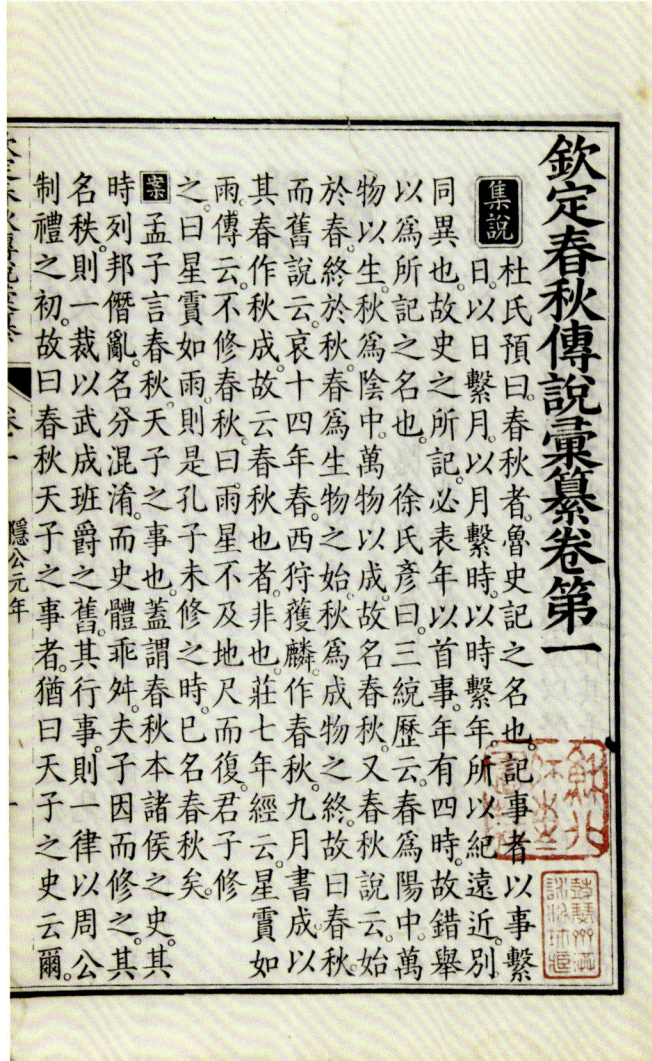

017 欽定春秋傳説彙纂三十八卷首二卷

（清）王掞等編

清康熙六十年（1721）内府刻本。半葉八行，行十六字，小字雙行二十二字。白口，四周雙邊。框高 22.4 厘米，寬 16.1 厘米。

春秋左傳　孫月峰先生批點

隱公

○惠公元妃孟子孟子卒繼室以聲子生隱公宋
武公生仲子仲子生而有文在其手曰爲魯夫
人故仲子歸于我生桓公而惠公薨是以隱公
立而奉之

元年春王正月

元年春王周正月不書即位攝也

三月公及邾儀父盟于蔑

自此起至攝
也總是釋不
書即位之義
文氣甚貫宜
附元年經後
不宜止據傳
元年字截道
經前

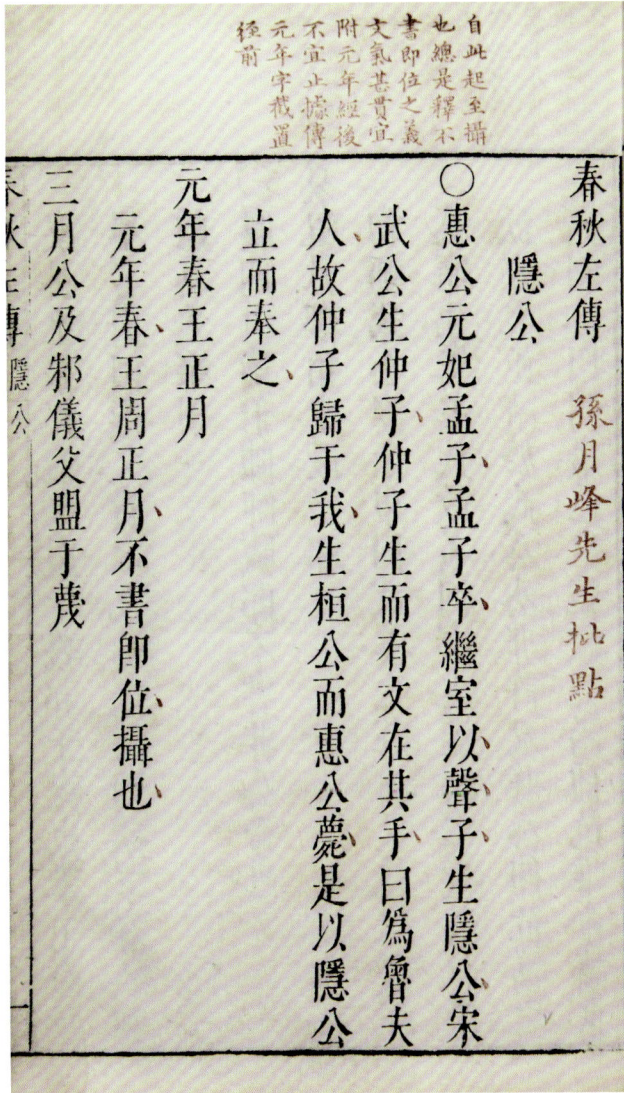

018 春秋左傳十五卷

（明）孫鑛批點

明萬曆四十四年（1616）閔齊伋刻朱墨套印本。半葉
九行，行十九字。白口，四周單邊。框高 21.3 厘米，寬
15 厘米。江蘇省珍貴古籍名録號 0114。

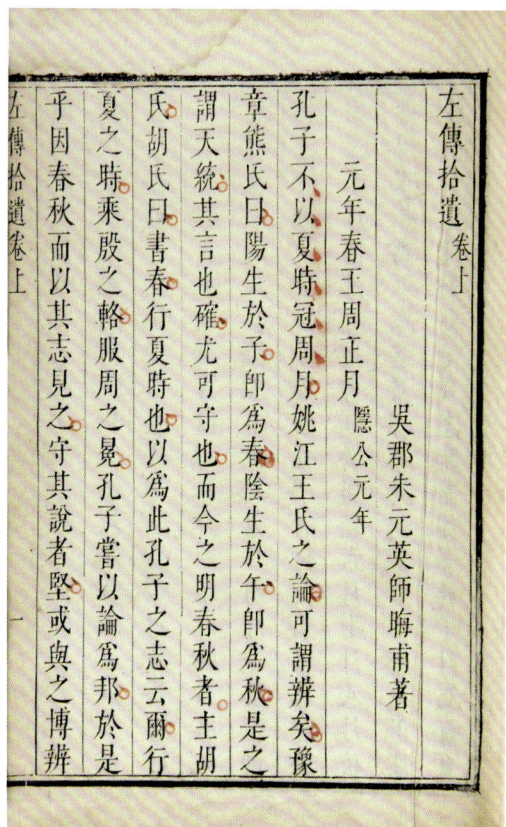

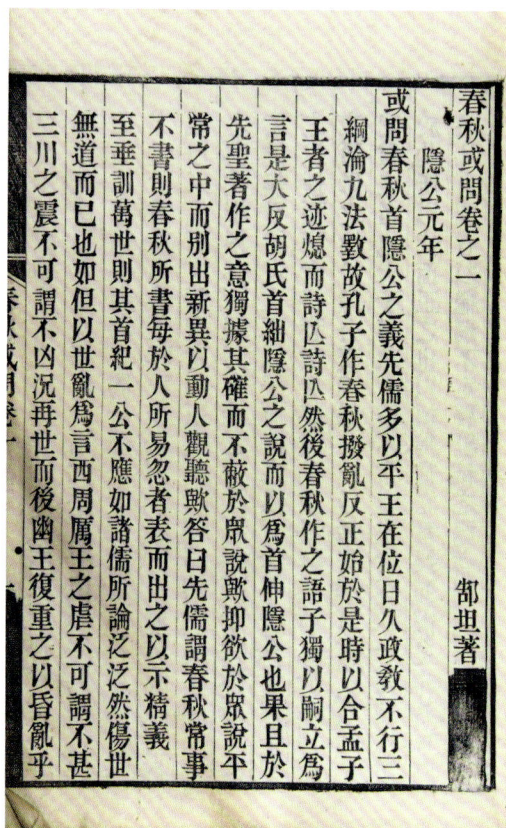

019 左傳拾遺二卷
（清）朱元英撰

清康熙四十三年（1704）刻本。半葉九行，行二十字，小字雙行同。白口，四周雙邊。框高20.4厘米，寬14.1厘米。

020 春秋或問六卷
（清）郜坦撰

清乾隆刻本。半葉十二行，行二十字。上下黑口，左右雙邊。框高20.7厘米，寬14.7厘米。

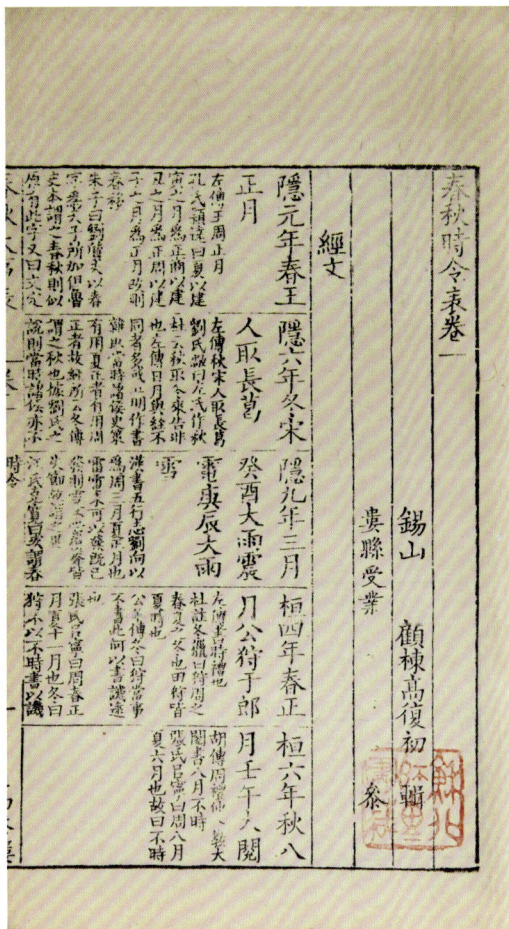

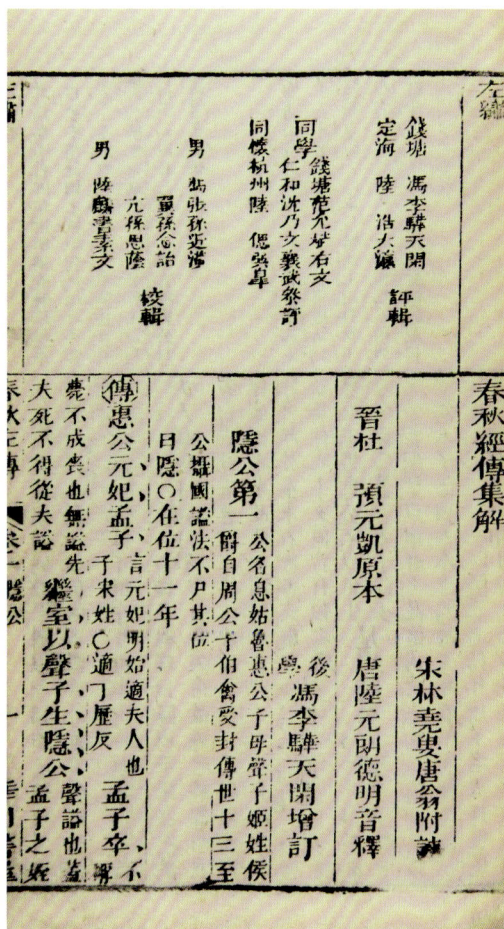

021 春秋大事表五十卷春秋綱領一卷讀春秋偶筆一卷春秋輿圖一卷附錄一卷

（清）顧棟高輯

清乾隆十二年（1747）刻本。半葉十一行，行二十五字，小字雙行四十字。白口，四周單邊。框高21.6厘米，寬15厘米。

022 左繡不分卷

（清）馮李驊、陸浩評輯

春秋左傳集解三十卷

（宋）林堯叟附註　（唐）陸元朗音譯　（清）馮李驊增訂

清康熙華川書屋刻本。上下兩欄，半葉行數上欄十六行下欄八行，上欄十五字下欄二十字，小字雙行下欄十五字。白口，四周單邊。框高22厘米，寬14.4厘米。

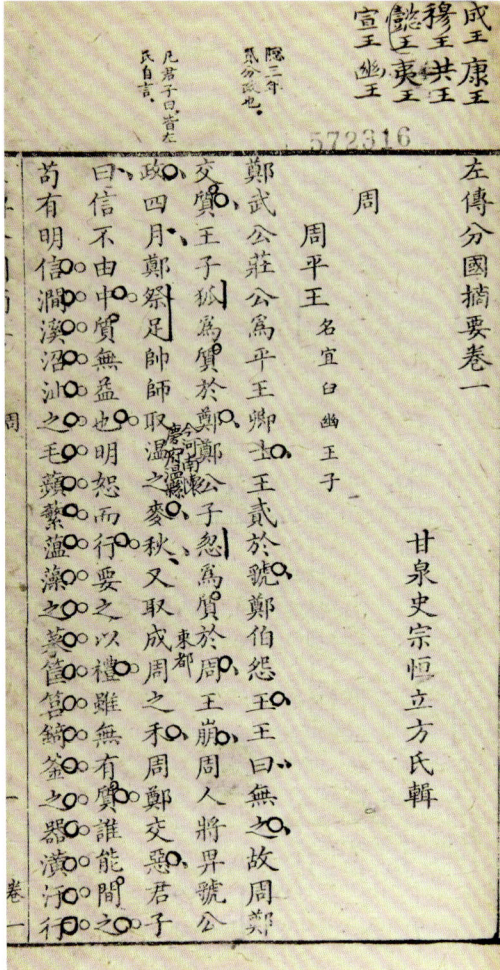

023 左傳分國摘要二十卷圖一卷

（清）史宗恒輯

清乾隆四十一年（1776）刻本。半葉九行，行二十五字，小字雙行同。白口，左右雙邊。框高 17.5 厘米，寬 10.8 厘米。

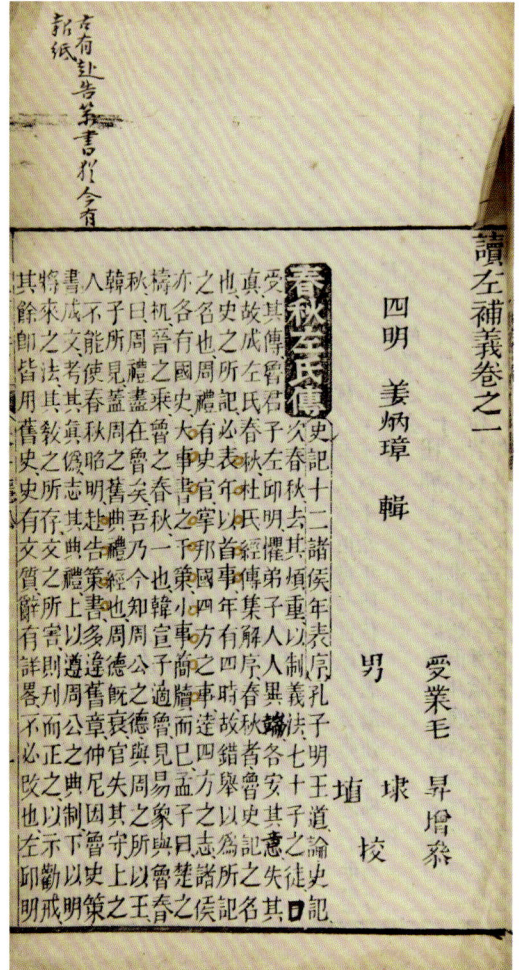

024 讀左補義五十卷首一卷

（清）姜炳璋輯

清乾隆刻本。半葉十一行，行二十三字，小字雙行同。白口，左右雙邊。框高 18 厘米，寬 13.7 厘米。

隱公

元年

經　父音甫　茷莫結反　鄗音偃　吘阮反　賵撫鳳反　祭側界反

左傳　共音恭　亟欺冀反　馬音烟　辟避音　蔓音萬　眊音昵　寔音志

穀梁傳　舍音捨戶暗反　繄音夜　闕掘音　隧遂音　渫曳音　少時照反

胡傳　惡烏故反　勝音升　軋乙黠反　壞音恠　見音現　與音預

（左側欄）火日傳　　卷一音釋

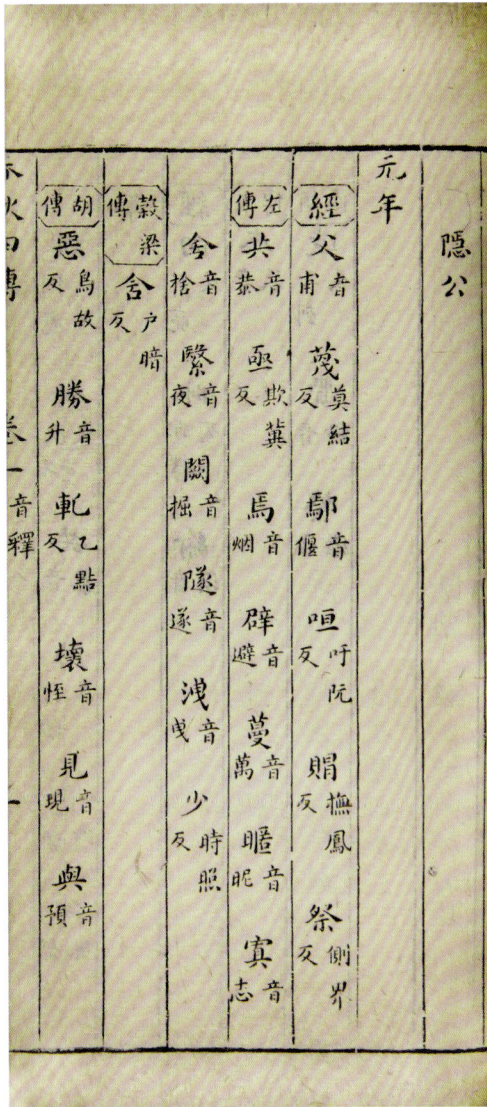

025 春秋四傳三十八卷

（明）鍾天犀輯　　（明）鍾惺評

明崇禎刻本。半葉八行，行二十九字，小字雙行同。白口，四周單邊。框高20厘米，寬12.2厘米。

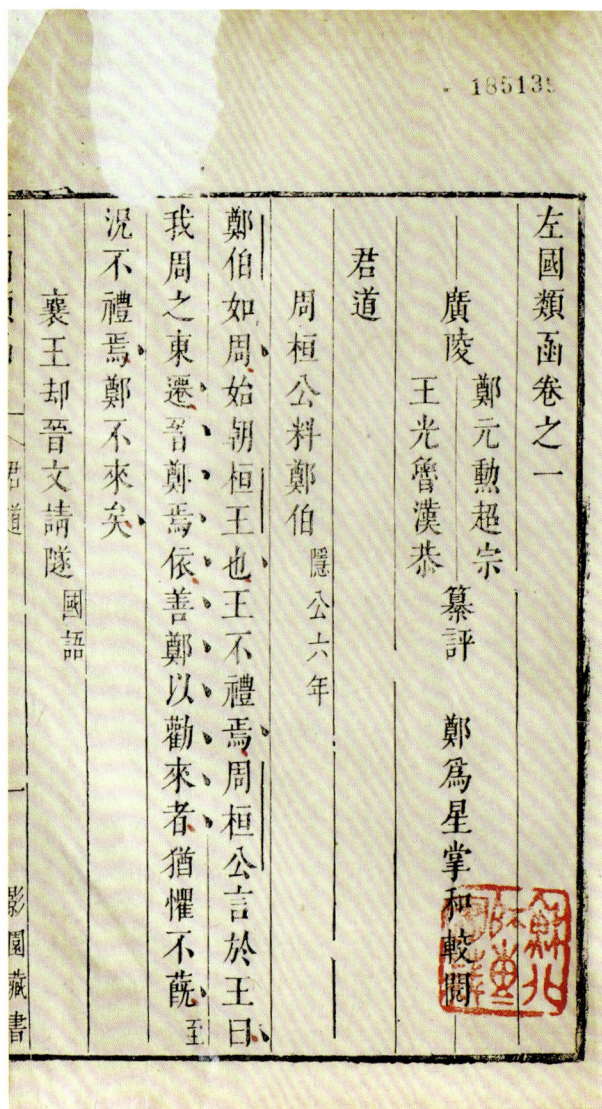

026 左國類函二十四卷

（明）鄭元勳、王光魯輯

明崇禎刻本。半葉九行，行二十字，小字雙行同。白
口，四周單邊。框高20.5厘米，寬14.1厘米。國家
珍貴古籍名録號07377。

四書類

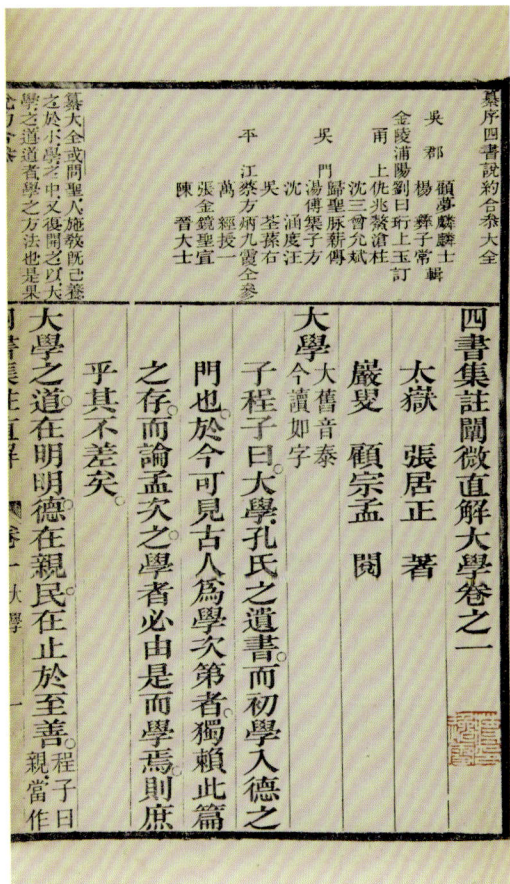

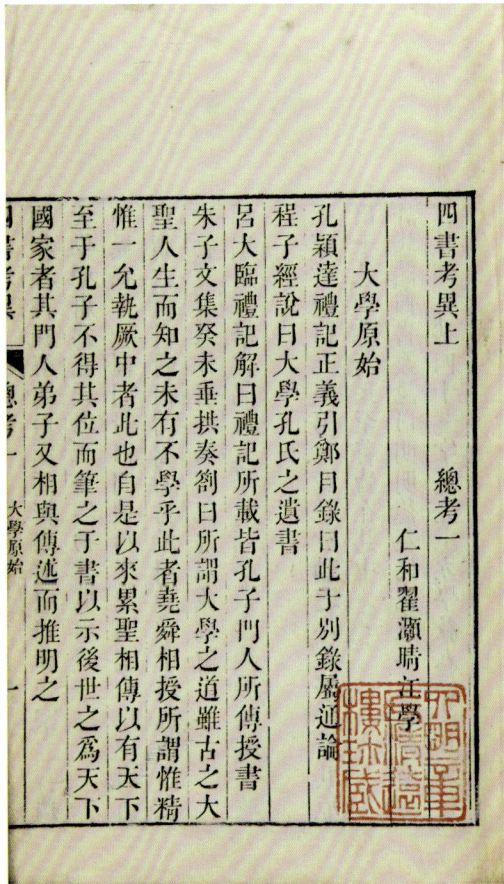

027 四書集註闡微直解二十七卷

（明）張居正撰

清八旗經正書院刻本。兩欄,上欄題名
爲"纂序四書説約合參大全"。上欄半葉
二十二行,行十二字;下欄半葉九行,行
十九字。小字雙行同。白口,四周單邊。框
高 21.4 厘米,寬 14.6 厘米。

028 四書考異七十二卷

（清）翟灝撰

清乾隆刻本。半葉十一行,行二十一字。白
口,左右雙邊。版框高 17.4 厘米,寬 13.4 厘
米。

鄉黨圖考卷之

圖譜

孔　宋微子啓　殷帝乙元子周成王封之於宋
子　微仲行　微子弟　宋公稽丁公申　　憨公共　弗父何　弟厲公　讓國於
　　　　　　　　　　　　　　　　　　煬公熙　廬公鮒祀　弒煬公後　傳宋國
先　宋父周　世子勝　此一代世本無　正考父　宋大夫　孔父嘉　宋大夫為華督所殺
世　木金父　祁父皋夷　世本作祁父家語作皋夷誤作睪夷避華氏奔魯世本　防叔　云為防邑大夫
圖　伯夏　叔梁紇　大夫為陬邑　孔子

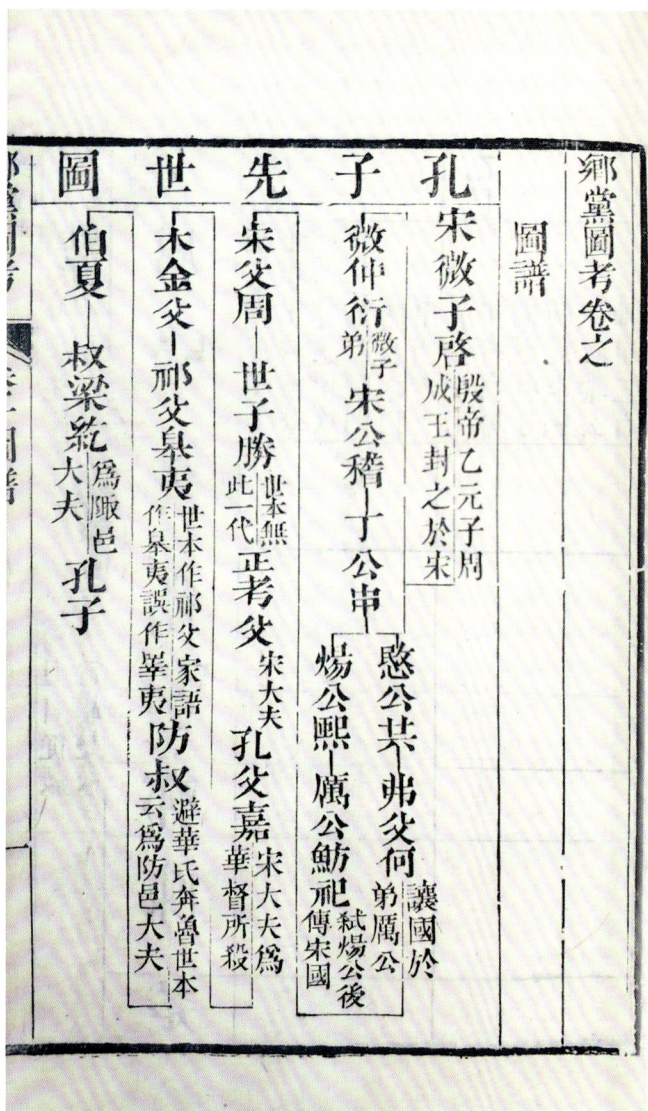

029 鄉黨圖考十卷

（清）江永撰

清乾隆刻本。半葉九行，行二十五字，小字雙行同。白口，左右雙邊。框高 19.6 厘米，寬 14.2 厘米。

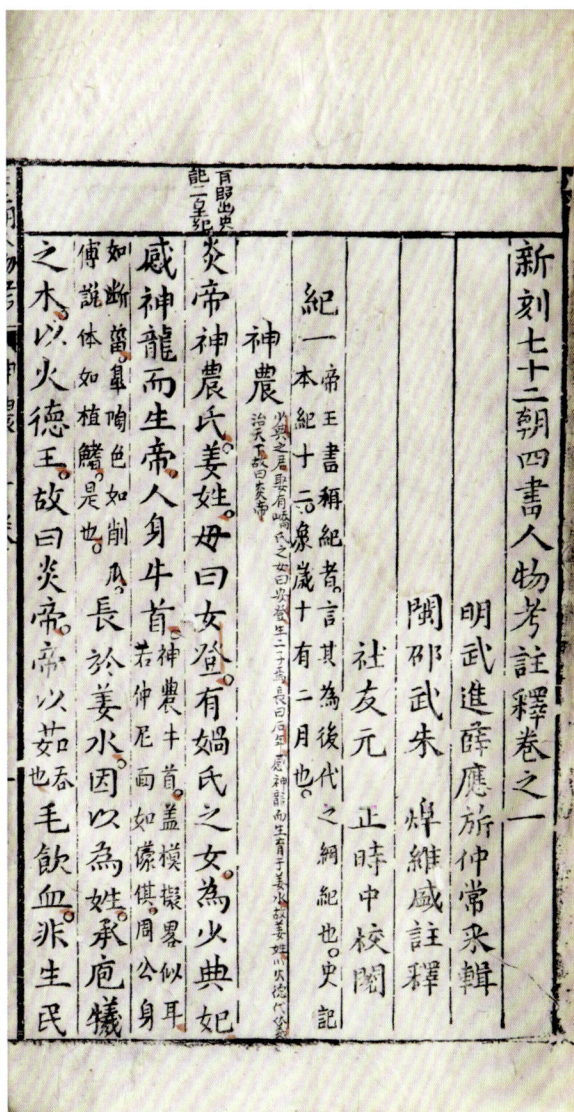

030 新刻七十二朝四書人物考註釋四十卷

（明）薛應旂輯

明萬曆刻本。半葉十行，行二十字，小字雙行同。白口，四周單邊雙邊兼有。框高 21.1 厘米，寬 13.5 厘米。江蘇省珍貴古籍名録號 0077。

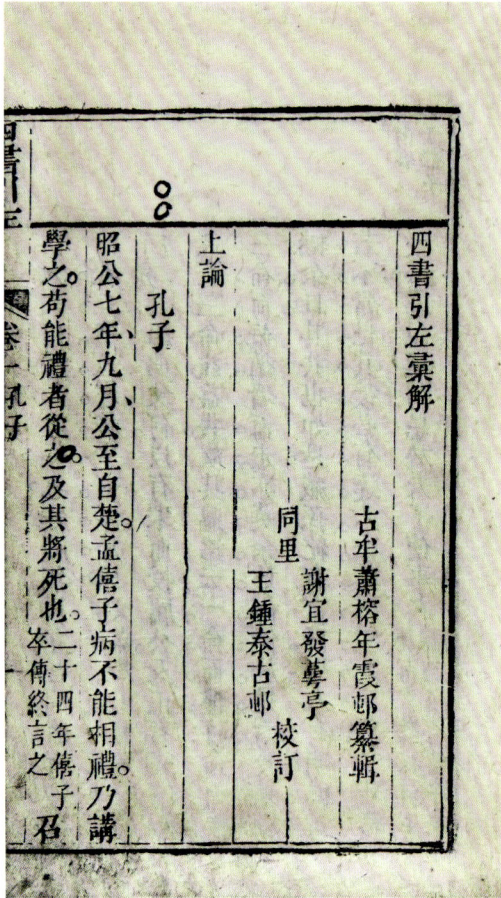

031 四書引左彙解十卷

（清）蕭榕年輯

清乾隆三十九年（1774）刻本。半葉八行，行二十字，小字雙行同。白口，四周雙邊。框高 19.5 厘米，寬 12.4 厘米。

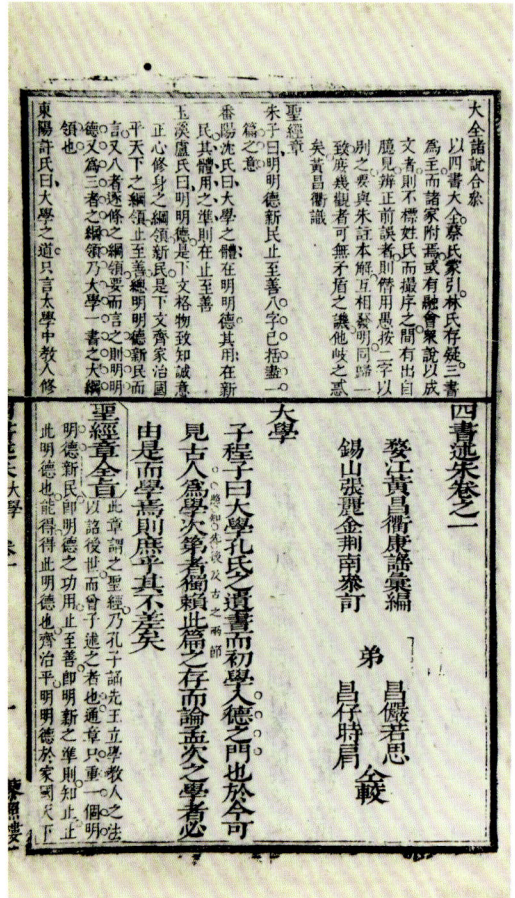

032 四書述朱二十七卷

（清）黄昌衢彙編

清康熙刻本。兩欄，半葉十行，行二十三字，小字雙行同。白口，四周雙邊。框高 23.8 厘米，寬 14.9 厘米。

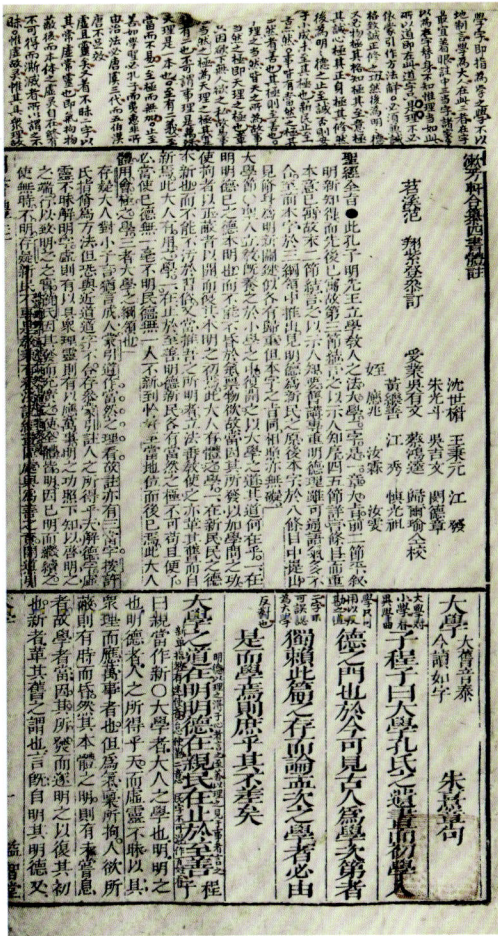

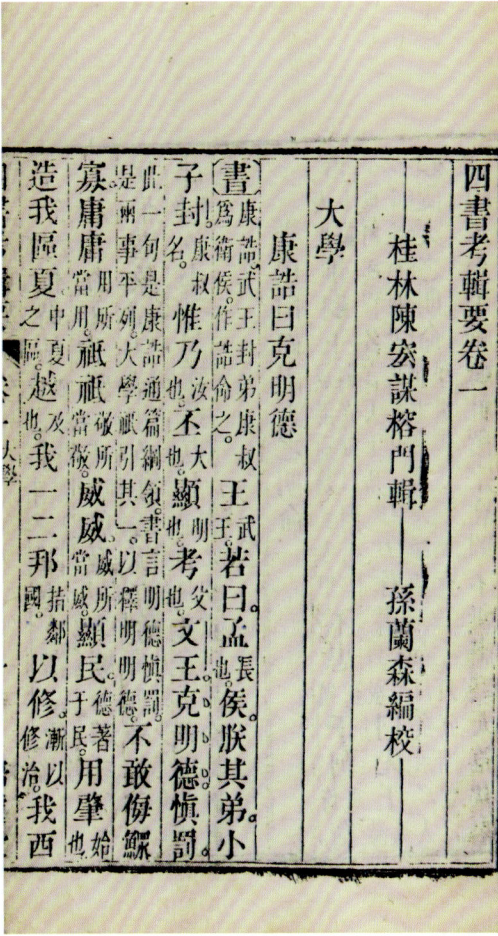

033 四書體註十九卷

（清）范翔撰

清康熙刻本。兩欄，半葉九行，行十七字，小字雙行同。白口，上欄四周單邊，下欄爲左右雙邊。框高 24.1 厘米，寬 15 厘米。

034 四書考輯要二十卷

（清）陳宏謀輯

清乾隆刻本。半葉十行，行二十字，小字雙行同。白口，四周雙邊。框高 19.2 厘米，寬 14.8 厘米。

群經總義類

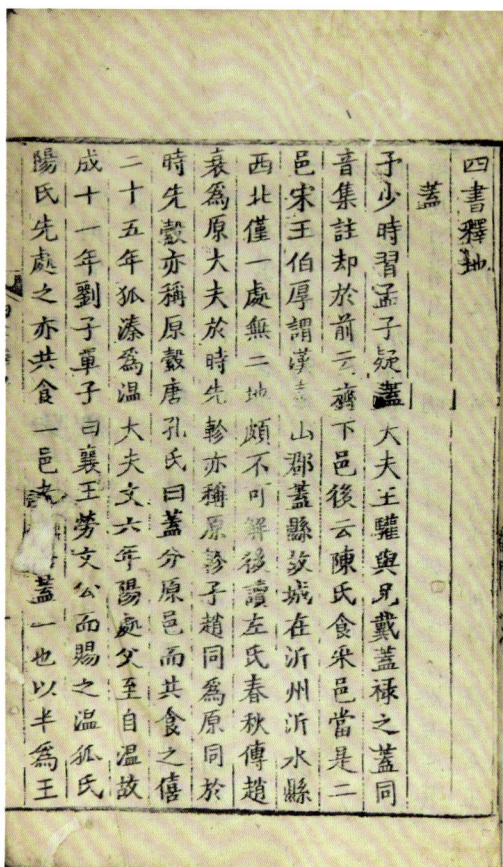

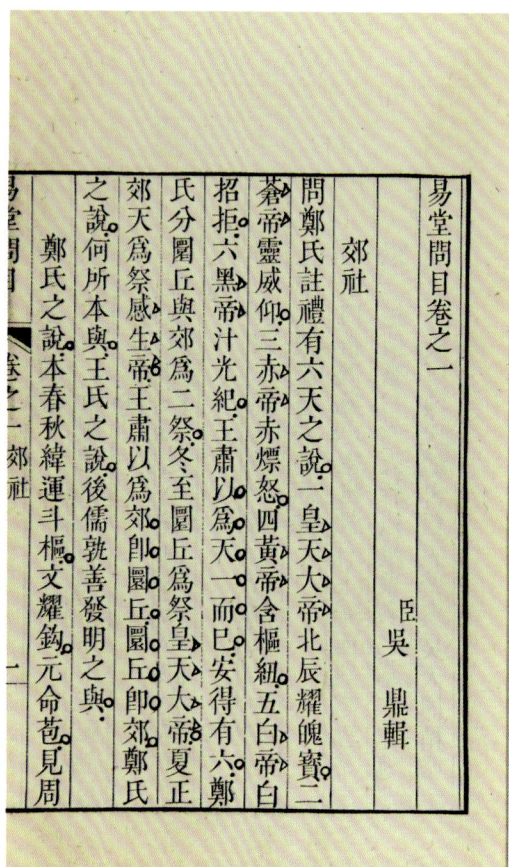

035 四書釋地一卷續一卷又續一卷三續一卷孟子生卒年月考一卷

（清）閻若璩撰

清乾隆刻本。半葉十一行，行二十字，小字雙行三十字。白口，左右雙邊。框高 19.3 厘米，寬 14.8 厘米。

036 易堂問目四卷

（清）吳鼎輯

清乾隆刻本。半葉十行，行二十一字。下黑口，左右雙邊。框高 18 厘米，寬 13.4 厘米。

小學類

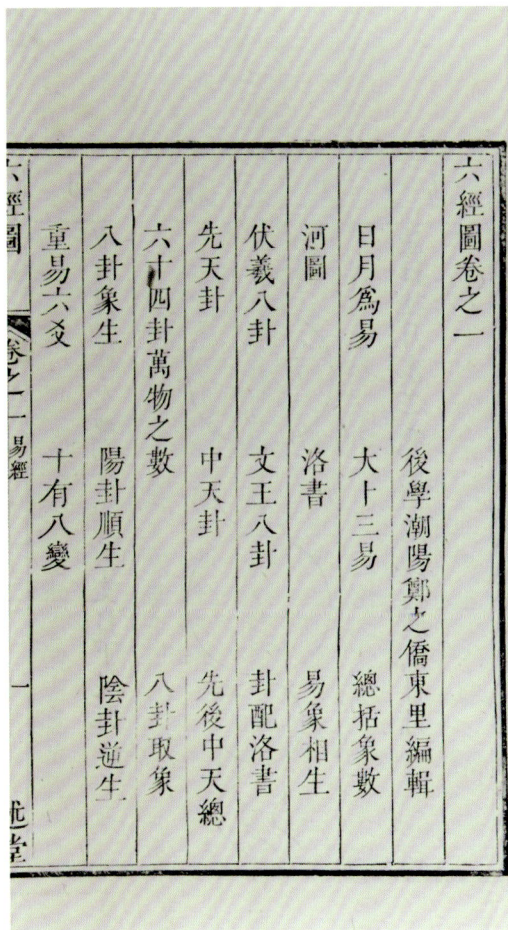

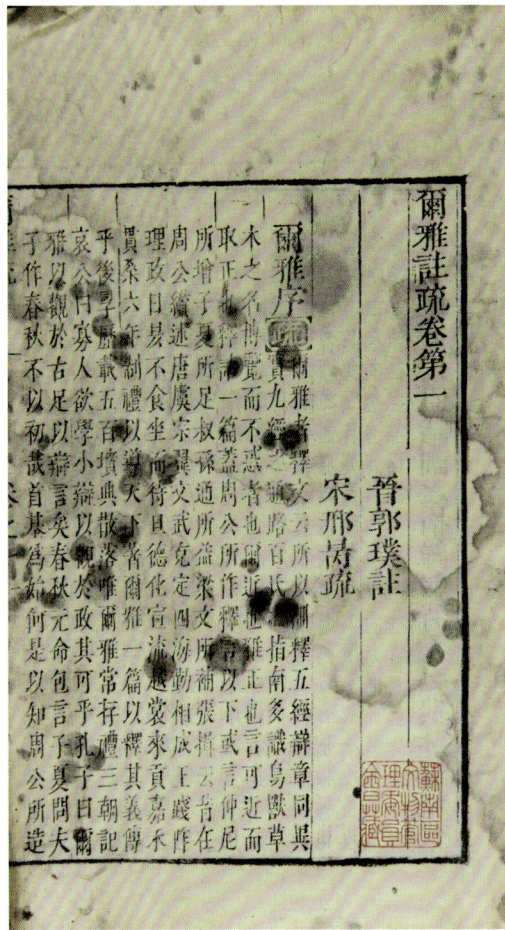

037 六經圖二十四卷

（清）鄭之僑輯

清乾隆九年（1744）刻本。半葉九行，行
二十二字，小字雙行同。白口，四周雙邊。
框高 20.8 厘米，寬 14.6 厘米。

038 爾雅註疏十一卷

（晋）郭璞註　（宋）邢昺疏

清乾隆五十一年（1786）刻本。半葉九行。
行二十一字，小字雙行同。白口，左右雙邊。
框高 17.8 厘米，寬 12.4 厘米。

音韻輯要卷一

崑山王鵷履青氏纂

東同

東
陰平聲
○
蝀　東　鍾　蠡
凍　辣　中　似而小蜳
冬　蹱　鍾　忪
苳　　　忠
終　　　衷

康熙甲子史館新刊古今通韻　卷之

翰林院檢討　臣毛奇齡　撰本

上下聲

上平下平原無取義祇因卷繁分上下耳俗傳上
平為陽平下平為陰平誤矣丁度集韻直改上
平聲為平聲上下平聲為平聲下
韻會舉要分韻作平聲上平下平聲下
七音原無上下之分舊韻特以平聲字繁故釐
卷為二至宋景祐間丁翰林度始改為平上平
下其說甚明近重刻廣韻者引舉要此註反駁

---

039 音韻輯要二十一卷

（清）王鵷撰

清乾隆刻本。半葉八行，行十二字，小字雙
行同。白口，四周雙邊。框高 20.3 厘米，寬
14.1 厘米。

040 古今通韻十二卷

（清）毛奇齡撰

清康熙二十四年（1685）刻本。半葉十行，
行二十字，小字雙行同。白口，四周單邊。
框高 20 厘米，寬 14.4 厘米。

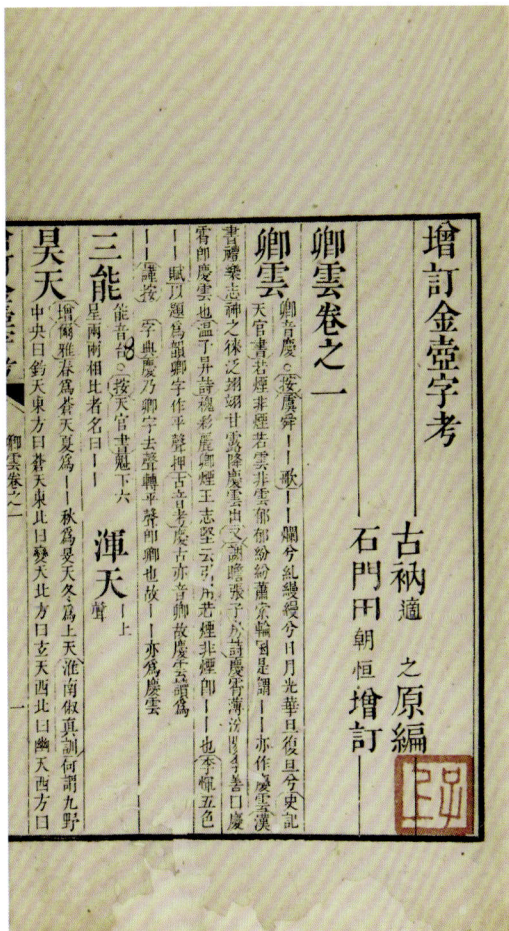

041 增訂金壺字考十九卷
（宋）釋適之編　　（清）田朝恒增訂
金壺字考二集二十一卷補錄一卷補註一卷
（清）田朝恒編

清乾隆刻本。半葉八行，行十六字，小字雙行三十二字。白口，左右雙邊。框高16.4厘米，寬12.8厘米。

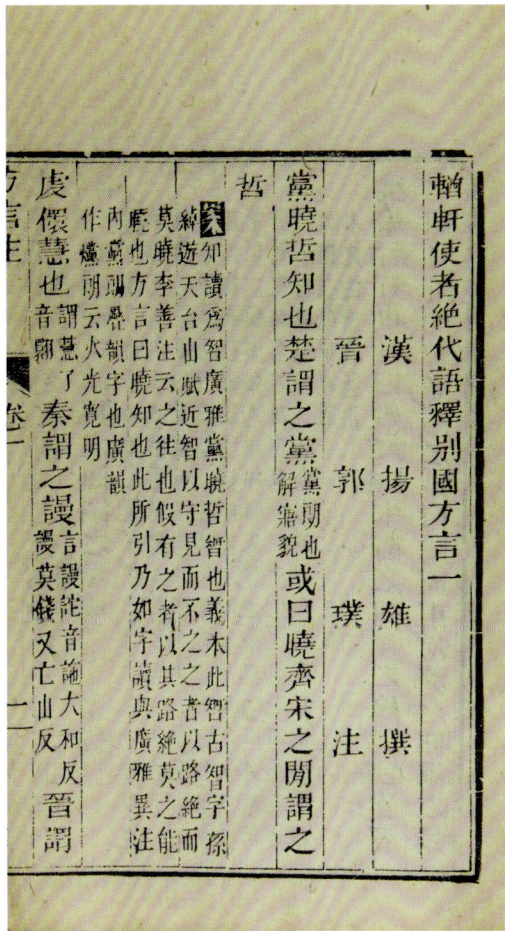

042 輶軒使者絕代語釋別國方言十三卷
（漢）揚雄撰　　（晉）郭璞註

清乾隆刻本。半葉九行，行二十一字，小字雙行同。白口，四周雙邊。框高18.9厘米，寬12.9厘米。

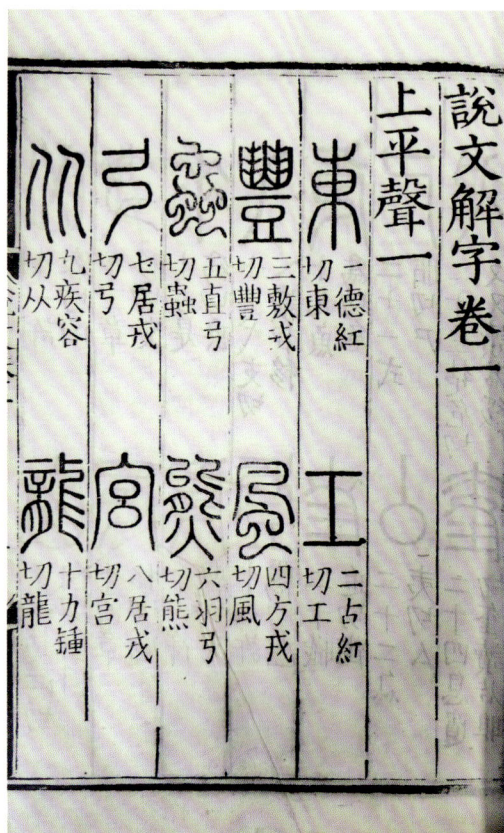

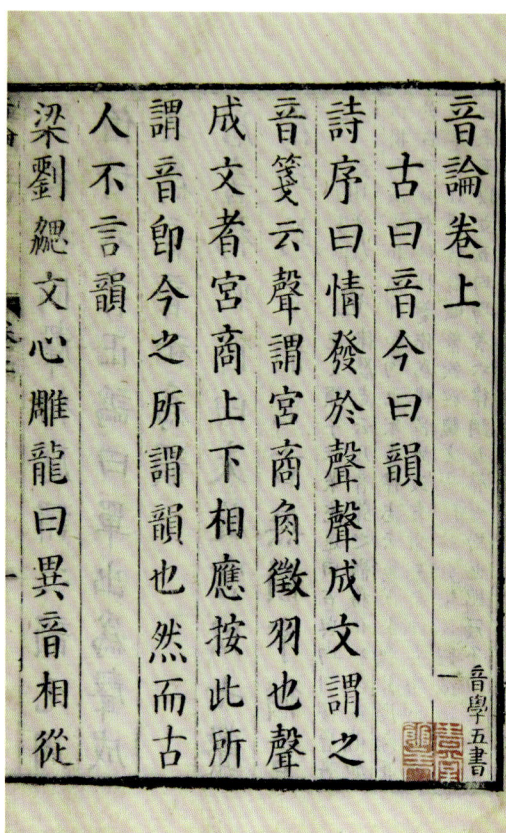

043 説文解字十二卷

（漢）許慎撰

明萬曆二十六年（1598）陳大科刻本。半葉
七行，行十四字，小字雙行同。上下黑口，四
周雙邊。框高 24.1 厘米，寬 17.2 厘米。

**044 音學五書三十八卷（音論三卷、詩本音
十卷、易音三卷、唐韵正二十卷、古音表二
卷）**（清）顾炎武撰

明崇禎刻本。半葉八行，行十二字，小字雙
行二十四字。白口，左右雙邊。框高 20.5
厘米，寬 14.6 厘米。

漢魏音

陽湖洪亮吉學

敘曰古之訓詁即聲音易說卦曰乾健也坤順也論語曰政者正也基之為始叔向告于周辝之為耗梓慎言于魯又若王制刑者侀也侀者成也展轉相訓不離初音漢儒言經咸臻斯義以迄劉熙釋名張揖廣雅魏晉以來聲類字譜諸作靡不皆然聲音之理通而六經之恉得矣許君為說文記字字各著聲而易明斯為至善又通其變或不可同而音皆轉相則產嚴詁字之精杜鄭說經之例義或讀若聲近之言訓亦其善也蓋有定者文也無定者聲也即一字一聲而讀又有輕重緩急古今風土之不同如台之為吾吾之又為我伊之為而而之復為爾也古今人音聲滿故為台為伊中世楷

卷一

聲韻攷卷弟一

休寧戴震撰

反切之始

顏之推家訓音辭篇曰鄭玄注六經高誘觧呂覽淮南許慎造說文劉熙製釋名始有譬況假借以證音字而古語與今殊別其間輕重清濁猶未可曉加以內言外言急言徐言讀若之類益使人疑是漢末人獨知反語至于魏世此事大行高貴鄉公不解反語以為怪異自茲厥後音韻鋒出各有土風遞相非笑共目帝王都邑參校方俗攷覈古今為之折衷陸德明經典釋文敍錄曰古人音書止為譬況之說孫炎始為反語魏朝以降漸繁

---

045 漢魏音四卷

（清）洪亮吉撰

清乾隆五十年（1785）刻本。半葉十二行，行二十四字，小字雙行同。上下黑口，四周單邊。框高 20.3 厘米，寬 15 厘米。

046 聲韻考四卷

（清）戴震撰

清乾隆刻本。半葉十一行，行二十一字，小字雙行同。白口，四周雙邊。框高 17.9 厘米，寬 14.6 厘米。

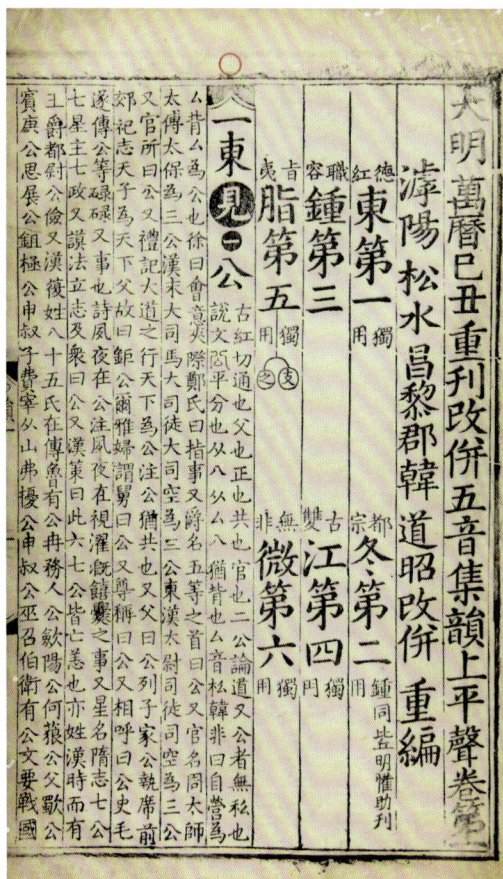

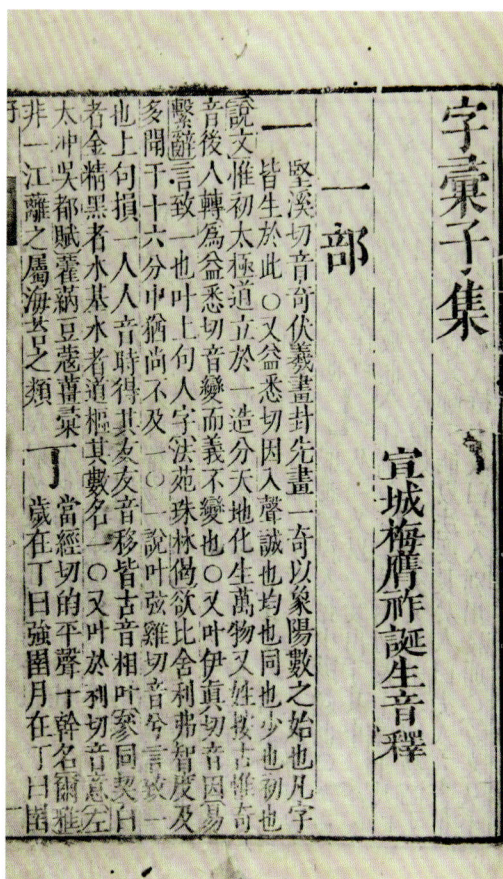

047 大明萬曆己丑重刊改併五音集韻十五卷五音類聚十五卷重刊檢篇韻貫珠集一卷

（金）韓道昭撰

明萬曆十七年（1589）刻本。半葉十行，行十八字，小字雙行三十二字。白口，四周雙邊。框高 29 厘米，寬 19 厘米。

048 字彙十二卷首一卷末一卷

（明）梅膺祚音釋

清乾隆四十三年（1778）刻本。半葉八行，行十二字，小字雙行二十四字。白口，左右雙邊。框高 21.5 厘米，寬 14.8 厘米。

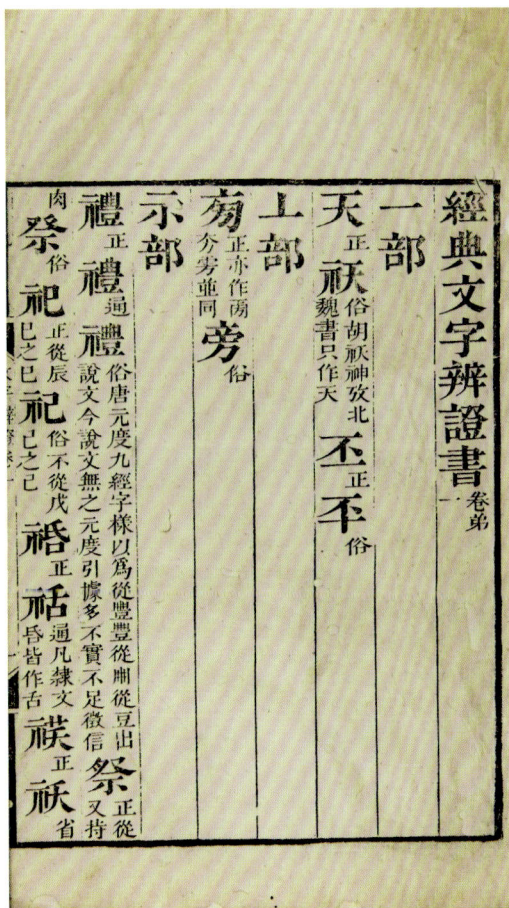

049 經典文字辨證書五卷

（清）畢沅撰

清乾隆四十九年（1784）刻本。半葉八行，行十五字，小字雙行三十字。上下黑口，四周單邊。框高 19.6 厘米，寬 14.9 厘米。

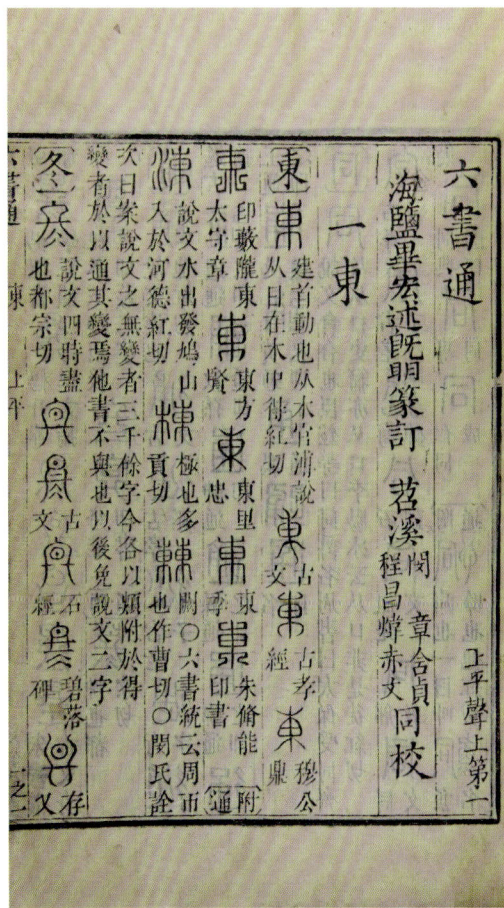

050 六書通十卷

（清）畢宏述撰

清乾隆刻本。半葉八行，行十二字，小字雙行二十四字。白口，四周雙邊。框高 21.1 厘米，寬 15.4 厘米。

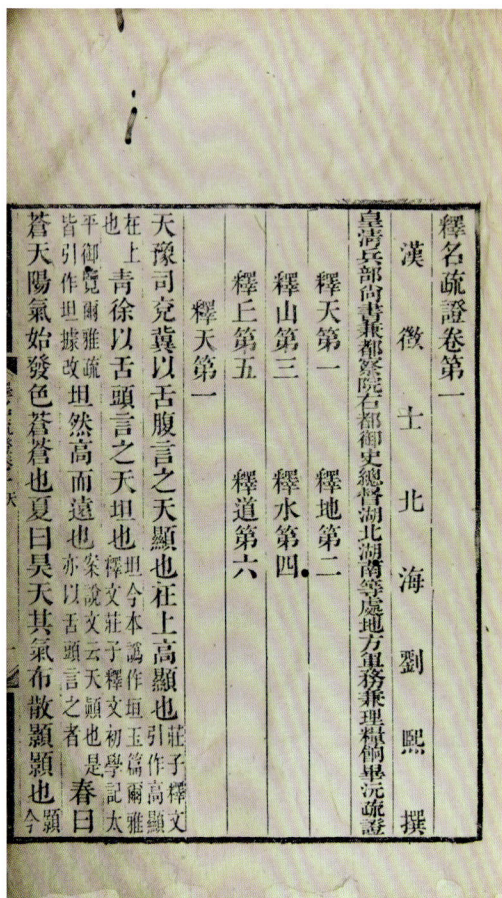

051 釋名疏證八卷

（漢）劉熙撰　（清）畢沅疏證

清乾隆五十五年（1790）刻本。半葉十一行，行二十二字，小字雙行同。上下黑口，四周單邊。框高 19.2 厘米，寬 14.8 厘米。

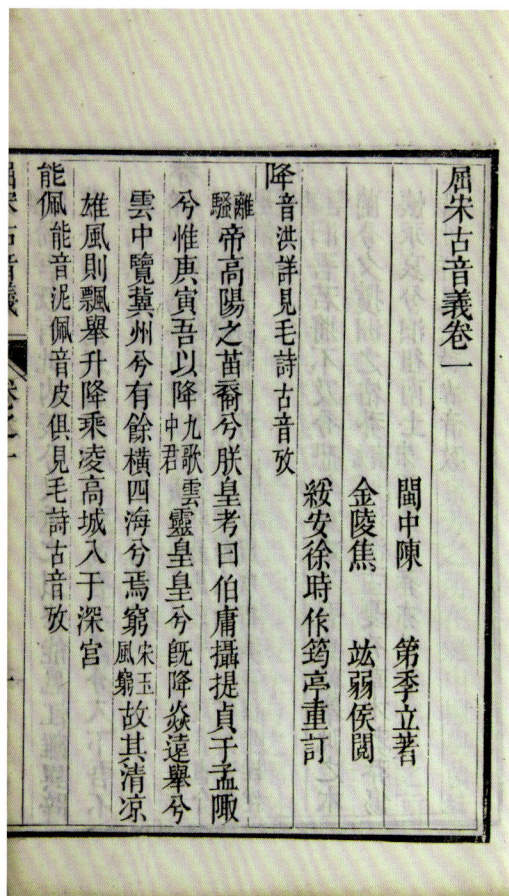

052 屈宋古音義三卷

（明）陳第撰

清乾隆三十二年（1767）刻本。半葉十行，行二十一字，小字雙行同。白口，四周雙邊。框高 18 厘米，寬 13.2 厘米。

史　部

紀傳類

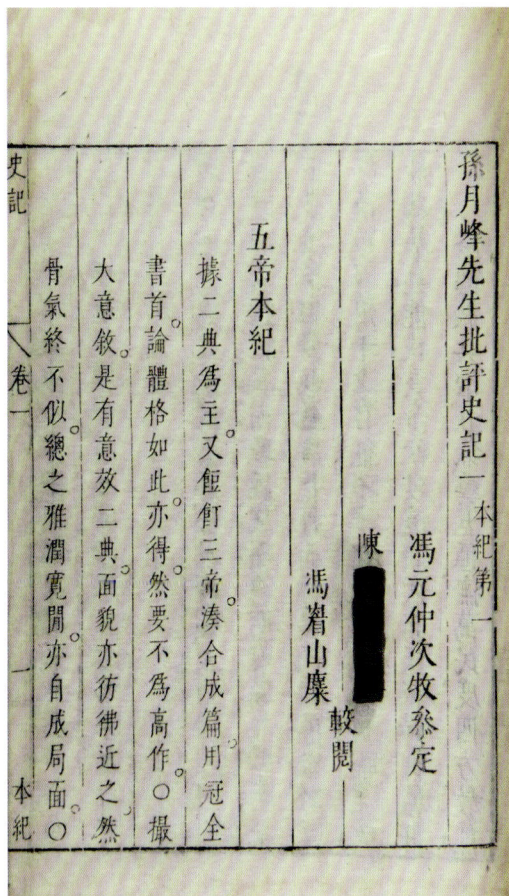

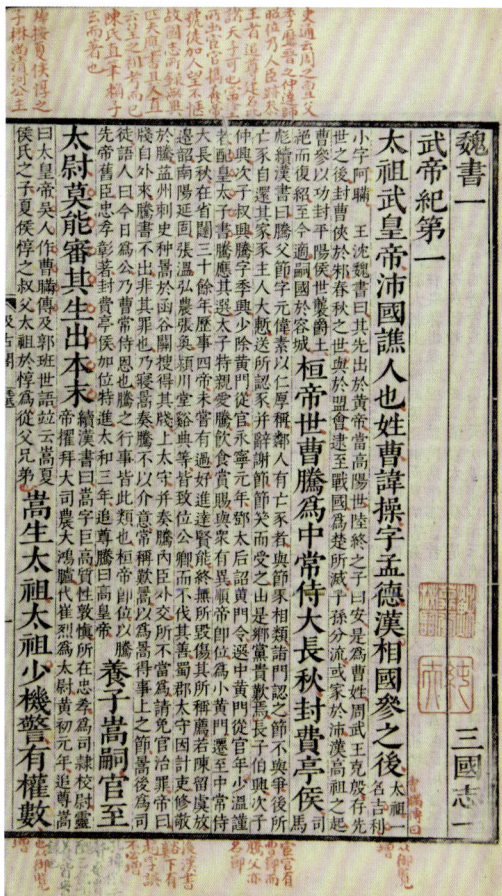

053 孫月峰先生批評史記一百三十卷褚先生附餘一卷

（明）孫鑛撰

明崇禎九年（1636）刻本。半葉九行，行二十字，小字雙行同。白口，四周單邊。框高 25.1 厘米，寬 14.4 厘米。

054 三國志注六十五卷

（晋）陳壽撰　（南朝宋）裴松之注

明崇禎十七年（1644）毛氏汲古閣刻本。半葉十二行，行二十五字，小字雙行三十七字。白口，四周單邊。框高 25.1 厘米，寬 15.3 厘米。

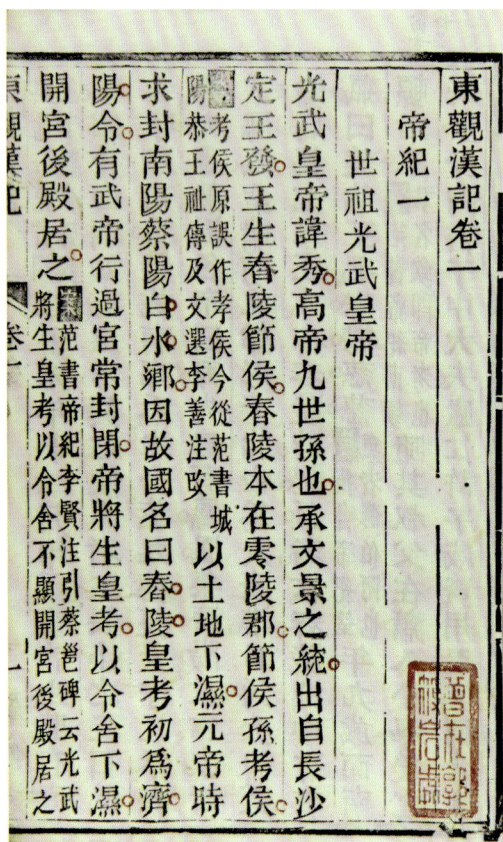

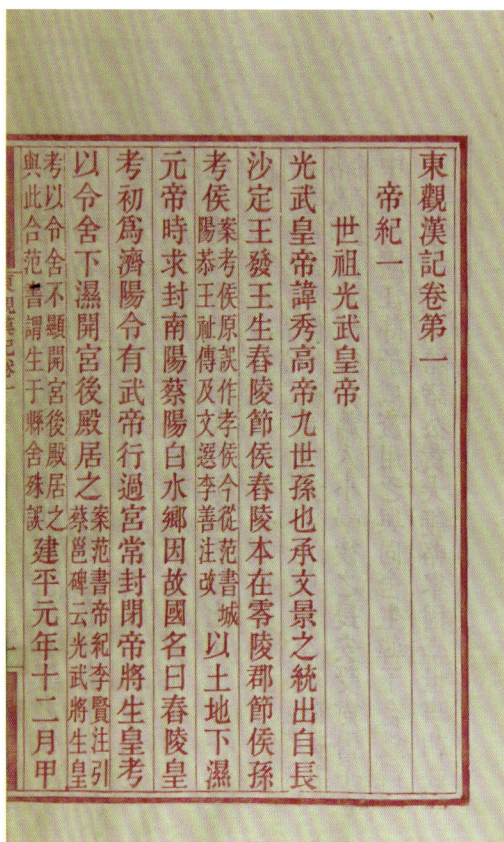

055 東觀漢記二十四卷

題（漢）劉珍等撰

清乾隆刻本。半葉九行，行二十一字，小字雙行同。白口，四周雙邊。框高 19.1 厘米，寬 12.7 厘米。

056 東觀漢記二十四卷

題（漢）劉珍等撰

清朱印本。半葉十行，行二十字，小字雙行同。上下黑口，四周雙邊。框高 17.9 厘米，寬 12.5 厘米。

編年類

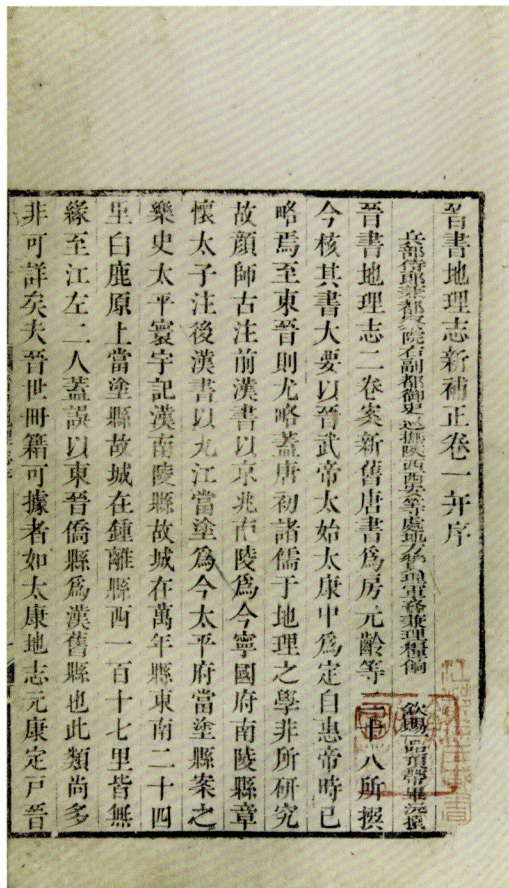

057 晋書地理志新補正五卷
（清）畢沅撰
晋太康三年地紀一卷王隱晋書地道記一卷
（清）畢沅輯
清乾隆刻本。半葉十一行，行二十二字，小字雙行同。上下黑口，四周單邊。框高 19.6 厘米，寬 14.8 厘米。

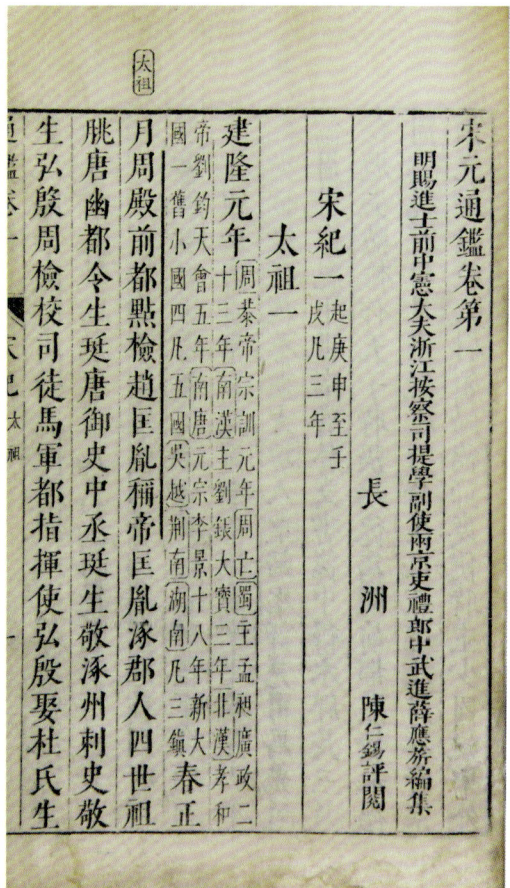

058 宋元通鑑一百五十七卷
（明）薛應旂撰　（明）陳仁錫評
明天啟刻本。半葉十行，行二十字，小字雙行同。白口，四周單邊。框高 21.3 厘米，寬 15 厘米。

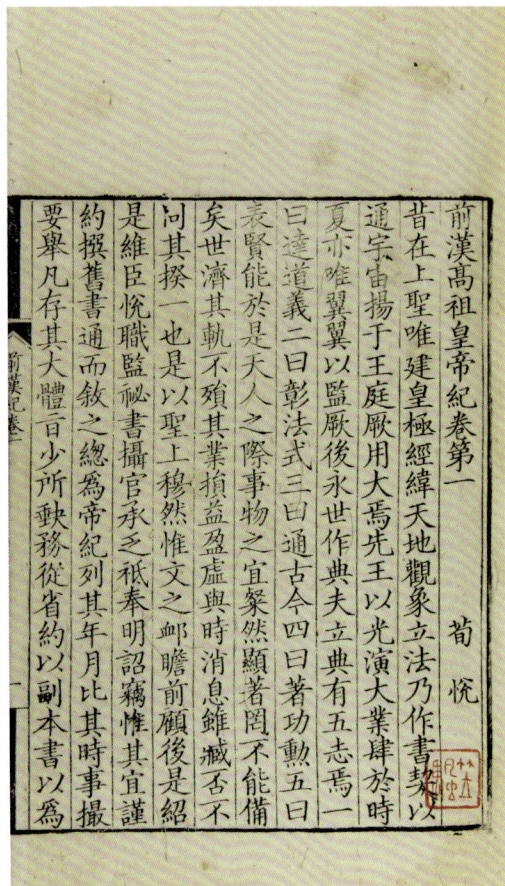

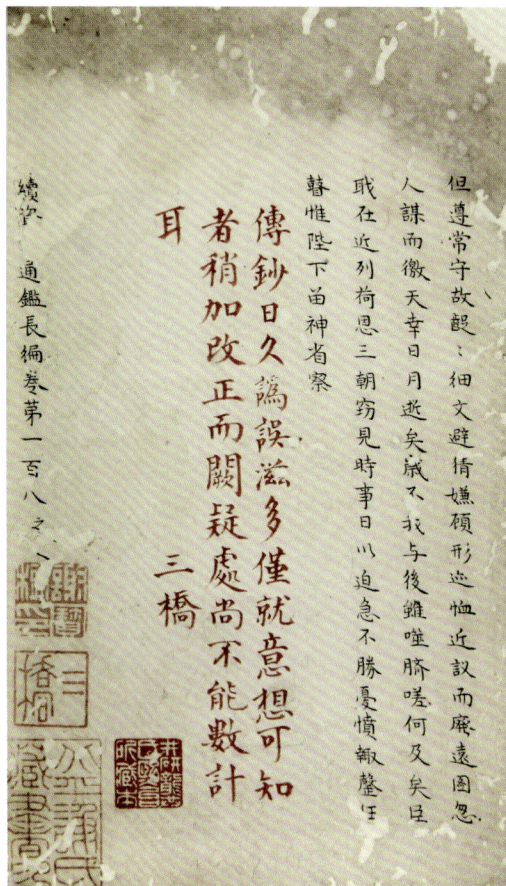

059 前漢紀三十卷

（漢）荀悅撰 （清）蔣國祥校

後漢紀三十卷兩漢紀字句異同考一卷

（晋）袁宏撰 （清）蔣國祥校

清康熙刻本。半葉十一行，行二十一字，小字雙行同。上下黑口，左右雙邊。框高 18 厘米，寬 14 厘米。

060 續資治通鑑長編一百八卷

（宋）李燾撰

清抄本。半葉十行，行二十三字，小字雙行同。白口。

紀事本末類

繹史卷四

炎帝紀

太古第四

帝王世紀炎帝神農氏姜姓也母曰任姒有蟜氏女登為少典妃遊華陽有神龍首感生炎帝人身牛首長于姜水有聖德

妃遊華陽有神龍首感生炎帝人身牛首長于姜水有聖德

帝王世紀繼無懷氏後以火承木位在南方主夏故謂之炎帝都于陳文徙魯又曰魁隗氏又曰連山氏又曰列山氏

潛夫論代伏羲氏其德火紀故為火師而火名

歲而知稼穡般戲之事

春秋元命苞神農生三辰而能言五日而能行七朝而齒具三

歷代紀元部表上卷

原書序云歷代紀元之自唐虞以來其間並書南北分統年月先後皆通鑑綱目經國屬辭所載雖一覽瞭然至帝堯元載竹書未而

061 歷代紀元部表二卷

佚名輯

清乾隆刻本。半葉九行,行二十一字,小字雙行同。白口,左右雙邊。框高 20.3 厘米,寬 14.3 厘米。

062 繹史一百六十卷世系圖一卷年表一卷

(清)馬驌撰

清康熙刻本。半葉十一行,行二十四字,小字雙行三十六字。白口,左右雙邊。框高 19.8 厘米,寬 14.5 厘米。

雜史類

戰國策卷之一

西周　安王

溫陵張星徽北拱評點

○客謂周君正語韓

嚴氏為賊而陽豎與焉道周君留之

遣之韓使人讓周君患之客謂周君正語之曰寡人知嚴氏之

為賊而陽豎之故留之十四日以待命也小國不足以容賊君

之使又不至是以遣之也

司馬溫公通鑑托始威烈王二十三年初命晉大夫魏斯韓籍

○天下要書

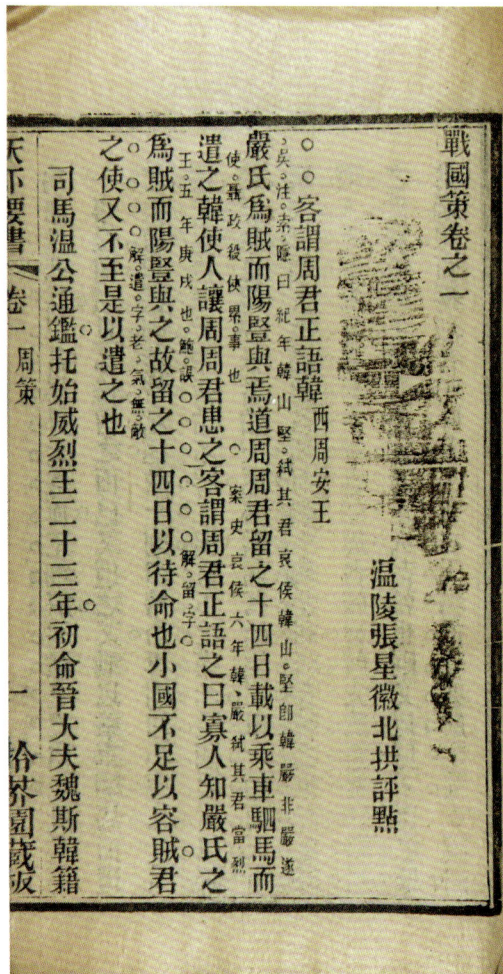

063 戰國策十五卷

（清）張星徽評點

清雍正刻本。半葉九行，行二十五字，小字雙行同。白口，四周雙邊。框高20.8厘米，寬12.9厘米。按：牌記題"戰國評林"。

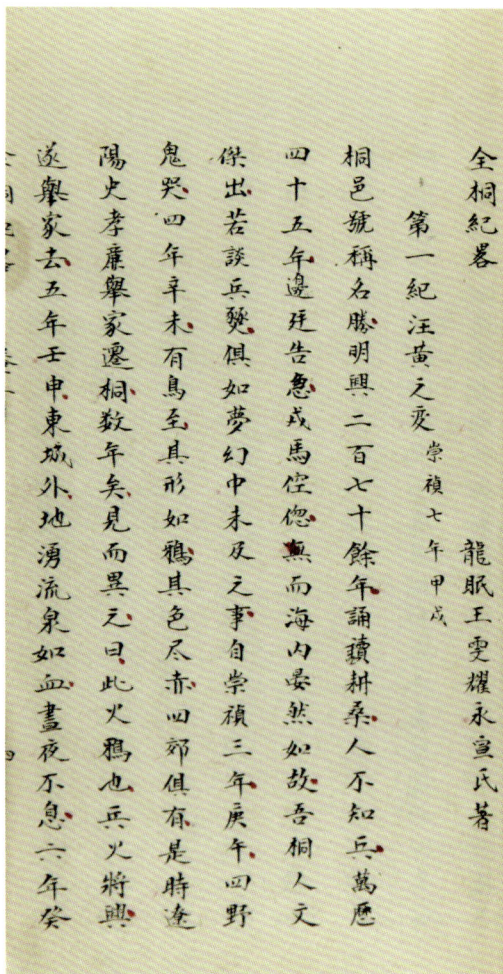

全桐紀畧

第一紀　汪黃之爰　崇禎七年甲戌

龍眠王雯耀永宣氏著

桐邑號稱名勝，明興二百七十餘年，誦讀耕桑，人不知兵，萬歷四十五年邊廷告急，戍馬倥傯，無而海內晏然，如故吾桐人文傑出若誑兵燹俱如夢幻中未及元事自崇禎三年庚午囘野鬼哭四年辛未有鳥至其形如鵝其色盡赤四郊俱有是時逢陽史孝廉舉家遷桐數年矢見而異元旦此火鴉也兵火將興遂舉家去五年壬申東城外地湧流泉如血晝夜不息六年癸

064 全桐紀略二卷

（清）王雯耀撰

清抄本。半葉八行，行二十四字，小字雙行同。白口。

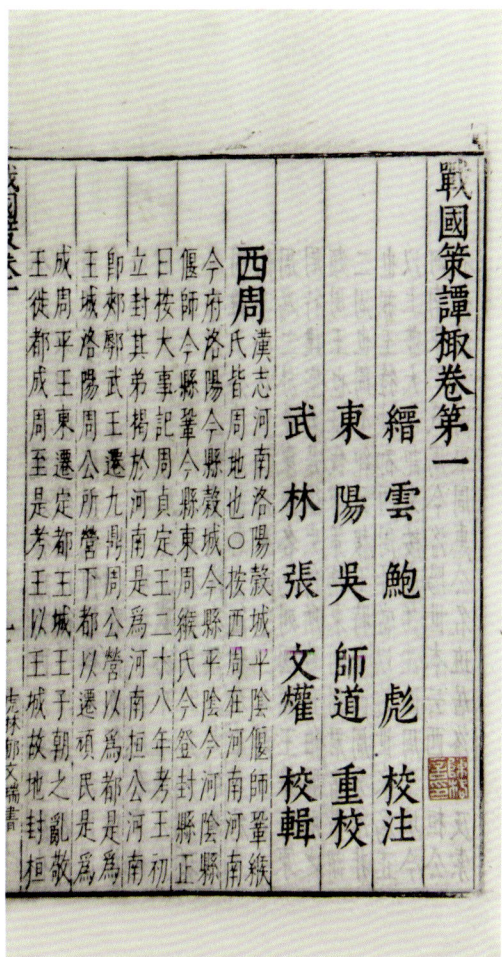

065 戰國策譚棷十卷附錄一卷

（宋）鮑彪校註　（明）張文爟校輯

明萬曆刻本。半葉九行，行十八字，小字雙行同。白口，左右雙邊。框高 22 厘米，寬 14.7 厘米。

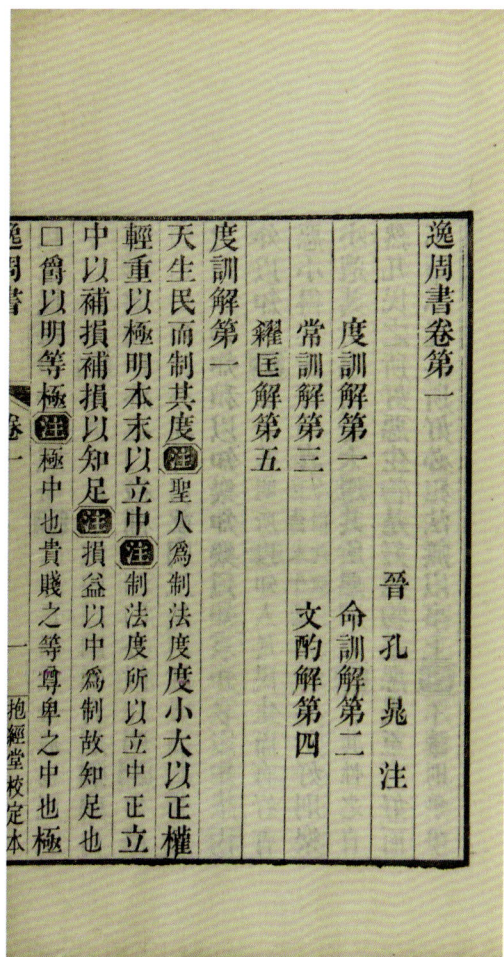

066 逸周書十卷

（晋）孔晁註

清乾隆五十一年（1786）盧氏抱經堂刻本。半葉十行，行二十字，小字雙行同。白口，左右雙邊。框高 17.9 厘米，寬 13.2 厘米。

前趙錄一

劉淵

魏　散騎常侍崔　鴻撰

春秋卷第一

劉淵字元海新興匈奴中人先夏后氏之苗裔
曰淳維世居北狄千有餘歲至冒頓襲破東胡
西走月氏降服丁零內侵燕代控弦之士四十
餘萬漢祖患之使劉敬奉公主以妻冒頓約為
兄弟故子孫遂冒母姓為劉氏建武初烏珠留
若鞮單于子右奧鞬日逐王比自立為南單于

十國春秋卷第一

吳一

太祖世家

太祖姓楊名行密字化源廬州合肥人也楊行
密六……

仁和吳任臣志伊氏譔
鄞城牛奧潛子氏閱
昭文周　昂少霞校重刊

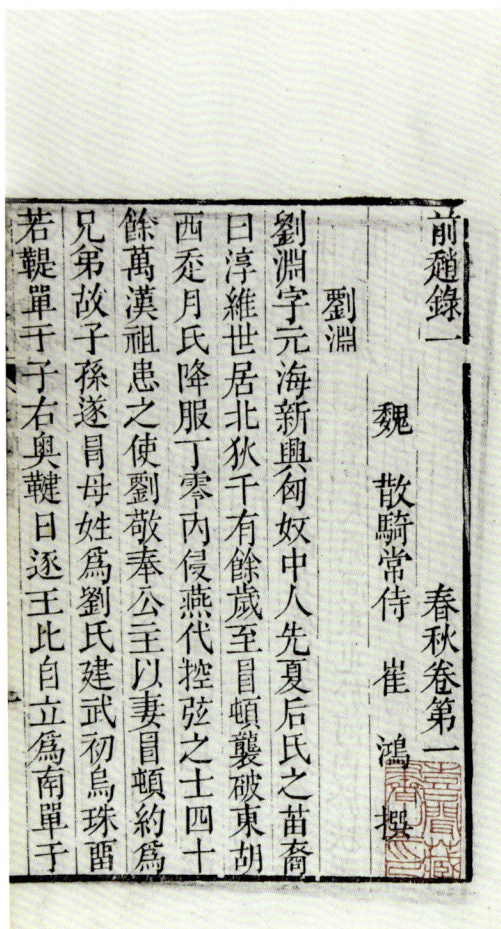

067 十六國春秋一百卷

（魏）崔鴻撰

清乾隆刻本。半葉九行,行十八字,小字雙
行同。白口,四周單邊。框高20.7厘米,寬
14.6厘米。

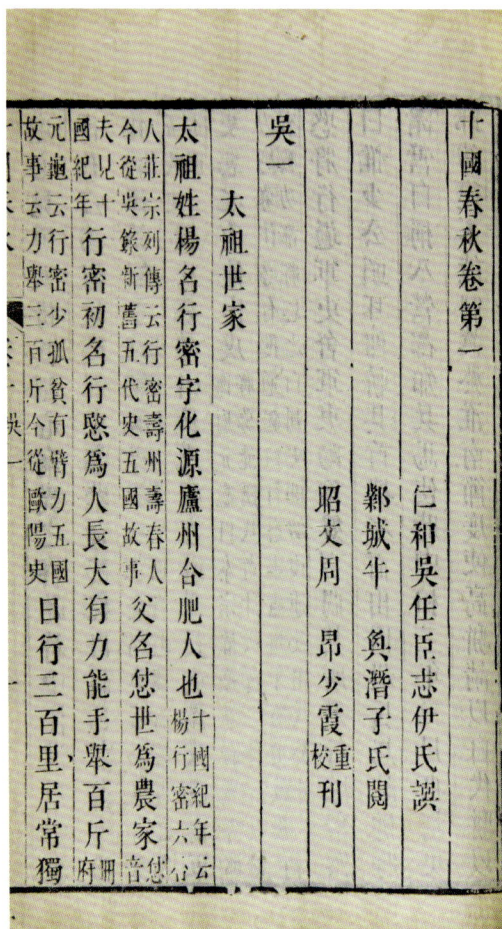

068 十國春秋一百十六卷

（清）吳任臣撰

清乾隆五十八年(1793)刻本。半葉十行,
行二十一字,小字雙行同。白口,左右雙邊。
框高20.8厘米,寬13.9厘米。

傳記類

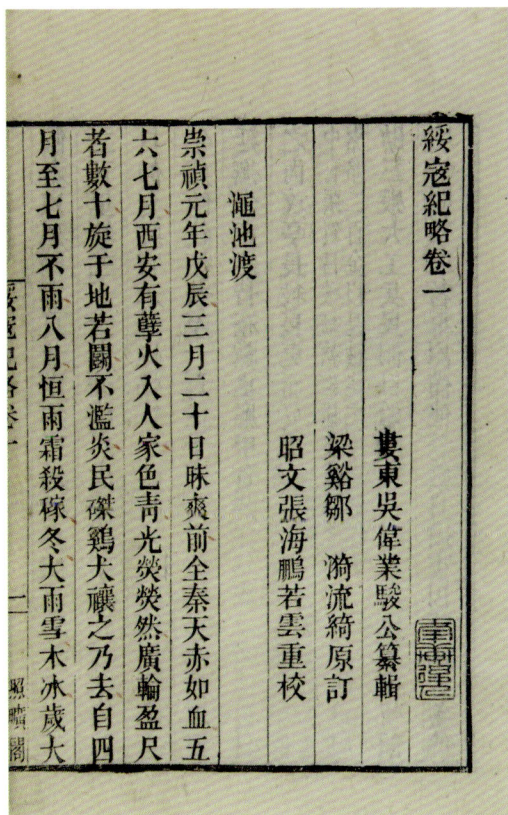

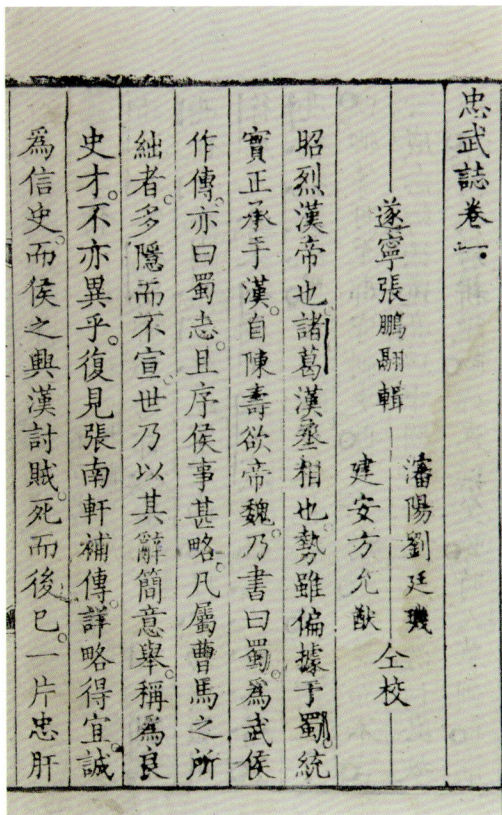

069 綏寇紀略十二卷補遺三卷
（清）吳偉業撰　（清）張海鵬重校
清嘉慶十年（1805）虞山張氏照曠閣刻本。
半葉九行，行二十一字，小字雙行同。上黑
口，左右雙邊。框高 18.8 厘米，寬 13.7 厘米。

070 忠武志六卷
（清）張鵬翮輯
清康熙刻本。半葉九行，行二十五字，小字
雙行同。白口，左右雙邊。框高 19.5 厘米，
寬 14.1 厘米。

闕里文獻考卷一

世系第一之一

至聖先師孔子諱丘字仲尼本姓子氏殷之裔也昔黃帝二十五子

其得姓者十四八元囂得姓已氏元囂及子蟜極皆不得在位玄孫

帝嚳承顓頊有天下是爲高辛氏契帝嚳子出佐禹治水有功舜命

爲司徒敷五教封於商賜姓子氏契卒子昭明立昭明卒子相土立

相土卒子昌若立昌若卒子曹圉立曹圉卒子冥立冥卒子振立振

卒子微立微字上甲其母以甲日生故也商家生子以日爲字蓋自

微始微卒子報丁立報丁卒子報乙立報乙卒子報丙立報丙卒子

主壬立主壬卒子主癸立主癸卒子天乙名履夏有天下

國號商是爲成湯湯太子太丁之子太甲克修祖德廟號太宗太甲

生太庚太庚生太戊太戊廟號宗生河亶甲河亶甲生祖乙祖乙

生祖辛祖辛生祖丁祖丁生小乙小乙生武丁武丁廟號高宗生祖

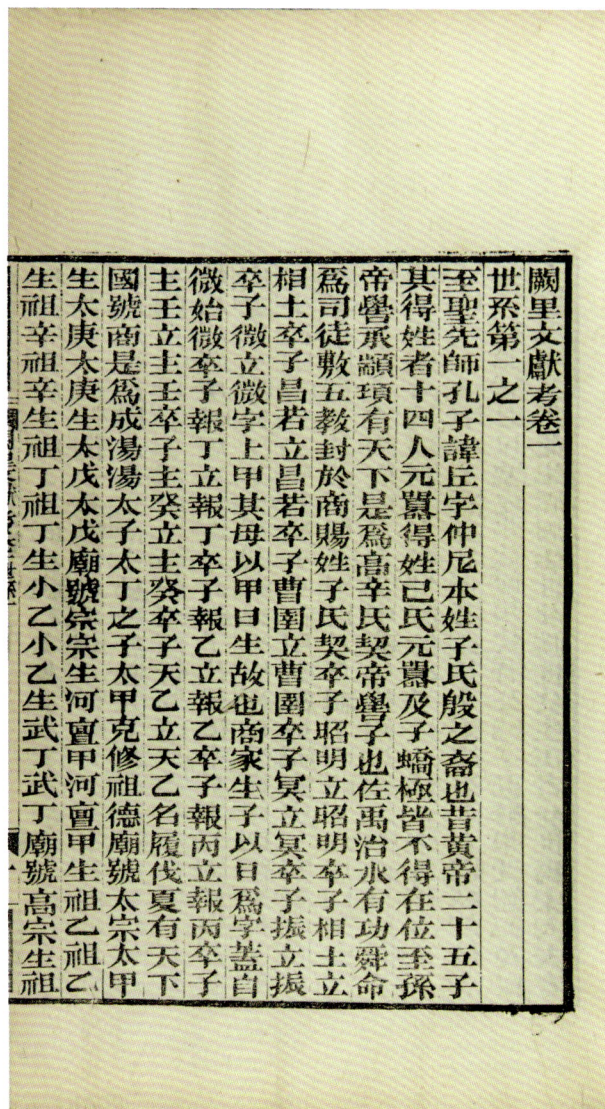

071 闕里文獻考一百卷末一卷

（清）孔繼汾輯

清乾隆刻本。半葉十三行，行二十六字。上下黑口，
四周單邊。框高 18.5 厘米，寬 14.3 厘米。

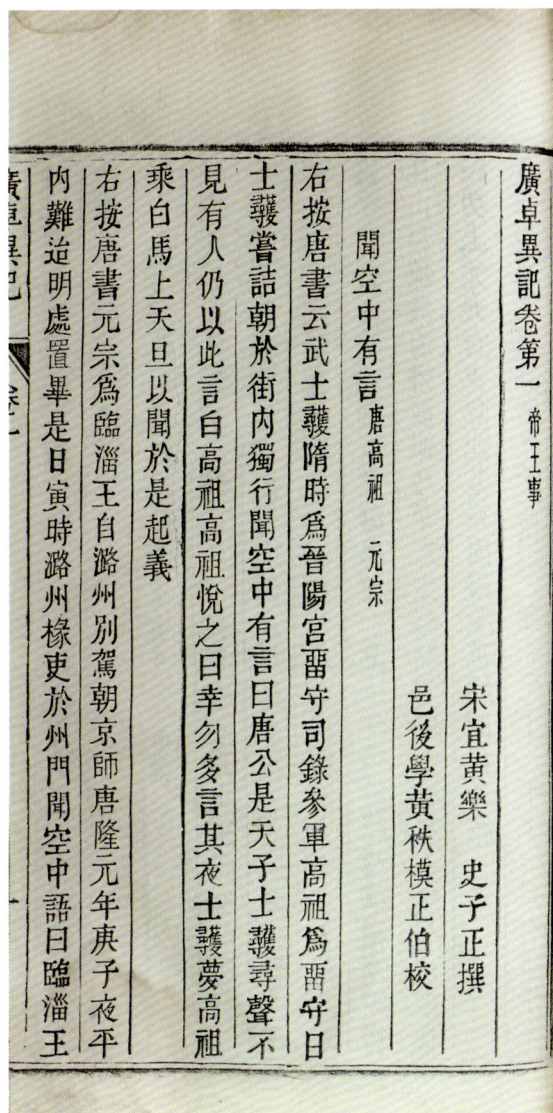

廣卓異記卷第一 帝王事

宋宜黃樂 史子正撰

邑後學黃秩模正伯校

聞空中有言 唐高祖

元宗

右按唐書云武士彠隋時為晉陽宮雷守司錄參軍高祖為雷守日士彠嘗詰朝於街內獨行聞空中有言曰唐公是天子士彠尋聲不見有人仍以此言白高祖高祖悅之日幸勿多言其夜士彠夢高祖乘白馬上天旦以聞於是起義

右按唐書元宗為臨淄王自潞州別駕朝京師唐隆元年庚子夜平內難迨明處置畢是日寅時潞州橡吏於州門聞空中語曰臨淄王

072 廣卓異記二十卷

（宋）樂史撰　（清）黃秩模校

清道光二十七年（1847）黃秩模僊屏書屋活字印本。半葉十行，行二十六字，小字雙行同。白口，四周雙邊。框高22厘米，寬13.7厘米。江蘇省珍貴古籍名錄號0336。

史抄類

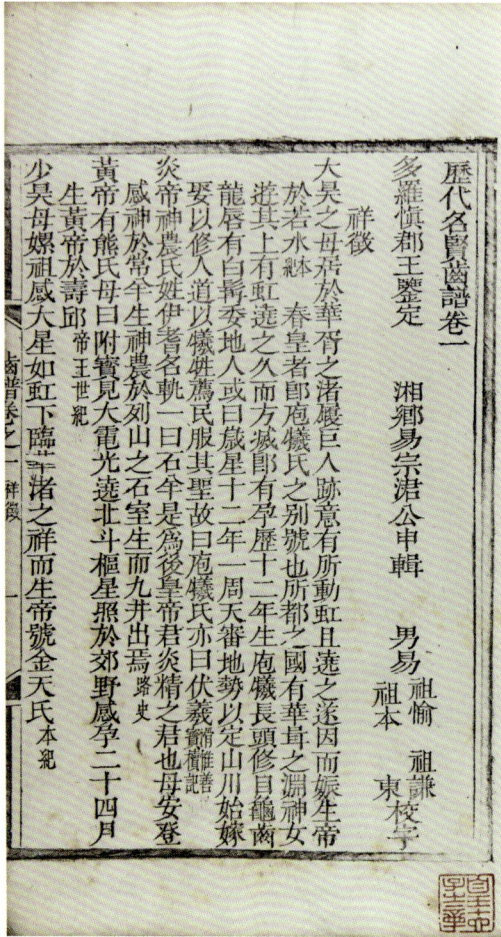

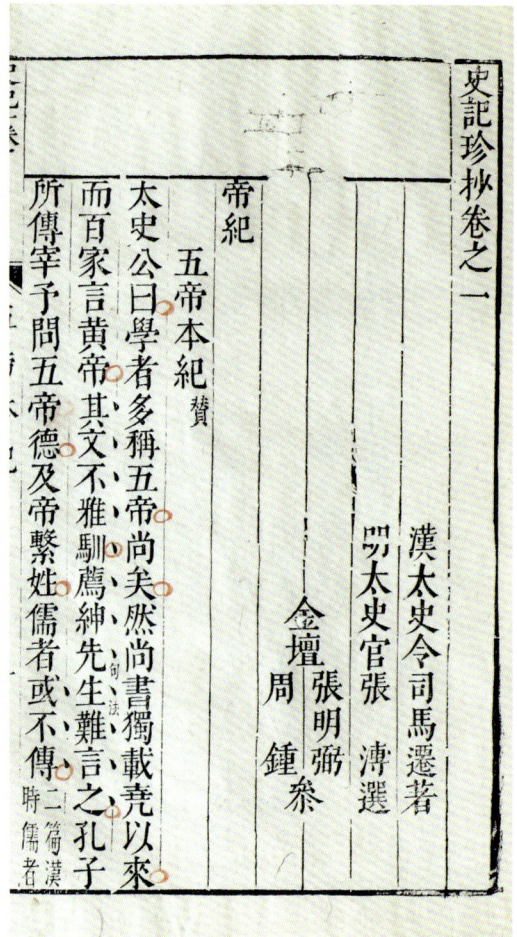

073 歷代名賢齒譜九卷

（清）易宗涒輯

清雍正刻本。半葉十四行，行二十八字，小字雙行同。上下黑口，左右雙邊。框高 19 厘米，寬 13.5 厘米。

074 史記珍抄五卷

（漢）司馬遷撰　（明）張溥選

明末刻本。半葉十行，行二十字，小字雙行同。白口，四周單邊。框高 21.5 厘米，寬 12.9 厘米。

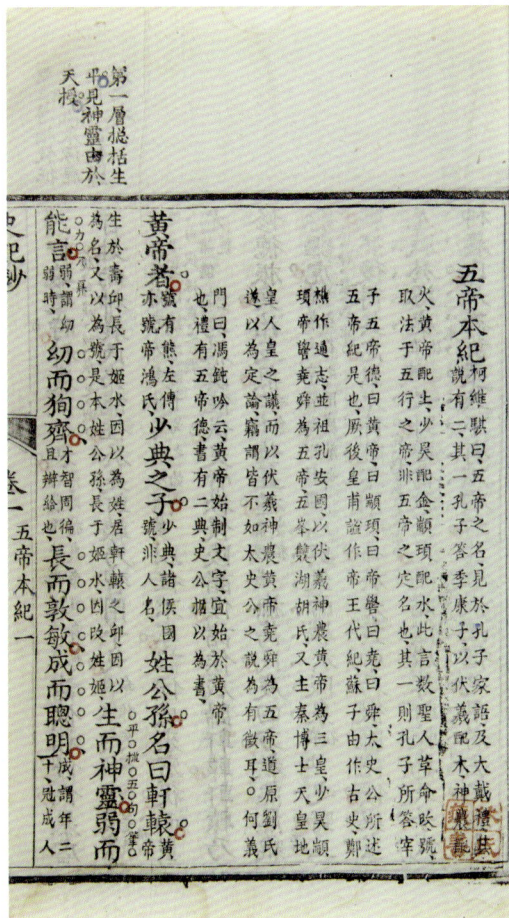

075 史記鈔四卷

（清）高嵣集評

清乾隆五十三年（1788）刻本。半葉九行，
行二十五字，小字雙行同。白口，四周雙邊。
框高 19.5 厘米，寬 15.5 厘米。

076 史記選六卷

（清）儲欣評

清乾隆刻本。半葉八行，行二十五字。白口，
四周單邊。框高 20.8 厘米，寬 11.1 厘米。

時令類

地理類

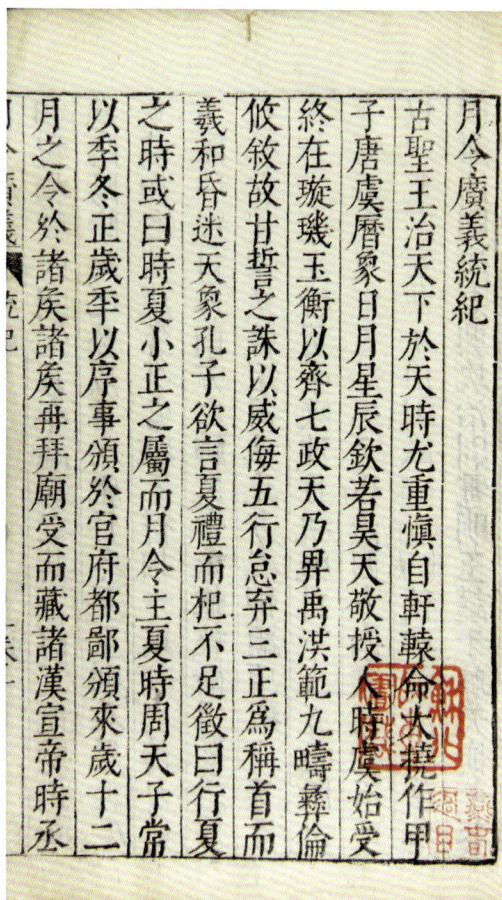

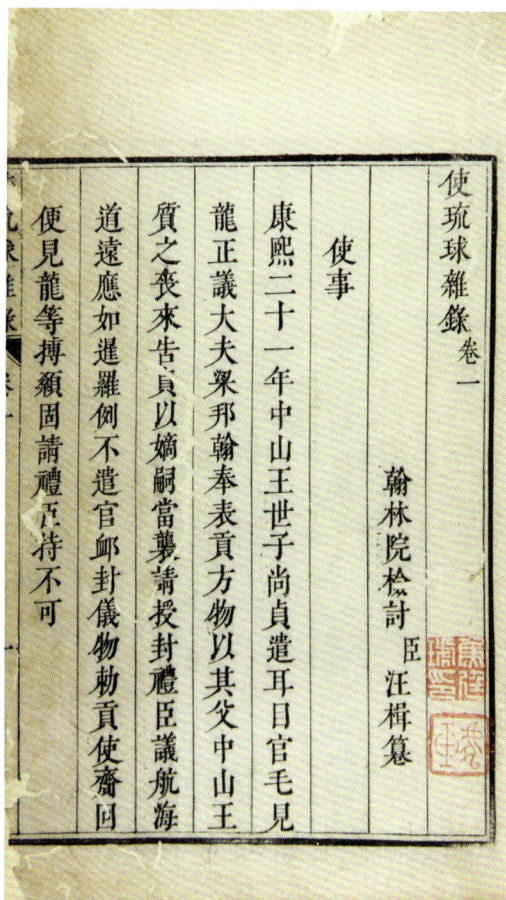

077 月令廣義二十四卷首一卷

（明）馮應京輯　（明）戴任增釋

明萬曆陳邦泰刻本。半葉九行，行二十字，小字雙行二十字。白口，四周單邊。框高22.7厘米，寬14.9厘米。

078 使琉球雜錄五卷中山詩文一卷中山沿革志二卷

（清）汪楫撰

清康熙二十三年（1684）刻本。半葉八行，行二十字。白口，四周雙邊。框高25厘米，寬14.3厘米。

水道提綱卷一

海

原任禮部侍郎 臣 齊召南編録

海爲百川之滙自鴨綠江口西襟　盤京南　京師直
隸東南又南襟山東之北而東古所謂渤海也東爲大
海經其東南又南襟江南浙江之東又南襟福建東折
而西經其東南又西襟廣東之南凡兩京五布政司地際
海禹貢冀兗青徐揚五州漢志遼東遼西漁陽廣陽渤
海平原千乘齊郡北海東萊琅琊東海臨淮廣陵會稽

皇上四次南巡
乾隆三十年乙酉仲春口

臨幸江南省屬江寧揚州鎮江常州蘇
州等處名勝

頌賜

御製詩章臨幀 臣 恭錄敬鎸弁於冊首
并附志考

巡幸《恭紀》

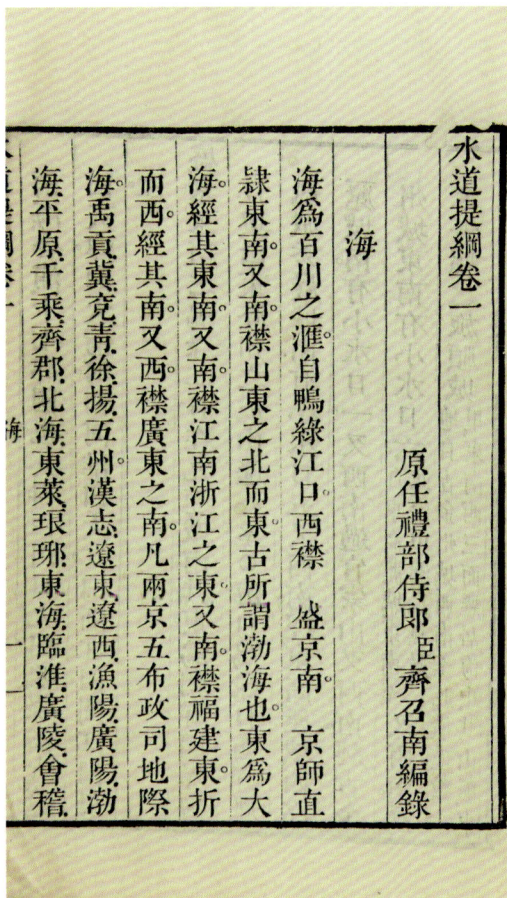

079 水道提綱二十八卷

（清）齊召南編録

清乾隆刻本。半葉九行，行二十二字，小字雙行同。白口，左右雙邊。框高 18.7 厘米，寬 14 厘米。

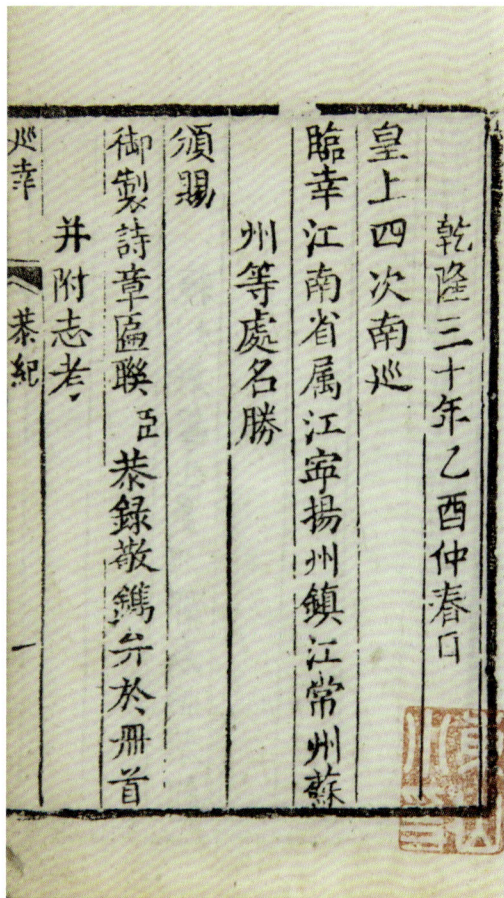

080 江南名勝圖詠不分卷

（清）郭衷恒輯

清乾隆三十年（1765）刻本。半葉七行，行十五字，小字雙行同。白口，左右雙邊。框高 10.8 厘米，寬 7.6 厘米。

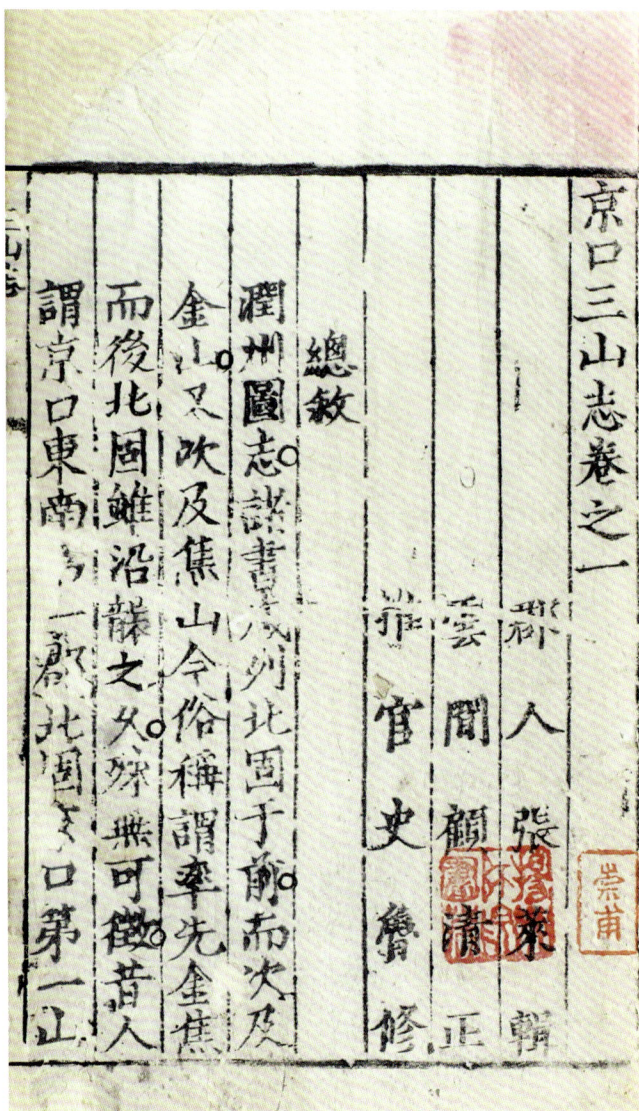

081 京口三山志十卷(存六卷)

(明)張萊撰

明正德七年(1512)刻本。半葉九行,行十七字,小字雙行同。白口,左右雙邊。框高19.2厘米,寬14.2厘米。國家珍貴古籍名録號08039。

東京夢華錄卷之一

宋孟元老撰

東都外城

明胡震亨毛晉同訂

東都外城方圓四十餘里城壕曰護龍河闊十
餘丈濠之內外皆植楊柳粉牆朱戶禁人往來
城門皆甕城三層屈曲開門唯南薰門新鄭門
新宋門封丘門皆直門兩重蓋此係四正門故
留御路故也新城南壁其門有三正南門曰南
薰門城南一邊東南則陳州門傍有蔡河水門

盧山志卷一

星子縣知縣毛德琦重訂

星野

盧山於天文為星紀之次其辰在丑斗牛分野
周禮保章氏以星土辨九州之地所封封域皆有分
星以觀妖祥註十二次之分星紀吳越也
爾雅星紀斗牽牛也註牽牛斗牽牛者日月五星之所終
始故謂之星紀
史記斗江湖牽牛婺女揚州

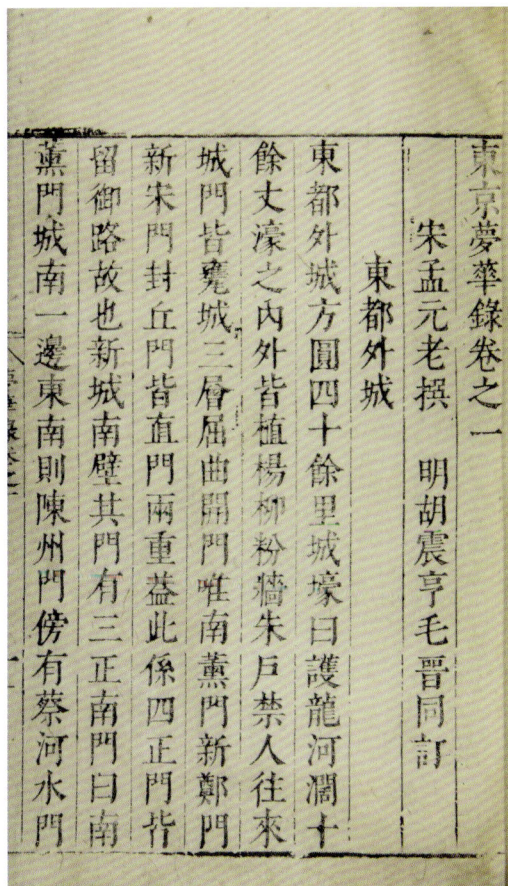

082 東京夢華錄十卷

（宋）孟元老撰 （明）胡震亨、毛晉訂

明末刻本。半葉九行，行十八字，小字雙行
同。白口，左右雙邊。框高 18.9 厘米，寬 14
厘米。

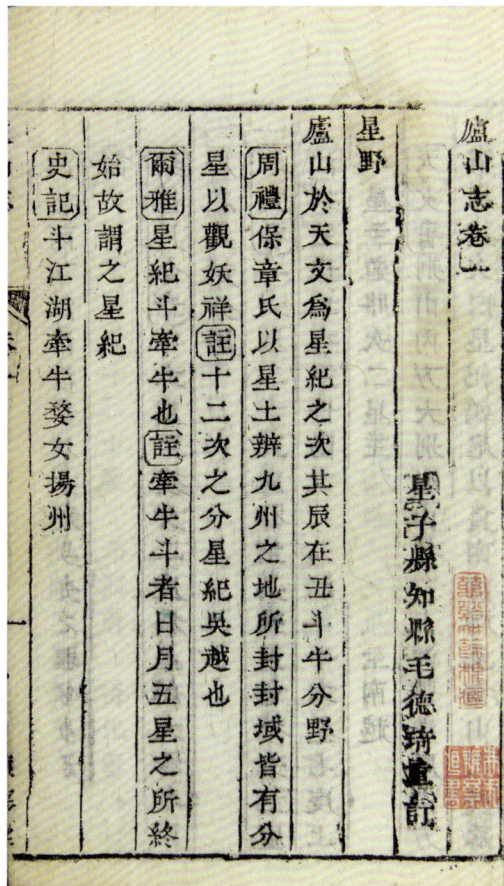

083 盧山志十五卷

（清）毛德琦輯

清乾隆刻本。半葉九行，行二十一字。白口，
左右雙邊。框高 19.1 厘米，寬 13.5 厘米。

金山志卷第一

山水

金山在鎮江府城西北楊子江中自城至山五里
脈接長山迤邐爲五州山至下鼻浦入江冥爲
此山道藏記始名浮玉言玉京諸峯浮而至者
宋周必大雜志言此山大江環繞每風濤四起
勢若飛動故南朝謂之浮玉山一名氏父山又
名獲符山元和郡縣圖志氏父山在縣西北十
里晉破符堅獲氏伫置此山下因名又名伏牛
山唐志潤州貢伏牛山銅器又九域志唐時有

焦山志卷第一

山水

焦山在鎮江府城東北楊子江中山距城九里距
金山十五里古名譙山漢處士焦光隱此因名
焦山又名譙山寰宇記通典皆有譙山戍江淹
詩亦作譙卽宋之問詩成入海中山是也金山之
名浮玉宋米芾臨金山賦注云浮玉稱由來舊矣
名今碑石浮玉字者二一名互
山有東西兩峰故稱雙峰高四十七丈周三
半脈接京峴東北至馬鞍山汝山石公山象山
一名

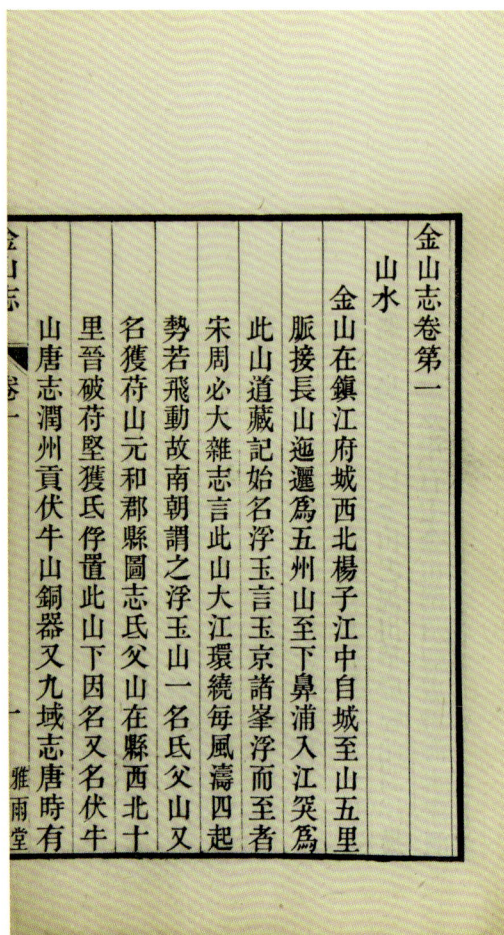

084 金山志十卷
（清）盧見曾恭錄
清乾隆雅雨堂刻本。半葉十行，行二十一字，小字雙行同。白口，左右雙邊。框高18.7厘米，寬13.7厘米。

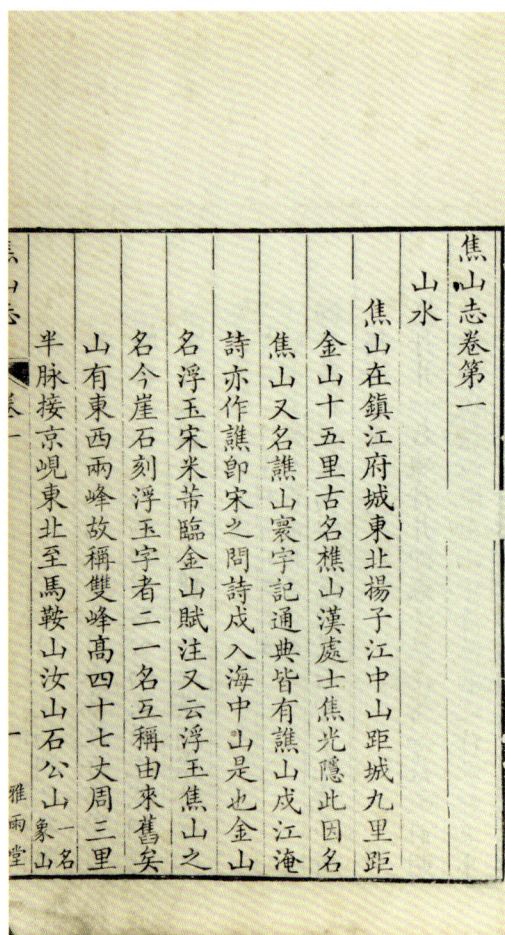

085 焦山志十二卷
（清）盧見曾恭錄
清乾隆雅雨堂刻本。半葉十行，行二十一字，小字雙行同。白口，左右雙邊。框高18.6厘米，寬14.3厘米。

金山志卷第一

山水

金山在鎮江府城西北楊子江中自城至山五里
脉接長山迤邐爲五州山至下鼻浦入江突爲
此山道藏記始名浮玉言玉京諸峯浮而至者
宋周必大雜志言此山大江環繞每風濤四起
勢若飛動故南朝謂之浮玉山一名氏父山又
名獲苻山元和郡縣圖志氏父山在縣西北十
里晉破苻堅獲氏停置此山下因名又名伏牛
山唐志潤州貢伏牛山銅器又九域志唐時有

日下舊聞卷一

星土

北斗七星是謂帝車運乎中央而臨制四方六曰開陽
亦曰應星土木主燕　大象列星圖
天市垣二十二星東西列各十一星其東垣南第三星
曰燕　宋兩朝天文志
楚南一星曰燕有變動以其國占之　宋史天文志
箕星散爲幽州分爲燕國　春秋元命包
箕尾爲燕　春秋說題辭
蒼龍七宿有尾有箕氏胸房虛箕所糞此星也　星經
尾九星如鈎蒼龍尾箕四星形狀如簸箕　丹元子步天
歌

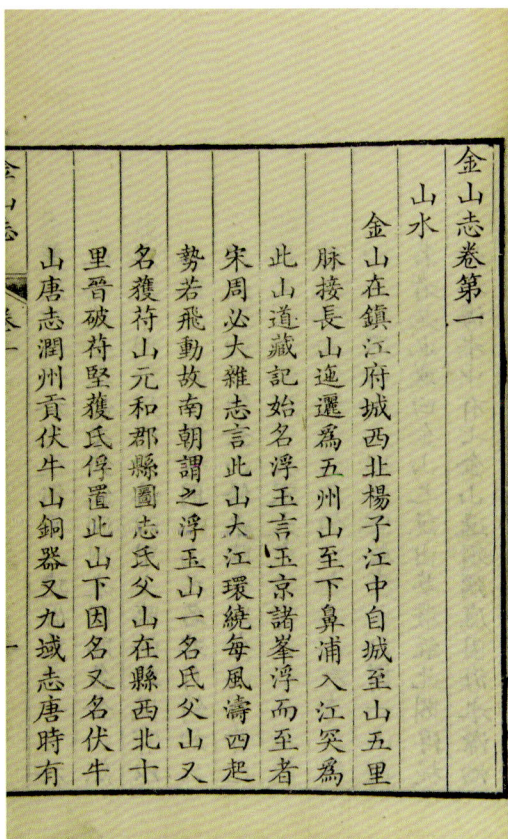

086 金山志十卷

（清）劉名芳纂修

清乾隆刻本。半葉十行，行二十一字，小字雙行同。白口，左右雙邊。框高18厘米，寬14.3厘米。

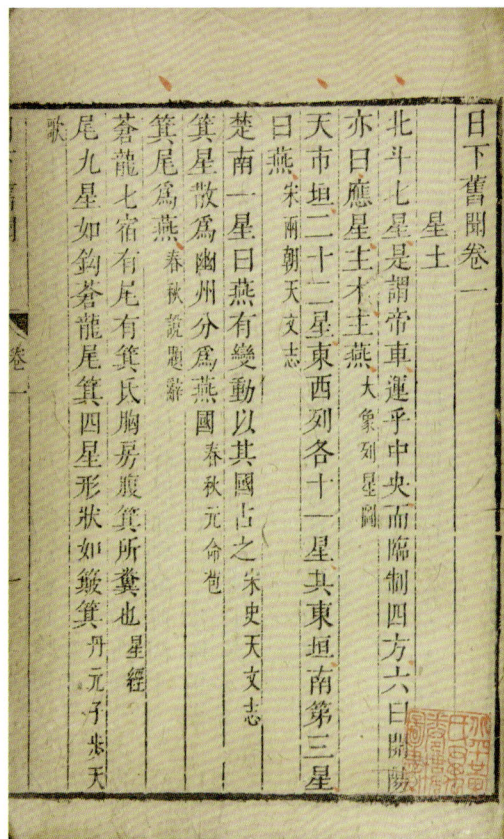

087 日下舊聞四十二卷

（清）朱彝尊輯

清康熙刻本。半葉十二行，行二十一字，小字雙行同。白口，四周單邊。框高18.7厘米，寬13.8厘米。

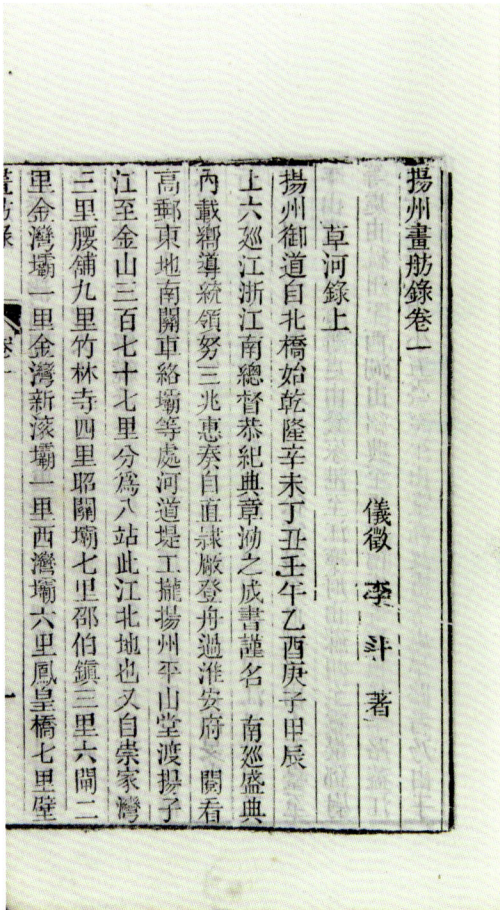

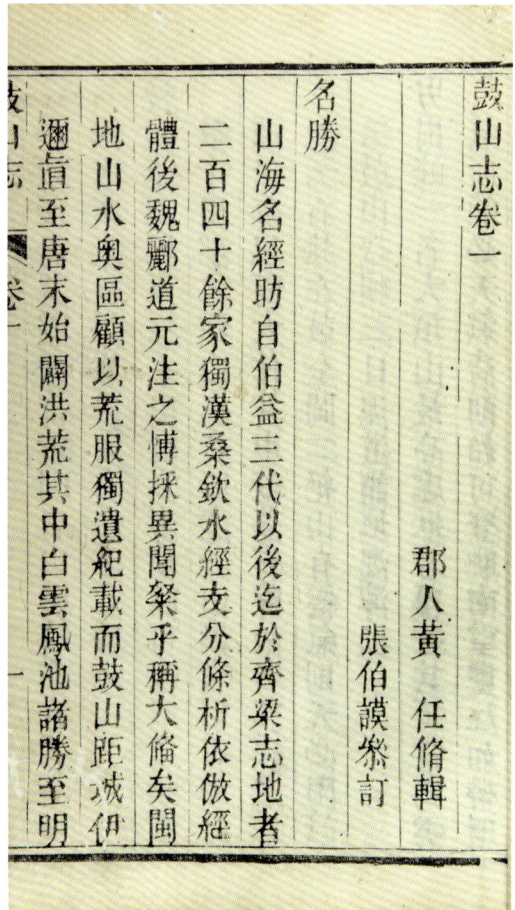

088 揚州畫舫録十八卷

（清）李斗撰

清乾隆六十年（1795）自然盦刻同治後印本。半葉十行，行二十四字，小字雙行同。白口，左右雙邊。框高16.7厘米，寬11.6厘米。

089 鼓山志十四卷

（清）黃任輯

清乾隆刻本。半葉九行，行二十字，小字雙行同。白口，四周雙邊。框高21.9厘米，寬14.5厘米。

三輔黃圖卷之一

三輔沿革

禹貢九州舜置十二牧其一也古豐鎬之地平王東遷
以岐豐之地賜秦襄公至孝公始都咸陽於秦孝公十
二徙都咸陽在九嵕山渭水北山水俱在南故名咸陽秦并
天下罷内史以領關中項籍滅秦分其地為三以章邯為
雍王都廢邱今興平縣地里案此下小注皆用司馬欣為
塞王都櫟陽董翳為翟王都高奴今延州金明縣謂之三秦漢高
祖入關定三秦元年更為渭南郡九年罷郡復為内史五
年高帝在洛陽婁敬說曰夫秦地被山帶河四塞以為固
卒然有急百萬眾可立具因秦之故資甚美膏腴之地此

寶華山志卷之一

十六洞天劉名芳纂修
本山住持釋福聚泰校

山圖凡十

序曰自封建畢于六王祖龍開其郡邑則一郡一
邑莫不各有其志而天下山川皆得附見于郡
邑弟事非專屬嶨而不詳由是名山大川又各
有其志以補郡邑志所未備也寶華向未著名
自寶誌神僧生于宋歷齊梁而為武帝師始建

---

090 三輔黃圖六卷補遺一卷

（清）畢沅校

清乾隆四十九年（1784）畢沅刻本。半葉十一行，行二十二字，小字雙行同。上下黑口，四周單邊。框高 19.2 厘米，寬 15 厘米。

091 寶華山志十五卷首一卷

（清）劉名芳纂修

清乾隆刻本。半葉九行，行二十字，小字雙行同。白口，四周單邊。框高 20.9 厘米，寬 14.1 厘米。按：此本卷首部分為朱印。

南通州五山全志卷之一

知通州事遼左董權文黎閱

五山外史閩中劉名芳纂修

郡　人徐　嶺校梓

山圖凡十一

序曰五山距州治南十八里而近中曰狼山謂

以形似或謂昔有白狼據其上後以泗州佛法

厭勝去之世傳祖龍嘗於中峰駐軍一名軍山

軍之名不顯于狼者土人狃于舊傳也宋州牧

山東運河備覽卷第一

吳江陸燿朗甫纂

沿革表

運河歷代經營之迹與建置先後散在簡冊豈能責人以徧

觀卽備考所書沿革源流已屬簡便易知而上下五百餘年

縱橫一千餘里非素有全局在胸猶執卷而未免茫然也兹

爲年經事緯羅列於篇可以因黃運相關之勢而知古人奏

績之難考脽遞變之形而見古人施功之序起元至元十

六年者重是年爲元始一統之年也

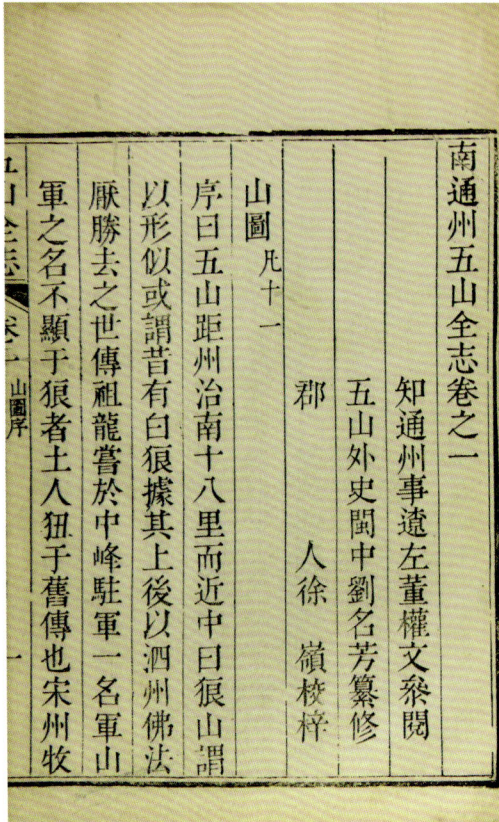

092 南通州五山全志二十卷

（清）劉名芳纂修

清乾隆刻本。半葉九行，行十九字。白口，四周雙邊。版框高 19.7 厘米，寬 15.5 厘米。

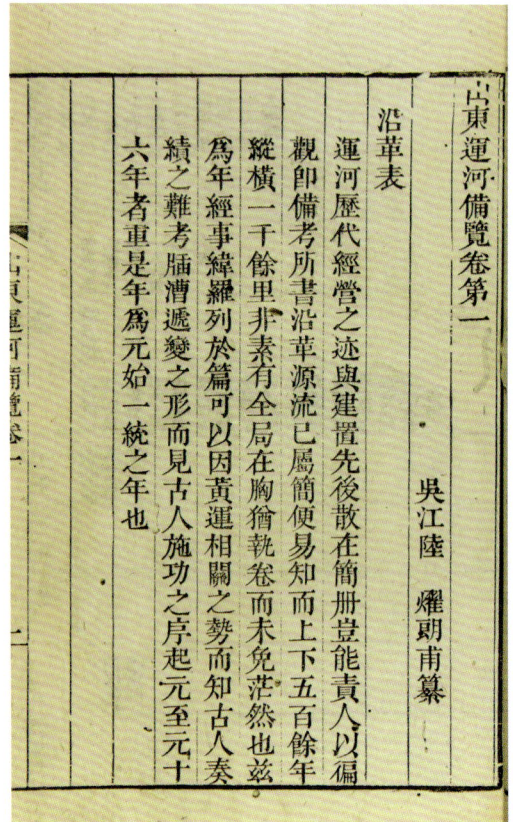

093 山東運河備覽十二卷圖一卷

（清）陸燿纂

清乾隆切問齋刻本。半葉十一行，行二十五字。白口，左右雙邊。框高 19.6 厘米，寬 14.2 厘米。

水經注

天都黃曉峯校刊

槐蔭草堂藏版

太湖備考卷一

東山金友理纂述

弟　友琯　校

太湖

太湖為吳中勝地亦為湖中重地源委晰則水利可修險易明則兵防得要故詳考之匪徒藉以表名勝佐遊覽也

太湖跨蘇常湖三郡

舊皆忽忽平蘇常宣湖四郡誅旦是寧圖不濱太洲吳江震澤四縣界屬常州者十之二為烏程長興一縣界去蘇州府治西南三十六里吳江震澤縣治西四里湖州府治北二十八里長興縣治東三十里宜興荊溪縣治西南一十八里無錫縣治西南一十四里廣二萬六千

湖也按全太湖邊境蘇常州者十之八五為吳縣長洲吳江震澤四縣界屬湖州者十之三為無錫陽湖宜興

太湖備考卷一　　一　太湖

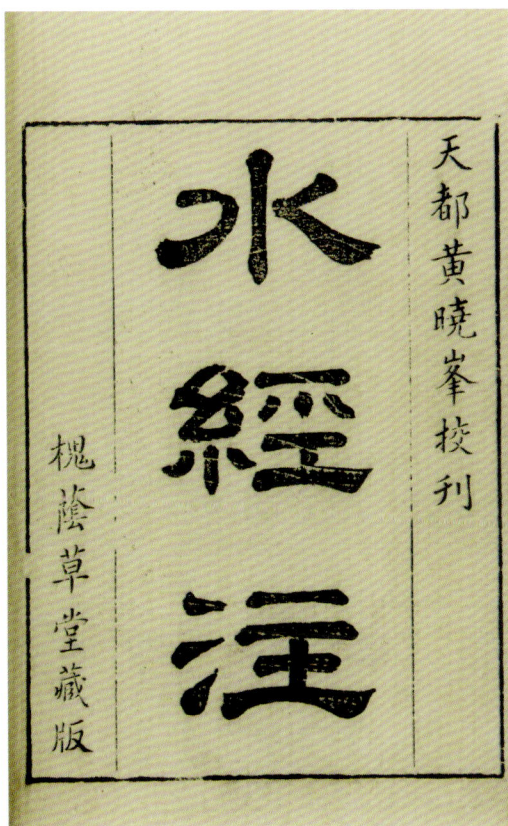

094 水經註四十卷

（北魏）酈道元撰

清乾隆十八年（1753）黃晟槐陰草堂刻本。半葉十一行，行二十一字，小字雙行同。上下黑口，四周單邊。框高 18 厘米，寬 13.8 厘米。

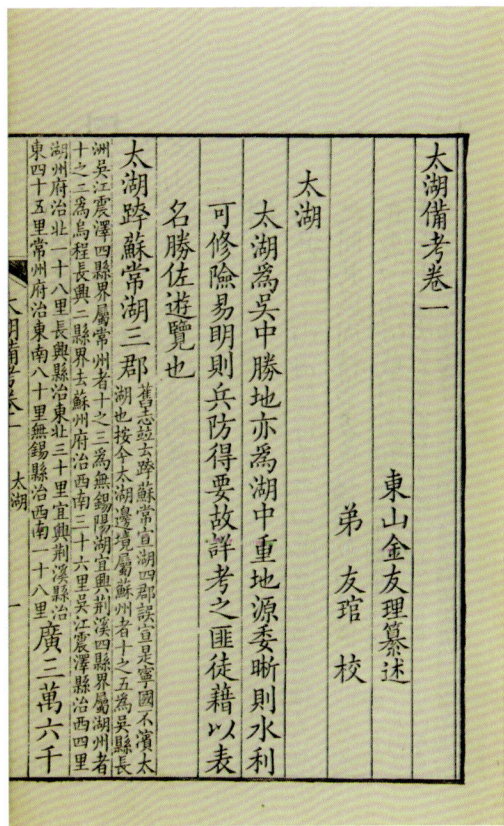

095 太湖備考十六卷首一卷

（清）金友理纂述

湖程紀略一卷

（清）吳曾撰

清乾隆刻本。半葉十行，行二十一字，小字雙行三十一字。白口，左右雙邊。框高 18.5 厘米，寬 13.4 厘米。

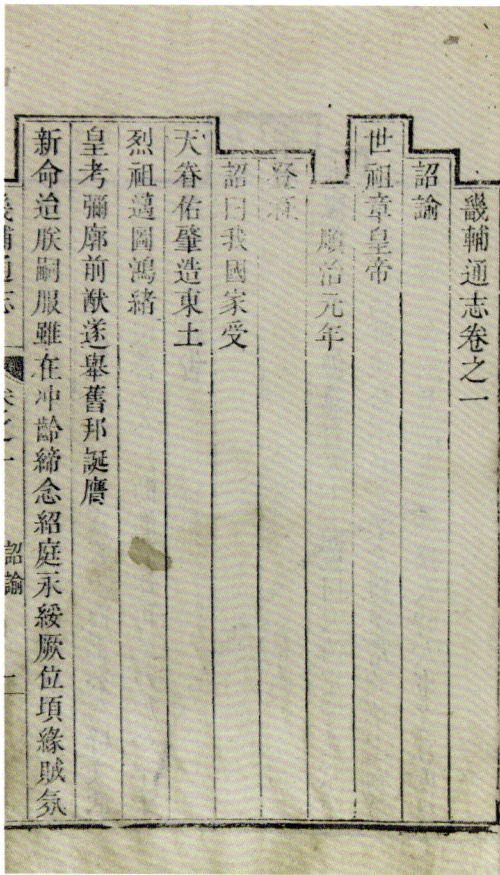

096 畿輔通志一百二十卷

（清）唐執玉等纂修

清雍正刻本。半葉十行，行二十字。白口，四周雙邊。框高 18.7 厘米，寬 14.8 厘米。

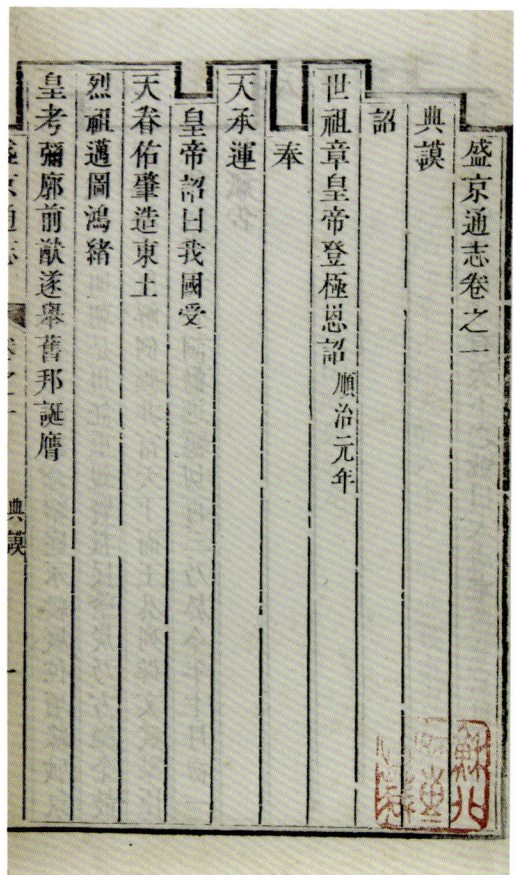

097 盛京通志四十八卷圖一卷

（清）呂耀曾　（清）魏樞等纂修

清乾隆刻本。半葉十行，行二十一字。白口，四周雙邊。框高 19.5 厘米，寬 14 厘米。

右側頁：

山東通志卷之一

典謨一　帝典聖謨文思光被不敢以小序弁首謹附識言然後

奉

天承運

皇帝詔曰我國家受

天眷祐肇造東土

刻祖邁圖鴻緒

皇考彌廓前猷遂舉舊邦誕膺

新命迨朕嗣服雖在冲齡緗念紹庭永綏厥位頊緣賊氛洊熾極

山東通志　卷之一　典謨一　　一

世祖章皇帝登極恩詔順治元年

左側頁：

河南通志卷之一

聖制

尚書首典謨次誓誥類皆帝王之文渾渾噩噩洵作者之聖哉其中若盤庚顜衆以及康叔之誥蔡仲微子之命皆豫土也至卜洛以後君陳畢公歷尹東郊其於訓詞猶諄諄焉夫王者無分民而政教所先必視其國俗以為轉移上所訓下所行言為世則顧不重歟我

世祖章皇帝奠安區夏暨

聖祖仁皇帝休養生息涵濡煦育六十餘年凡禁亂戢暴彌租賜復涣汗所頒德意至深厚豫處中邦接壤

河南通志　卷之一　　聖制　　一

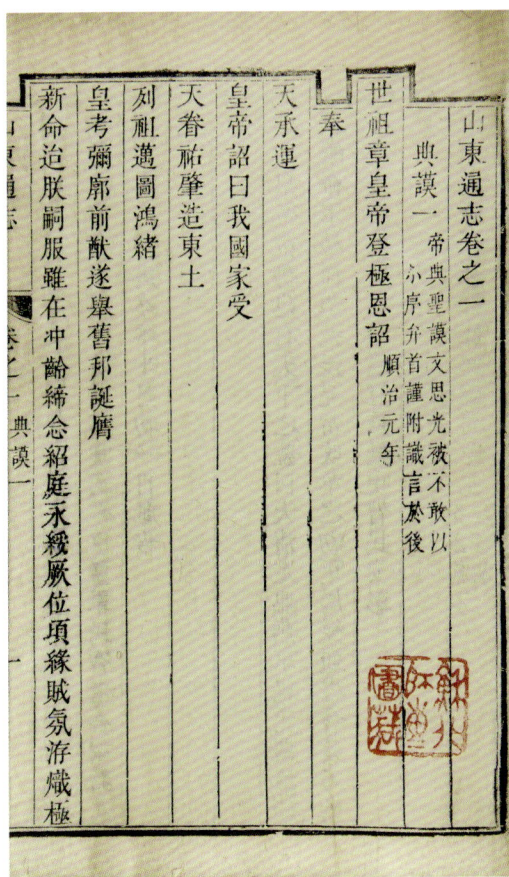

098 山東通志三十六卷首一卷

（清）岳濬等纂修

清乾隆刻本。半葉十行，行二十四字，小字雙行同。白口，四周雙邊。框高 23 厘米，寬 16 厘米。

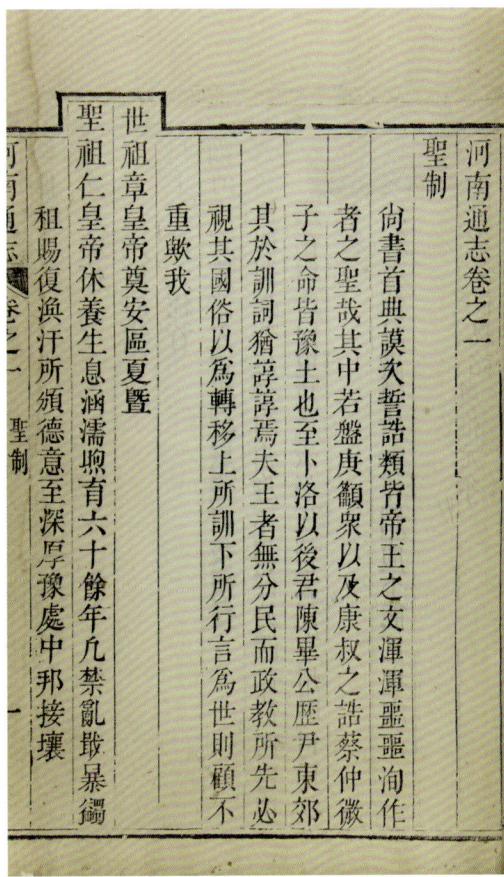

099 河南通志八十卷

（清）田文鏡等纂修

清雍正刻本。半葉十一行，行二十二字。白口，四周雙邊。框高 21.9 厘米，寬 15.5 厘米。

貴州通志卷之一

天文志

星野　祥異　氣候

易曰在天成象在地成形象懸而星辰之精著形
焉而山澤之氣通天地合德則精氣騰降交感理
固然也黔越在荒服保章氏所未載前人以地近
荊梁分翼軫參井之餘考核最爲精當我
朝
列聖相承效天法地順陰陽以布化七政恊而休徵集
亦旣慶雲穀盈瑞霈書淑氣祥風旁敷遠暢曩
時所稱禛卿漏天今皆疹癘潛消雨暘時若考諸

揚州府志卷之一

輿圖

廣陵斗野山澤菁華原田綺繡樓觀烟霞軸轤千
里城郭萬家摹形繪景盛麗非誇作輿圖
志必有圖所以標奇領勝開帙瞭然別惟揚名郡哉首
總圖彙全轄也城池四境表形勢也學宮崇文教也州
縣井然統於郡也西有甘泉南有大觀江山之壯也天
寧高旻
翠華所臨幸也平山堂賢太守遊咏地也宋三城大城稽往
制以徵信也故以二十二圖爲卷之首

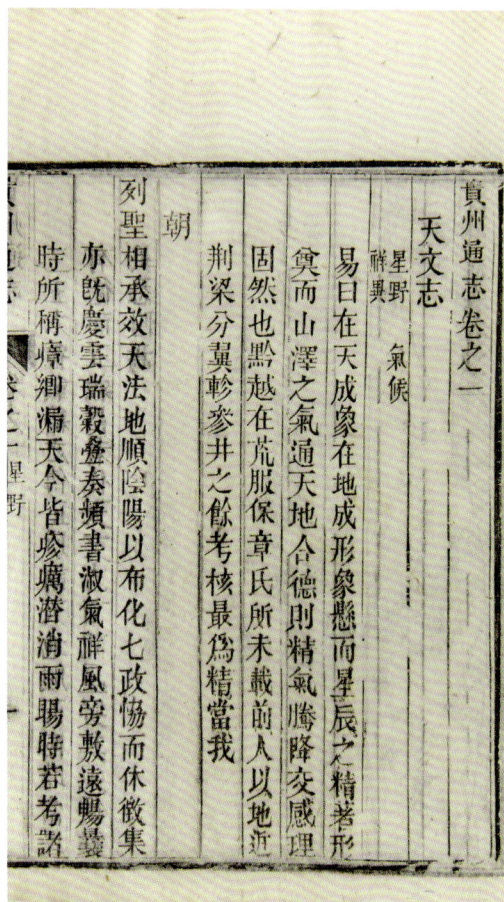

100 貴州通志四十六卷首一卷

（清）鄂爾泰等纂修

清乾隆刻本。半葉十一行,行二十一字,小字雙行同。白口,四周雙邊。框高19.9厘米,寬14.1厘米。

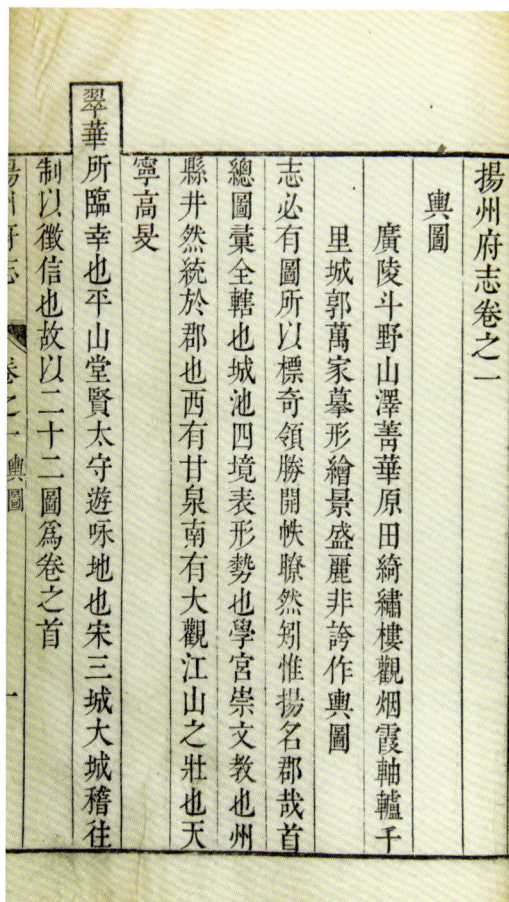

101〔雍正〕揚州府志四十卷

（清）尹會一修　程梦星等纂

清雍正刻本。半葉十行,行二十一字,小字雙行同。白口,左右雙邊。框高20厘米,寬15.2厘米。

職官類　　　　　　　　　　　　　　　金石類

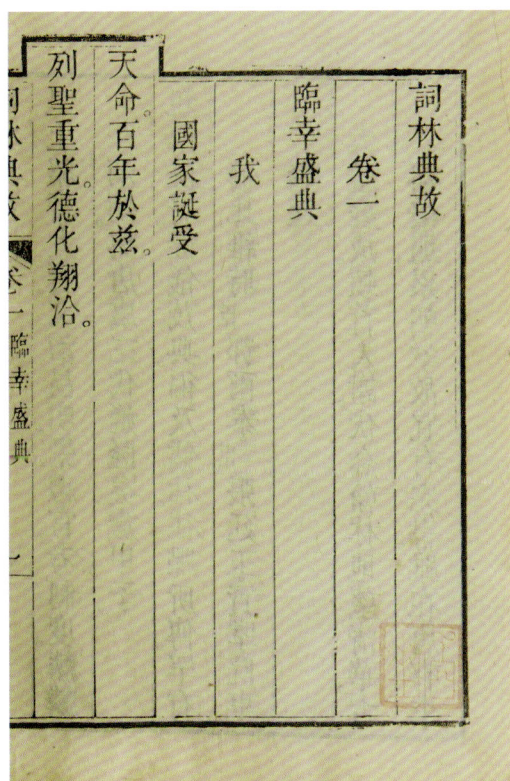

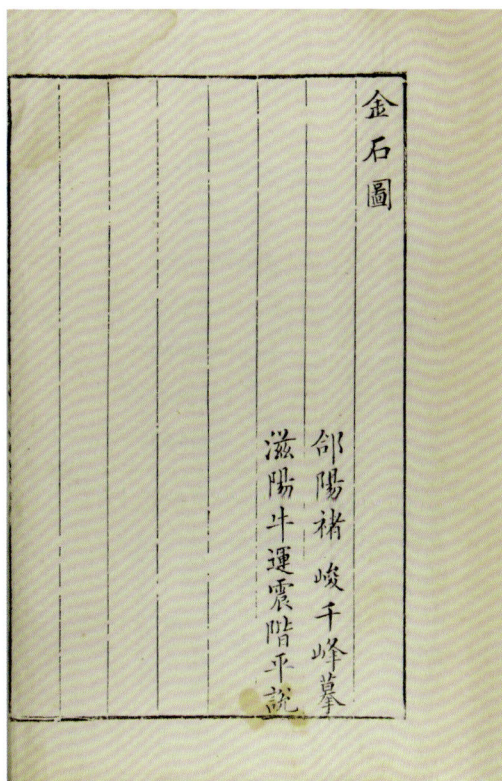

102 詞林典故八卷

（清）張廷玉等撰

清乾隆刻本。半葉七行，行十八字，小字雙
行同。白口，四周雙邊。框高 19 厘米，寬
13.8 厘米。

103 金石圖不分卷

（清）褚峻摹　（清）牛運震說

清乾隆刻本。半葉十行，行二十字。白口，
四周單邊。框高 28.8 厘米，寬 20.7 厘米。

右側：

關中金石記卷弟一

　　　　　　　　　鎮洋畢沅撰

秦

繹山碑

李斯篆在西安府學

秦刻不傳此即宋徐鉉所摹淳化四年太常博士鄭文寶所

刻末有文寶跋史記稱始皇廿八年東行郡縣上鄒嶧山立

石即此繹記作嶧金石刻始皇廿八年東行郡縣上鄒嶧山立

作勳從童與裴壽碑固不勳心字同又校官碑董衒碑

以府承董察古文尚書章皆作童之用威董之用威董

汪重當爲童張公神碑仙僮卽仙童古重與童本通也戒作

戒从十古文甲字戎旁等字因之做作做說文解字曰做

行水也从攴人水省泰刻石作汔今此作做蓋用水省之

意

左側：

金石錄卷第一

　　　　　　　　　宋東武趙明誠編著

目錄一

三代　秦　漢

第一古器物銘一

第二古器物銘二

第三古器物銘三

第四古器物銘四

第五古器物銘五

第六古器物銘六

雅雨堂

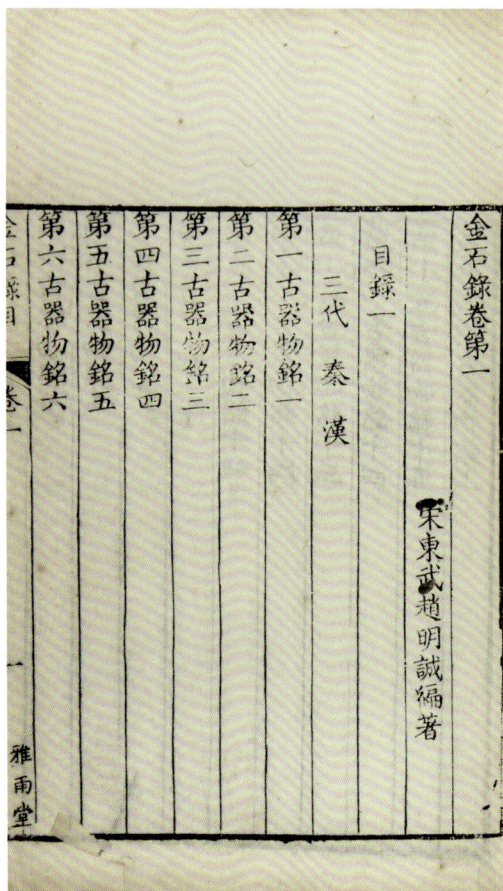

104 金石錄三十卷

（宋）趙明誠編著

清乾隆二十七年（1762）刻本。半葉十行，行二十一字，小字雙行同。白口，四周單邊。框高 17.8 厘米，寬 14.7 厘米。

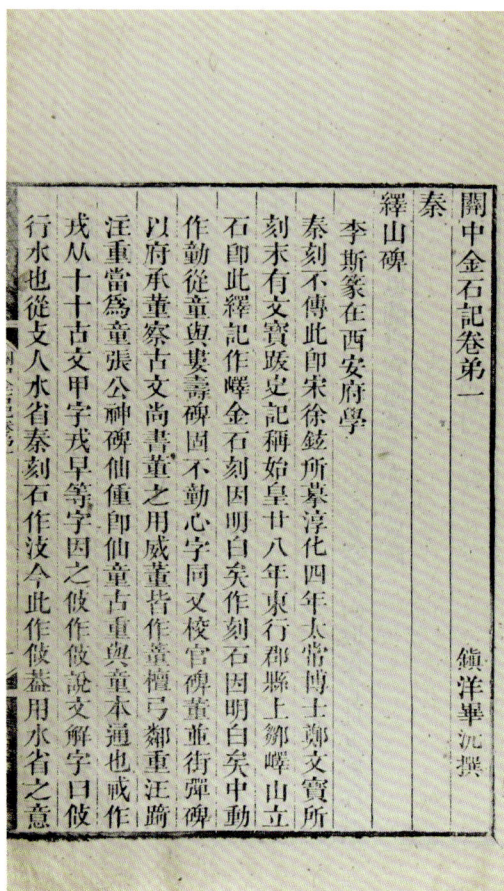

105 關中金石記八卷

（清）畢沅撰

清乾隆四十六年（1781）刻本。半葉十二行，行二十四字。上下黑口，四周單邊。框高 19.5 厘米，寬 15 厘米。

亦政堂重修考古圖卷第一

鼎屬區鐘二

庚鼎　銘一字

辛鼎　銘一字

癸鼎　銘一字

晉姜鼎　銘一百二十一字

公誠鼎　銘四十一字

䵼鼎　銘一字

兩漢金石記卷第一

鼎趣畢沅　文淵閣直㕔事臣𥳑府臣㸔

年月表

柳子厚論文之言曰近古而尤牡麗臭若漢之西京惟書亦然夫東漢之文音情藻采過於西漢而柳子獨以牡麗推西漢何㦲有虞氏之秦尊夏后氏之山罍殷之著周之犧象灌尊夏后氏以難纔殷以舉周以黃目由質而文固其勢也故曰公㑹之有冠禮也憂之末造也黃山谷亦云以古人篤師以質厚為本蓋許袖重篤說文解字㳺六書沿八體而秦篆漢篆

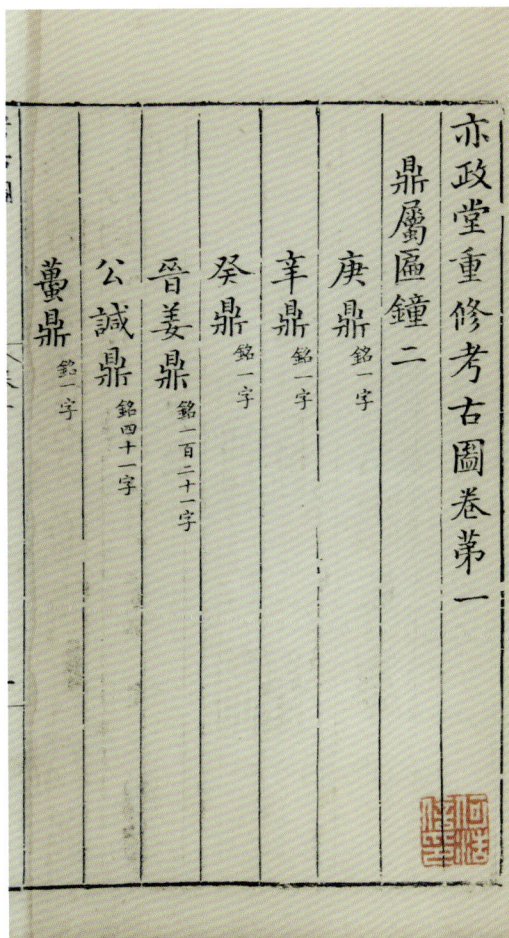

106 亦政堂重修考古圖十卷

（宋）呂大臨撰　（清）黃曉峰鑒定

亦政堂重考古玉圖二卷

（元）朱德潤撰　（清）黃曉峰鑒定

清乾隆十七年(1752)刻本。半葉八行,行十七字,小字雙行同。白口,四周單邊。框高 25 厘米,寬 15.5 厘米。

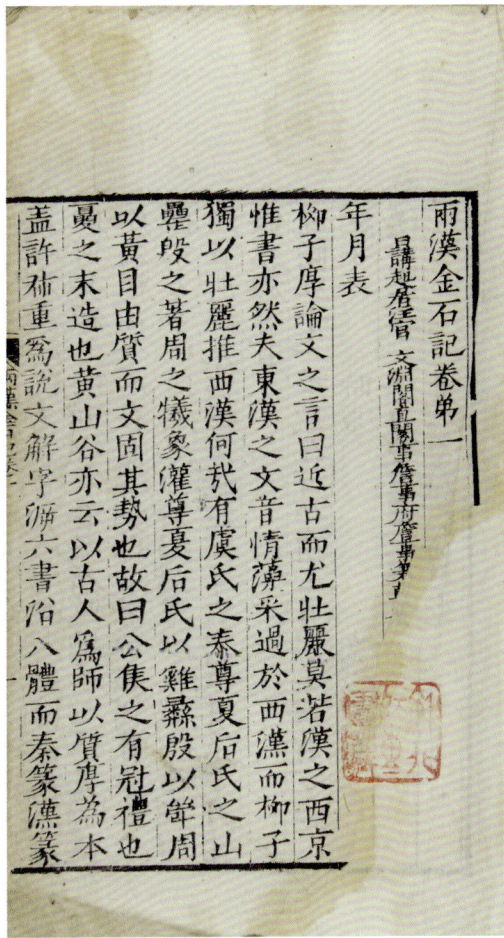

107 兩漢金石記二十二卷

（清）翁方綱撰

清乾隆刻本。半葉十行,行二十字。白口,左右雙邊。框高 21.3 厘米,寬 15.4 厘米。

史評類

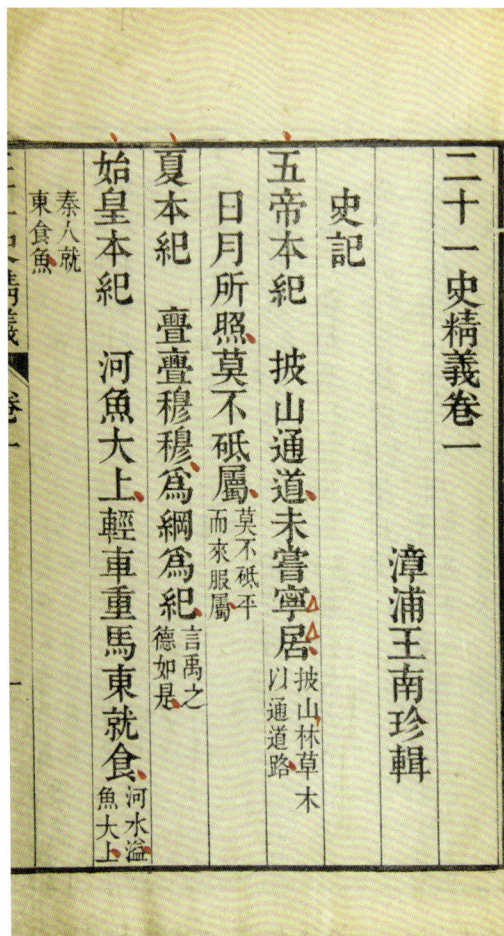

108 二十一史精義

（清）王南珍輯

清乾隆刻本。半葉八行，行十八字，小字雙行二十四字。白口，左右雙邊。框高 20.5 厘米，寬 14.5 厘米。

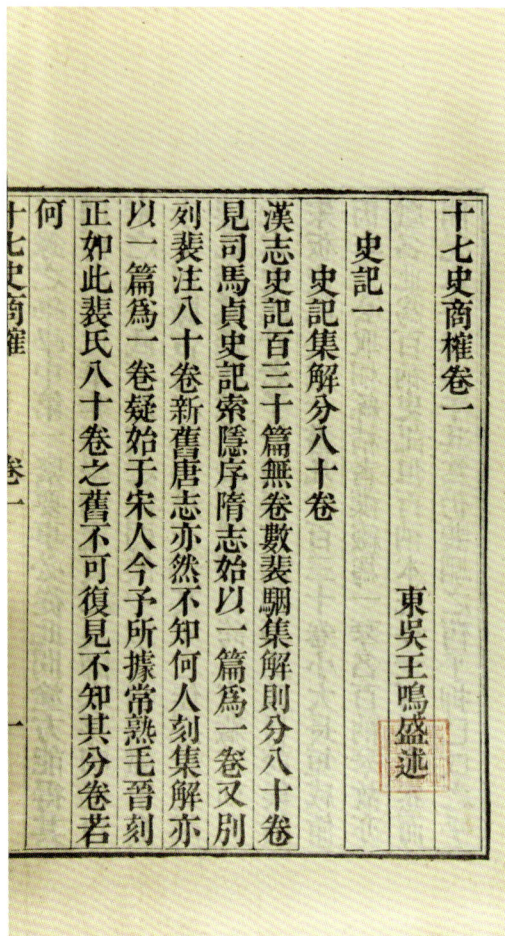

109 十七史商榷一百卷

（清）王鳴盛述

清乾隆五十二年（1787）洞涇艸堂刻本。半葉十行，行二十字，小字雙行同。白口，四周雙邊。框高 18.4 厘米，寬 13.7 厘米。

看鑑偶評卷一

長洲尤侗纂

帝嚳元妃姜嫄生棄次妃簡狄生契三妃慶都生堯四
妃常儀生摯若立嫡則宜棄立賢則宜堯何越次而立
摯卒之尸位九年爲諸侯所廢然堯嗣位而契棄爲商
周祖又何奇也○金仁山謂稷非帝嚳元子豈有帝子
而見棄者周之郊也何祖稷而不祖帝嚳其祀姜嫄何舍
祖而祀姚也索隱亦謂契母有娀氏女與宗婦三人浴
于川則非帝嚳次妃可知且堯與稷契爲嫡兄弟不能
皆待舜而後舉乎其說亦是存以闕疑

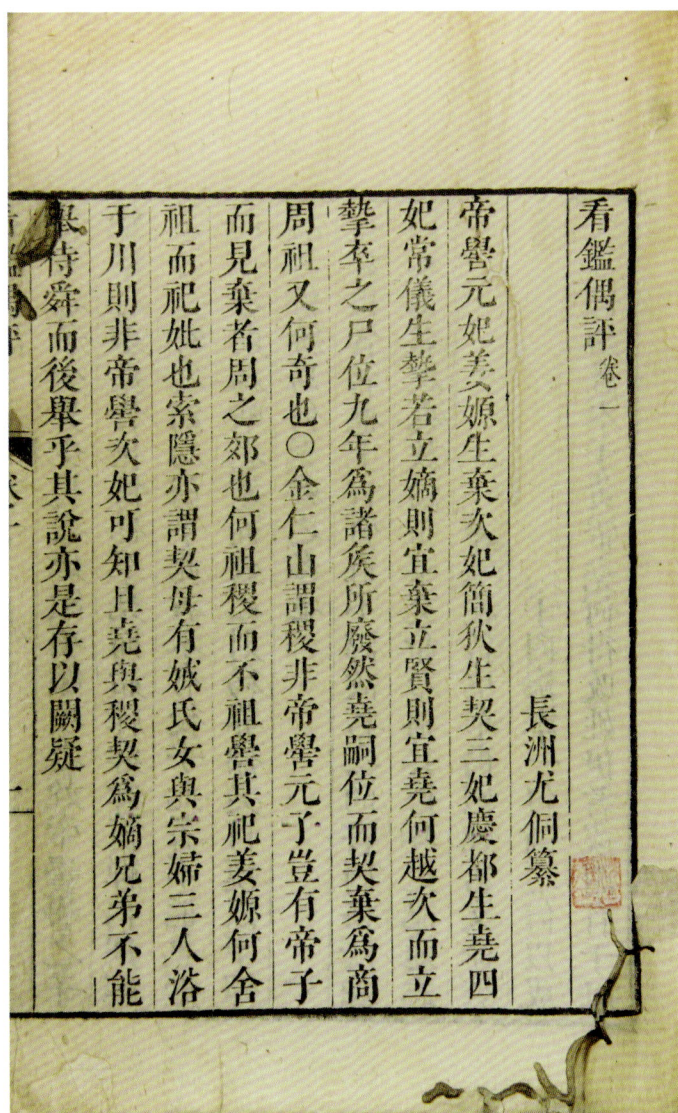

110 看鑑偶評五卷

（清）尤侗撰

清康熙刻本。半葉十行。行二十一字，小字雙行同。白口，
四周單邊。框高 17.6 厘米，寬 13.9 厘米。

子　部

儒家類

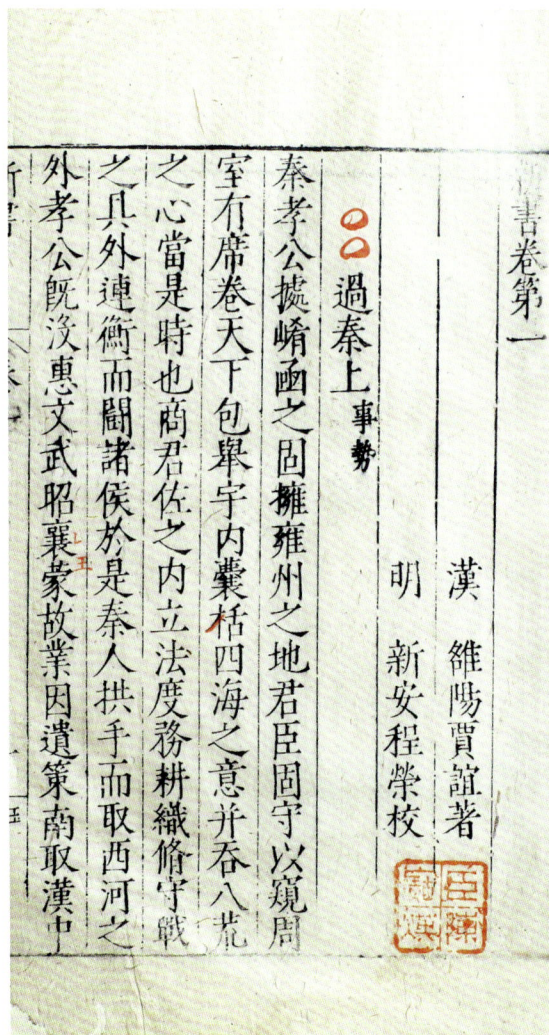

111 新書十卷附錄一卷

（漢）賈誼撰　（明）程榮校

明萬曆程榮刻漢魏叢書本。半葉九行，行二十二字。白口，左右雙邊。框高 20 厘米，寬 14.2 厘米。國家珍貴古籍名録號 01364。

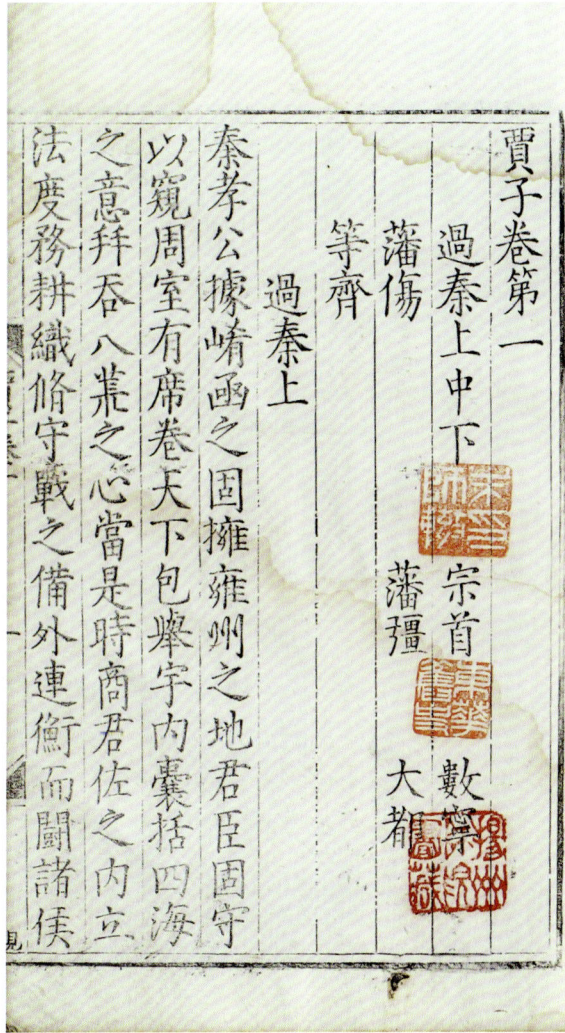

112 賈子十卷

（漢）賈誼撰

明萬曆十年（1582）胡維新刻兩京遺編本。半葉
九行，行十七字。白口，四周雙邊。框高20.7厘米，
寬13.8厘米。國家珍貴古籍名録號02034。

大學衍義輯要卷一

宋西山真德秀原本

桂林陳弘謀汝咨纂

書堯典曰若稽古帝堯曰放勳欽明文思安安允恭克讓光被四表格於上下克明俊德以親九族九族既睦平章百姓百姓昭明協和萬邦黎民於變時雍

臣按此紀堯之功德與其為治之次序也洪荒以來農黃帝皆有功生民而堯之功為尤大故曰放勳欽明俊德修身之事親九族齊家之事所謂身修而家齊也九族既睦平章百姓

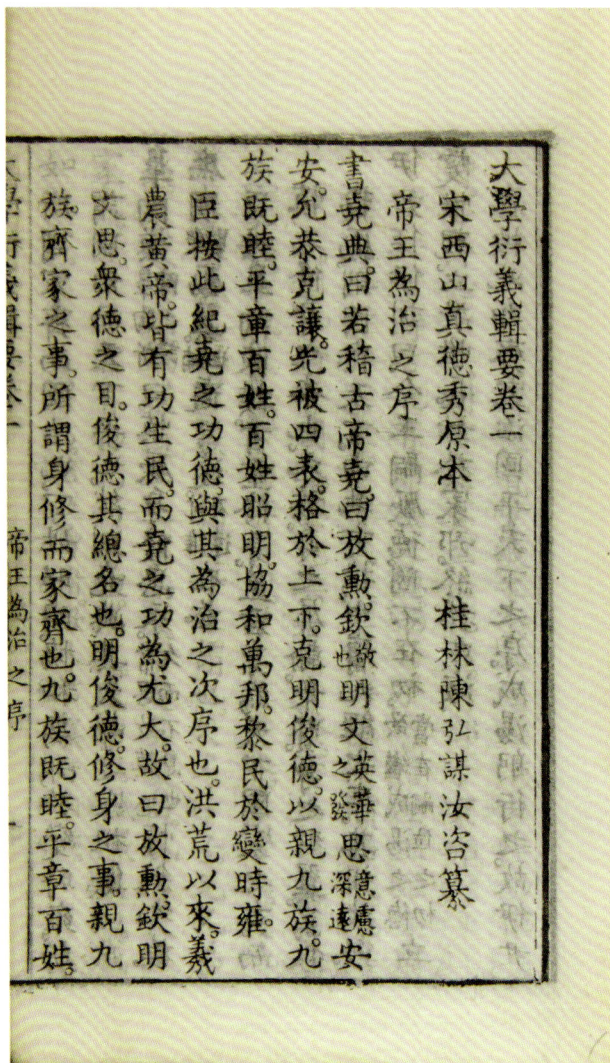

113 大學衍義輯要六卷

（宋）真德秀著　（清）陳弘謀輯

大學衍義補輯要十二卷首一卷

（明）丘濬著　（清）陳弘謀輯

清乾隆元年（1736）刻本。半葉十行，行二十二字，小字雙行同。白口，左右雙邊。框高 19 厘米，寬 12.6 厘米。

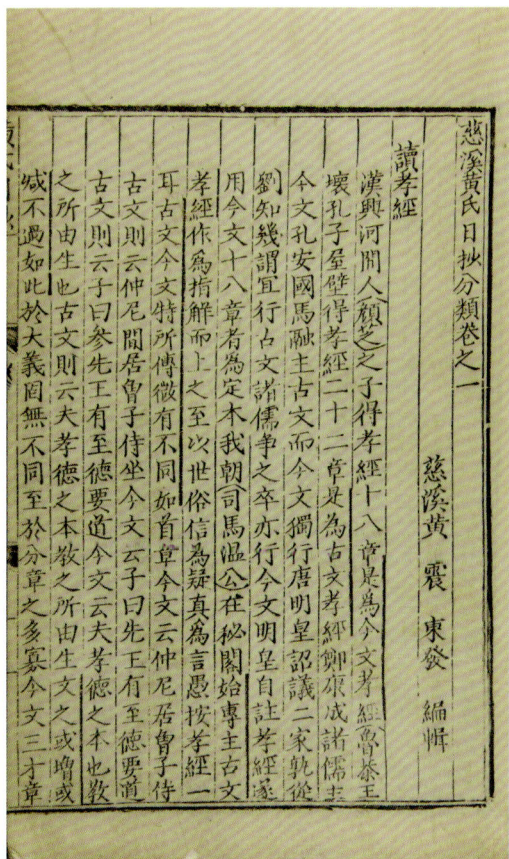

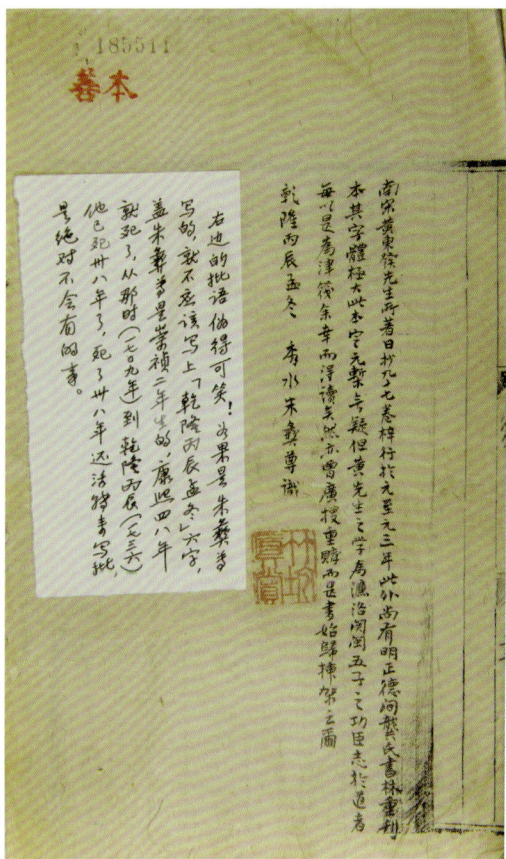

114 慈溪黃氏日抄分類九十七卷

（宋）黃震撰

明正德十四年（1519）書林龔氏明實堂刻本。半葉十四行，行二十六字。上下黑口，四周雙邊。框高 18.8 厘米，寬 13.3 厘米。

按：按朱彝尊生於崇禎二年，卒於康熙四十八年，此題跋落款爲乾隆元年，故此題跋應是書商作僞。

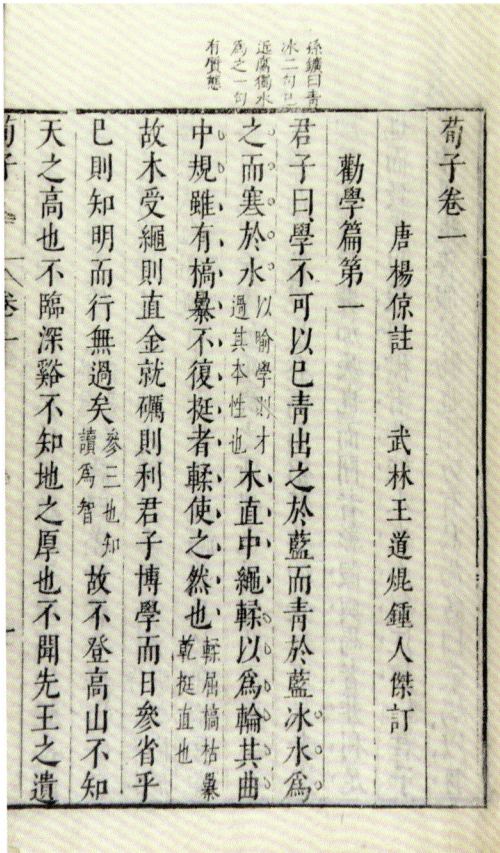

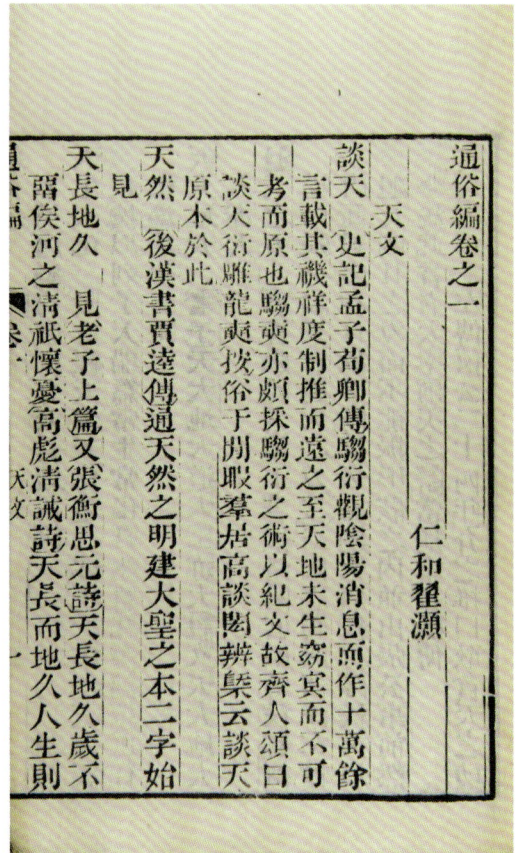

115 荀子二十卷
（唐）楊倞注

明末刻本。半葉九行,行二十字。小字雙
行同。白口,左右雙邊。框高 19.9 厘米,寬
14.2 厘米。

116 通俗編三十六卷
（清）翟灝撰

清乾隆刻本。半葉十二行,行二十二字。白
口,左右雙邊。框高 17 厘米,寬 12.7 厘米。

兵家類

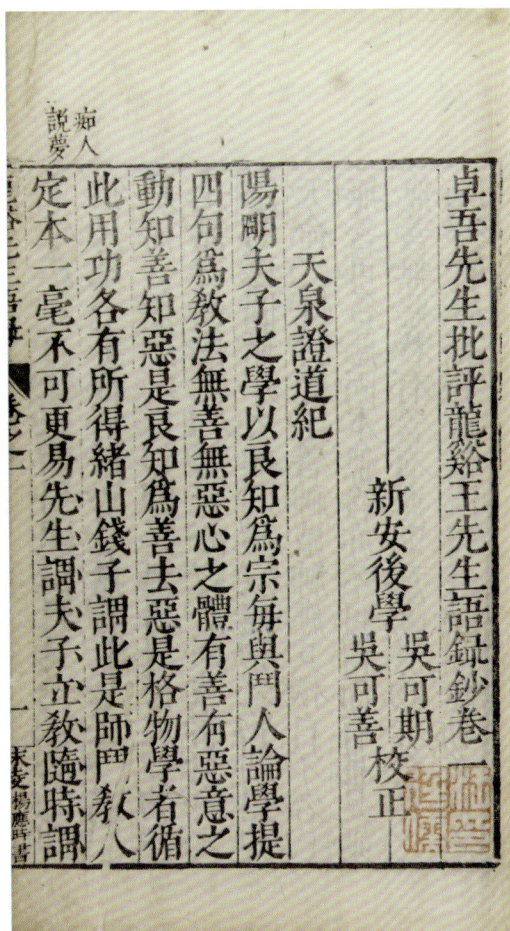

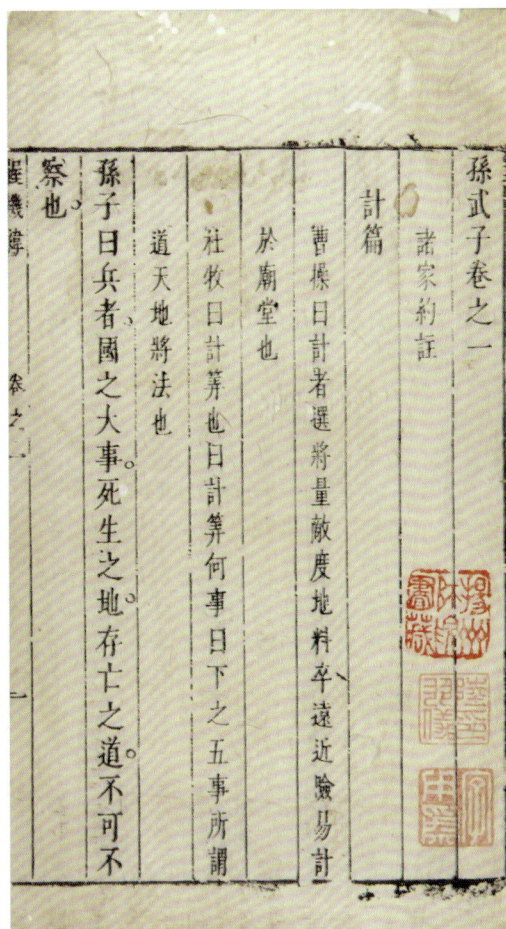

117 卓吾先生批評龍溪王先生語録鈔八卷

（明）王畿撰　（明）李贄評

明萬曆刻本。半葉九行，行十八字。白口，四周單邊。框高 20.9 厘米，寬 14.8 厘米。

118 握機緯十五卷（孫武子十三卷吳子二卷）

（明）曹胤儒輯

明末刻本。半葉九行，行二十字。白口，四周單邊。框高 20.3 厘米，寬 14.4 厘米。

法家類

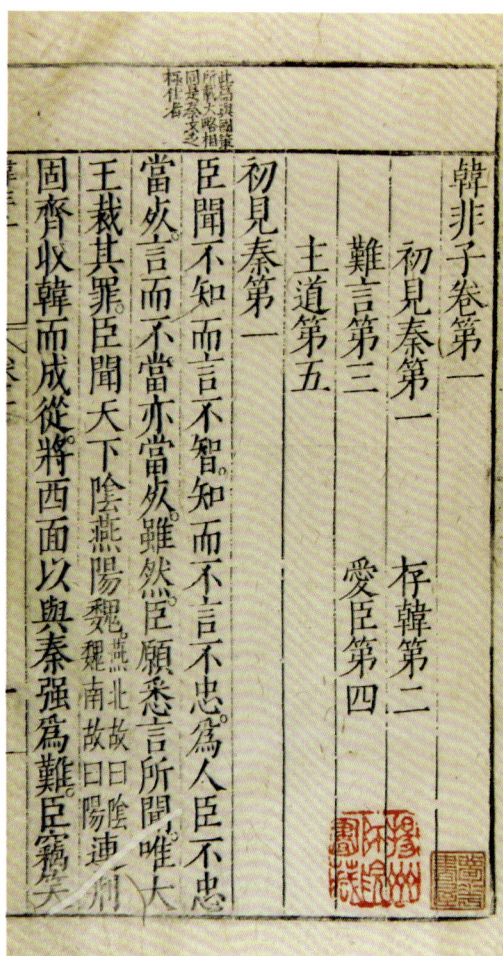

119 韓非子二十卷
（戰國）韓非子著

明萬曆十年（1582）趙用賢刻本。半葉九行，行十九字，小字雙行同。白口，四周單邊。框高22厘米，寬13厘米。

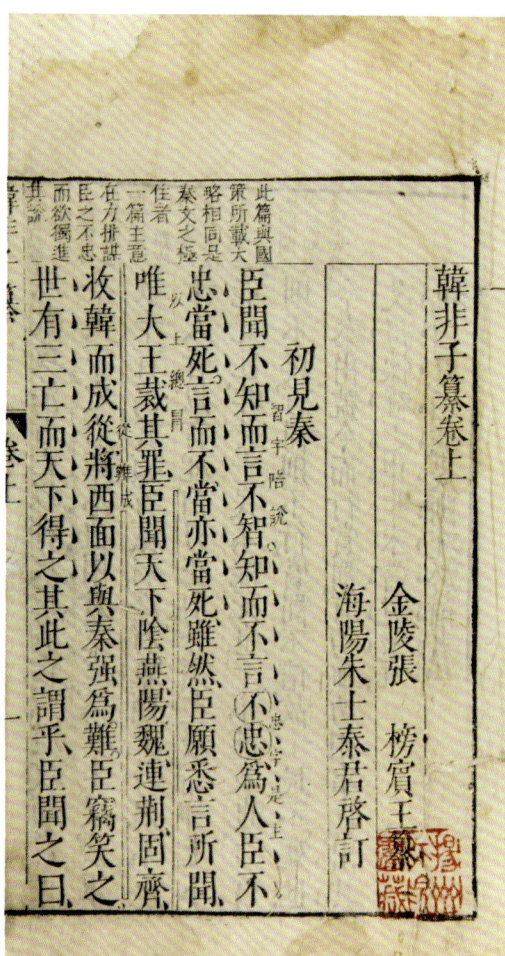

120 韓非子纂二卷
（明）張榜撰　（明）朱士泰訂

明刻本。半葉九行，行十八字。白口，四周單邊。框高20.5厘米，寬13.5厘米。

韓非子卷第一

初見秦第一　存韓第二

難言第三　愛臣第四

主道第五

初見秦第一

北韓其國策
所載大略相
同其秦文之
極謬者

臣聞對君而言亦
不擇其君之可
不知而言不智
言而不當不忠

明知而不言不忠

亥則無益於國
不同時既門
亥王見非臣
惟然欲臣非

言雖然

言而不當亦當亥
理則無貴於
言而無當則

臣願悉言所聞唯大王裁其罪

管子卷第一　　唐司空房　玄齡　註

牧民第一　形勢第二　權修第三

立政第四　乘馬第五

牧民第一　國頌　四維　四順

六親五法

經言一

凡有地牧民者務在四時
守在倉廩

食者人
之天也
國多財則遠者來地
辟舉則民留處也言

地盡墾則
人留處也
而安居處也

令順民心則知
禮節衣食足則知榮

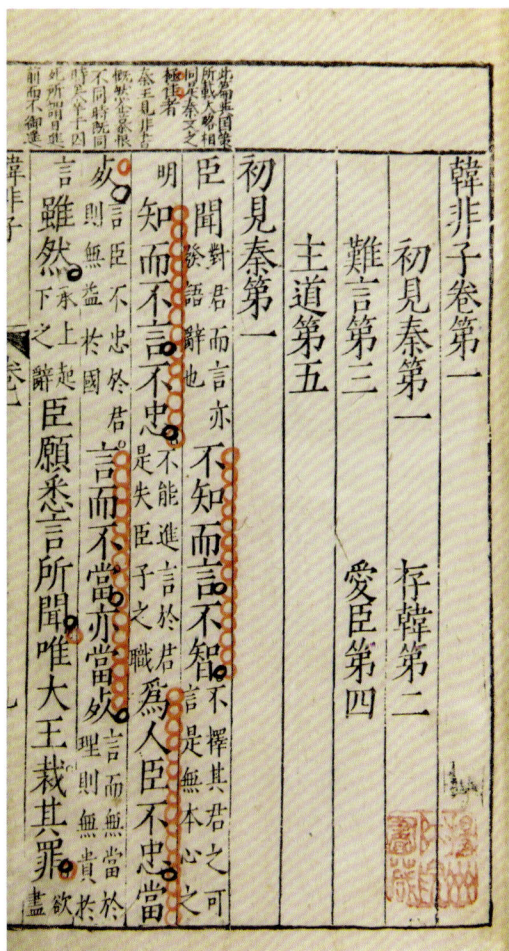

121 韓非子評林二十卷

（明）評者不詳

明刻本。半葉九行，行十九字，小字雙行同。白口，四周單邊。框高 21.9 厘米，寬 12.7 厘米。

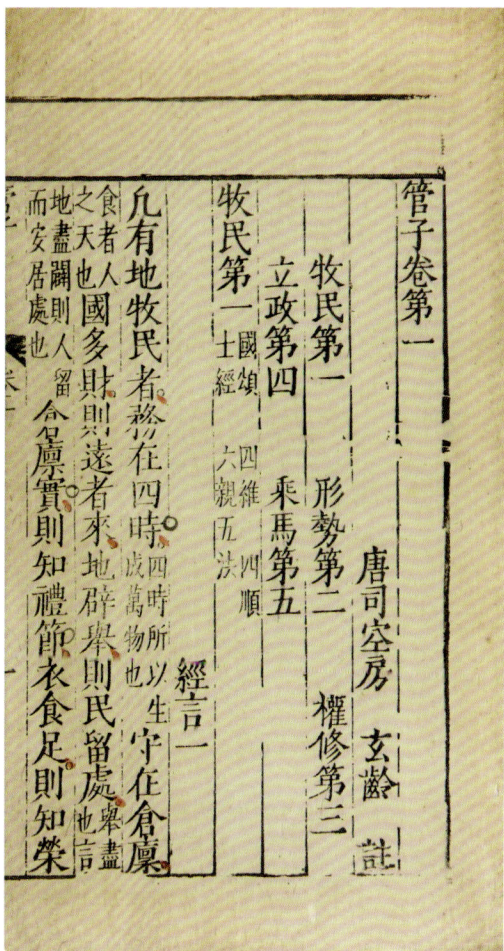

122 管子二十四卷管子文評一卷

（唐）房玄齡注

明萬曆十年（1582）趙用賢刻本。半葉九行，行十九字，小字雙行同。白口，四周單邊。框高 21.9 厘米，寬 13 厘米。

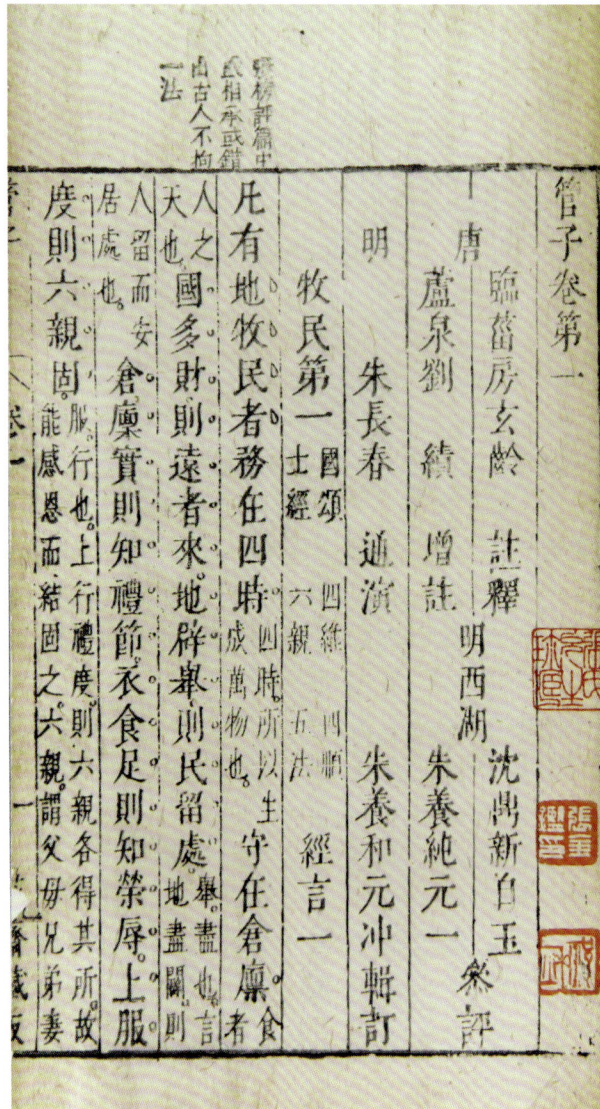

123 管子二十四卷

（唐）房玄齡注　（明）劉績補注　（明）沈鼎新、朱養純評

明天啟五年（1625）朱養純花齋刻本。半葉九行，行二十字，小字雙行同。白口，四周單邊。框高20厘米，寬13.7厘米。

農家類

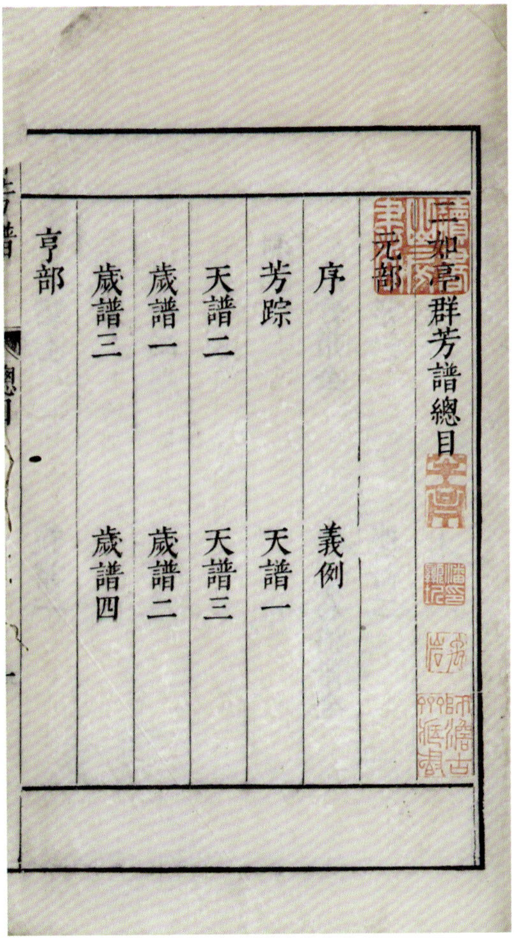

二如亭群芳譜總目

序　義例
芳踪　天譜一
天譜二　天譜三
歲譜一　歲譜二
歲譜三　歲譜四
亨部

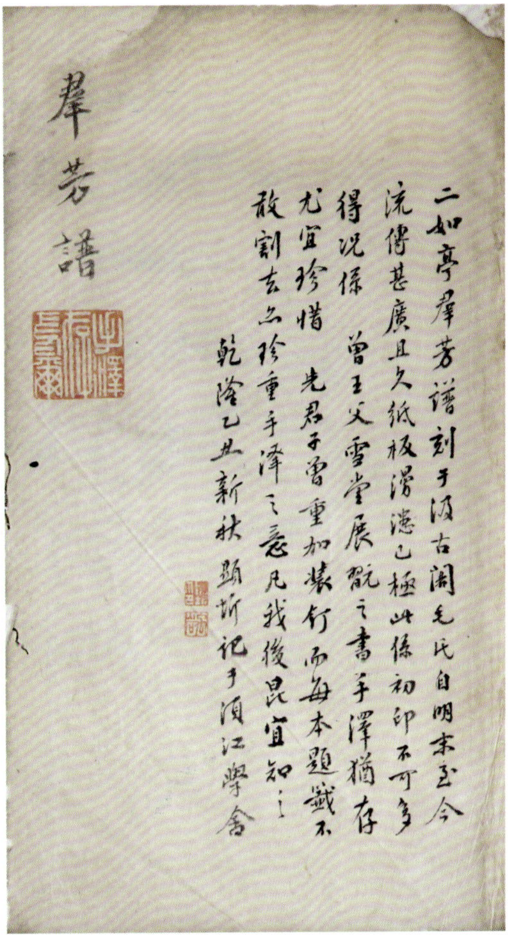

群芳譜

二如亭群芳譜刻于洞古開毛氏自明末至今
流傳甚廣且久紙板漫漶乙極此係初印不可多
得況係曾王父雪堂展玩之書手澤猶存
尤宜珍惜先君子曾重加裝釘而每本題籤不
敢割去以珍重手澤之意凡我後昆宜知之
乾隆乙丑新秋題斷記于洞江學舍

124 二如亭群芳譜三十卷首十三卷

（明）王象晋輯

明崇禎刻本。三欄，半葉八行，行十八字，小字雙行同。白口，左右雙邊。框高22厘米，寬14.3厘米。

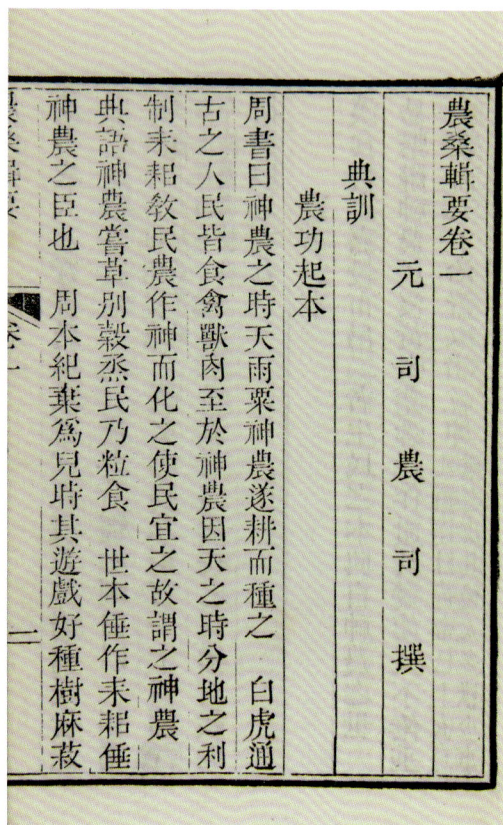

125 農桑輯要七卷

（元）司農司撰

清乾隆刻本。半葉九行，行二十一字，雙行
小字同。白口，四周雙邊。框高 14 厘米，寬
10.1 厘米。

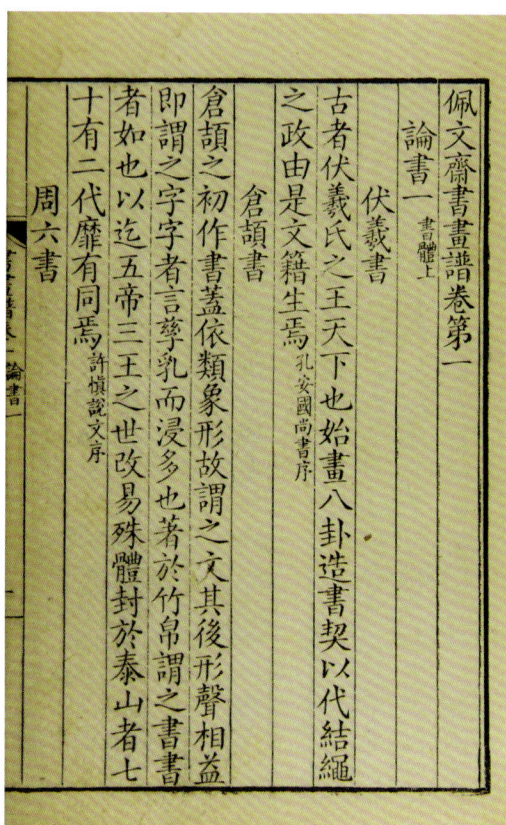

126 佩文齋書畫譜一百卷

（清）孫岳頒等纂

清康熙刻本。半葉十一行，行二十一字，小
字雙行三十字。白口，左右雙邊。框高 16.7
厘米，寬 11.6 厘米。

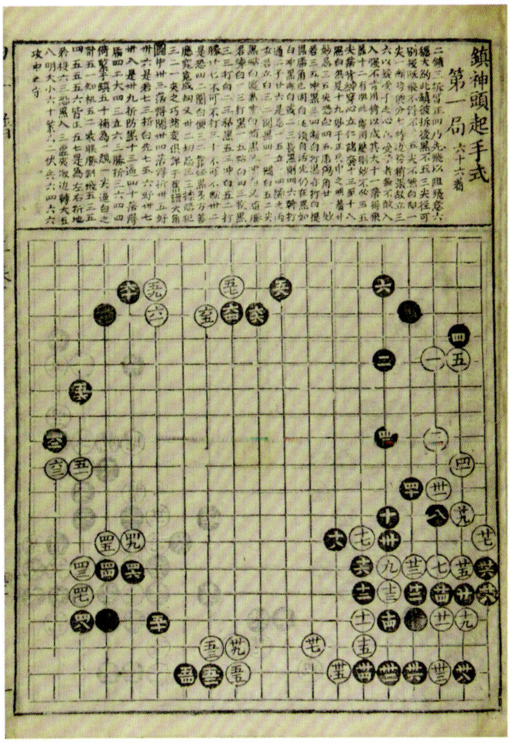

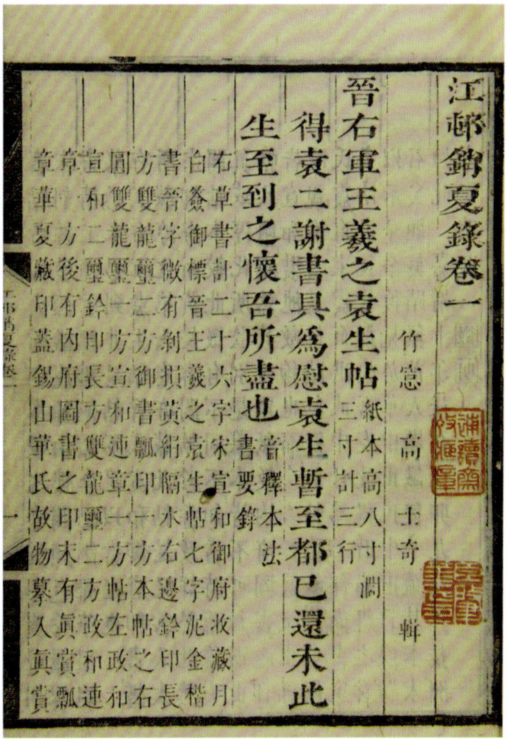

127 四子譜二卷

（清）過文年輯

清乾隆五十一年（1786）刻本。上下兩欄，上文下圖，半葉行數不等。行字數不等。白口，四周單邊。版框高24.4厘米，寬18厘米。

128 江邨銷夏録三卷

（清）高士奇輯

清康熙刻本。半葉九行，行十八字，小字雙行十八字。上下黑口，左右雙邊。框高18.6厘米，寬14.5厘米。

冬心齋研銘

魯隱君研銘

　　　錢塘　金農　壽門

一畝宮齊民居苔滿榻勤著書莫羨西鄰有麥魚

石處士研銘

持平用方子之苗族頑陰不氷是謂溫谷

寫周易研銘

盡履之節君子是敦一卷周易垂簾闔門手寫不倦

心光存吾慕著龜占可以釋百憂水泂泂雲幽幽此

道最精顏惡頭

端溪研志卷上

　　　錢塘吳繩年淞巖甄録

端谿有端山山有五色石上多香木

右張勃吳録

肇慶府治高要有爛柯山端谿黃石研

右宋會要獻通考同

　　按宋史及文

柳公權論硯青州石為第一絳州者次之殊不言

端石世傳端谿中有草蒙茸河愛匠琢石成硯用

草裏之故自嶺表迄中夏而無損或云水中石其

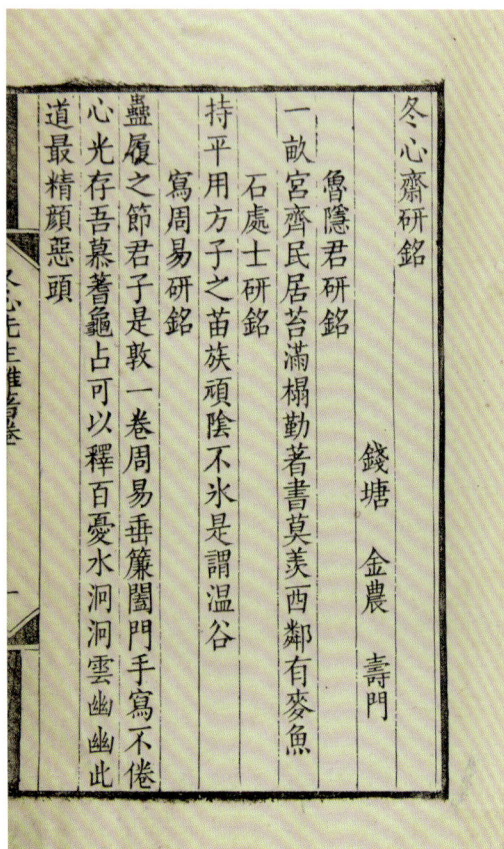

129 冬心先生雜著六卷

（清）金農撰

清陳氏種榆仙館刻本。半葉十行，行二十字。上下黑口，左右雙邊。框高 18.1 厘米，寬 11.6 厘米。

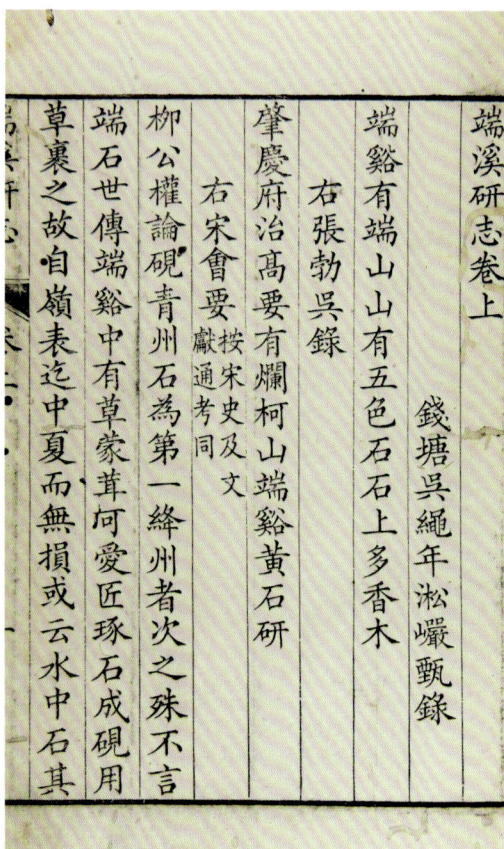

130 端溪硯志三卷首一卷

（清）吳繩年輯

清乾隆刻本。半葉九行，行十九字，小字雙行同。白口，左右雙邊。框高 18.9 厘米，寬 14.3 厘米。

雜家類

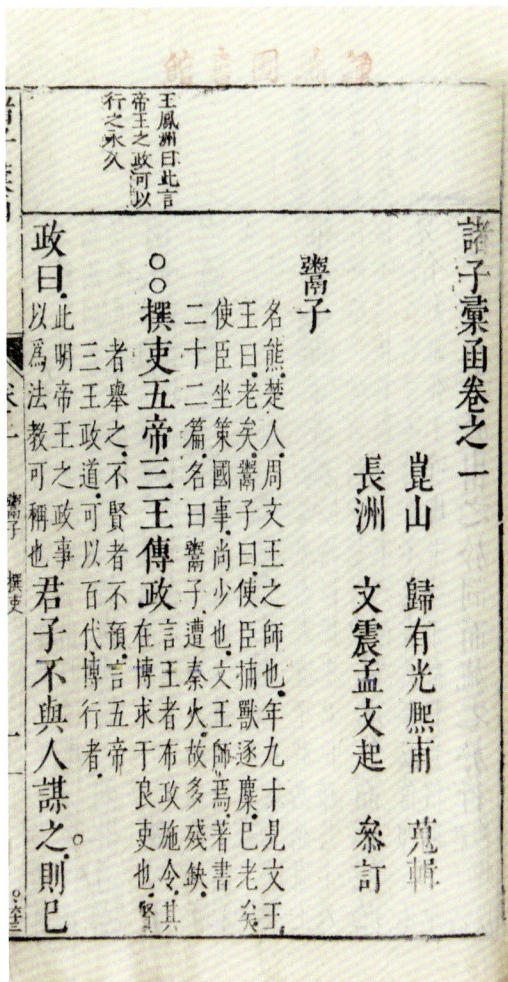

131 諸子彙函二十六卷首一卷
（明）歸有光輯　（明）文震孟訂
明刻本。半葉九行，行十八字，小字雙行同。白口，四周單邊。框高 22.6 厘米，寬 13.6 厘米。

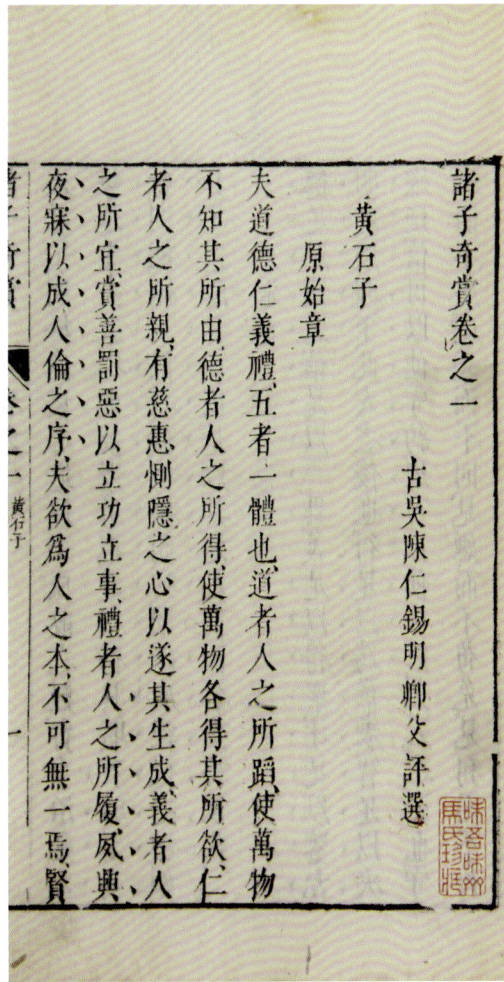

132 諸子奇賞五十卷
（明）陳仁錫輯評
明天啟刻本。半葉九行，行二十字，小字雙行同。白口，四周單邊。框高 20.2 厘米，寬 13.6 厘米。

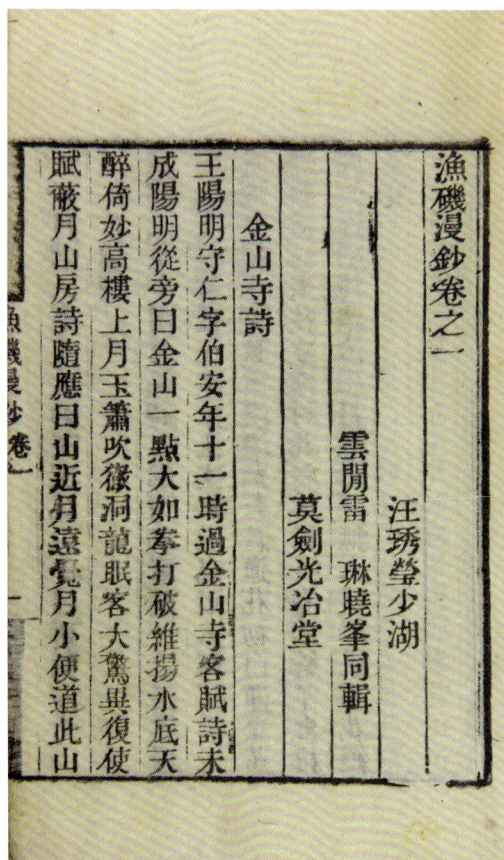

133 漁磯漫鈔十卷

（清）汪琇瑩、雷琳等輯

清乾隆刻本。半葉九行，行二十字。上下黑口，左右雙邊。版框高12.5厘米，寬9.8厘米。

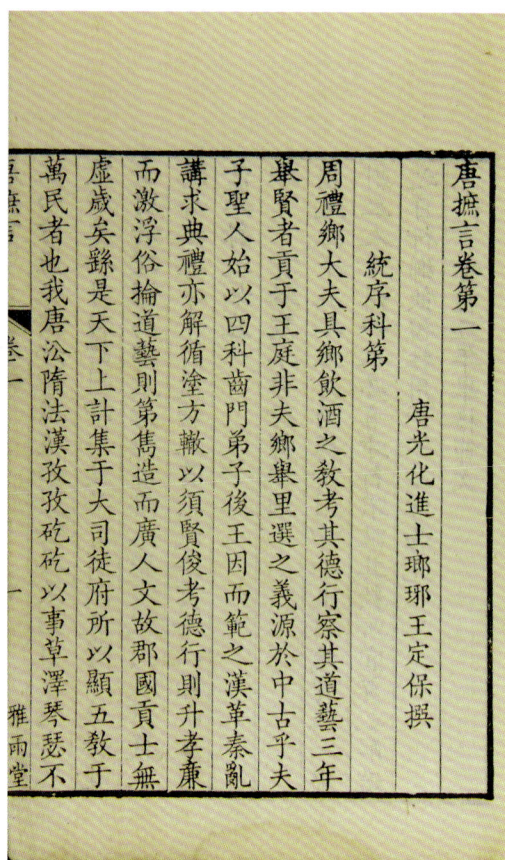

134 唐摭言十五卷

（唐）王定保撰

清乾隆二十一年（1756）刻本。半葉十行，行二十一字，小字雙行同。白口，四周單邊。框高18.7厘米，寬14.4厘米。

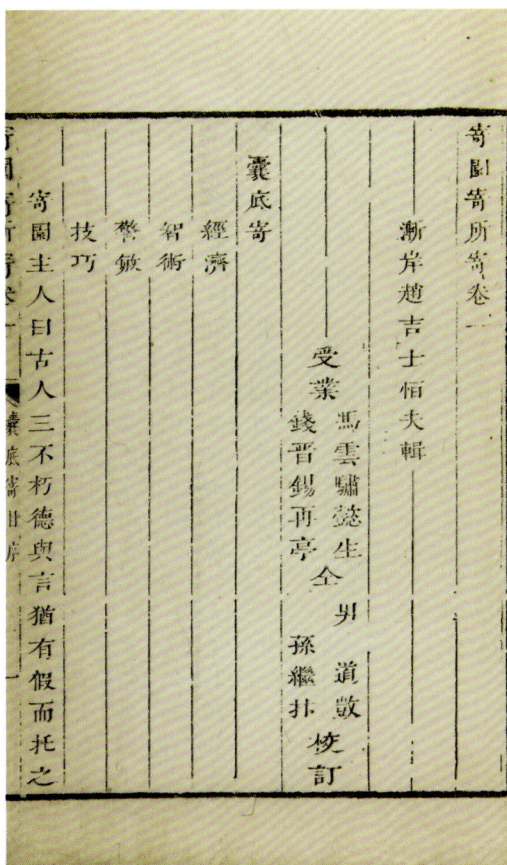

寄園寄所寄卷一

漸岸趙吉士恒夫輯

受業錢晉錫再亭仝
男道敬
孫繼朴　校訂
馬雲驤慤生別

囊底寄
經濟
智術
警敏
技巧
寄園主人曰古人三不朽德與言猶有假而托之
囊底寄廿一房

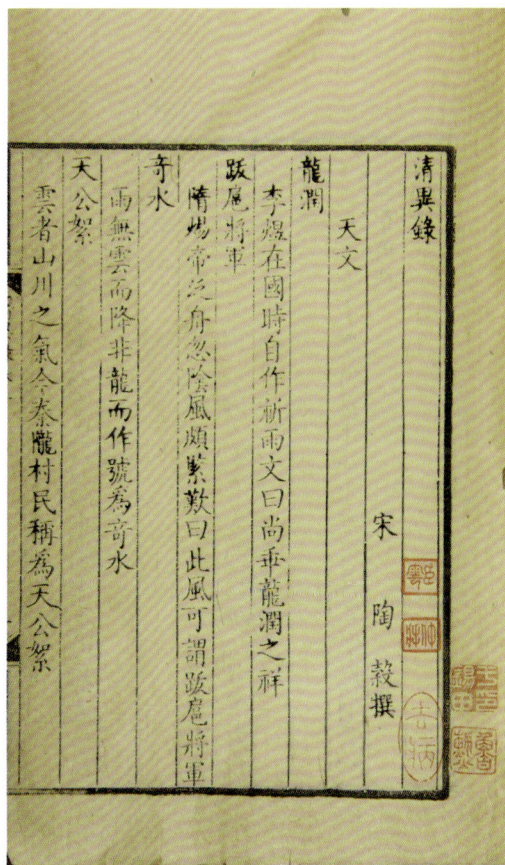

清異錄

宋　陶穀撰

天文

龍潤
李煜在國時自作漸雨文曰尚垂龍潤之祥

跋尾將軍
隋煬帝泛舟忽陰風頗緊歎曰此風可謂跋尾將軍

奇水
雨無雲而降非龍而作號為奇水

天公絮
雲者山川之氣令秦隴村民稱為天公絮

135 寄園寄所寄十二卷

（清）趙吉士輯

清刻本。半葉十一行，行二十一字。白口，四周雙邊。框高 18.7 厘米，寬 14 厘米。

136 清異錄二卷

（宋）陶穀撰

清康熙刻本。半葉十一行，行二十一字。上下黑口，左右雙邊。框高 16.3 厘米，寬 11.5 厘米。

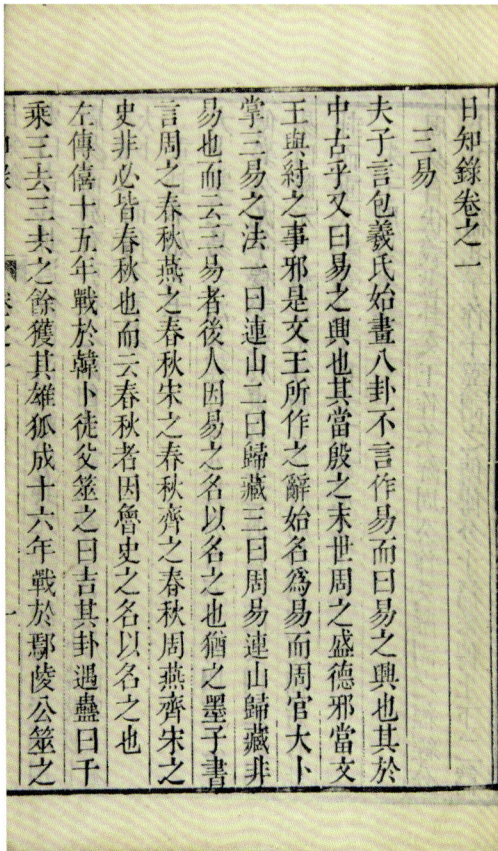

137 日知錄三十二卷

（清）顧炎武撰

清康熙刻本。半葉十一行，行二十二字，小字雙行二十二字。白口，左右雙邊。框高20.1厘米，寬15厘米。

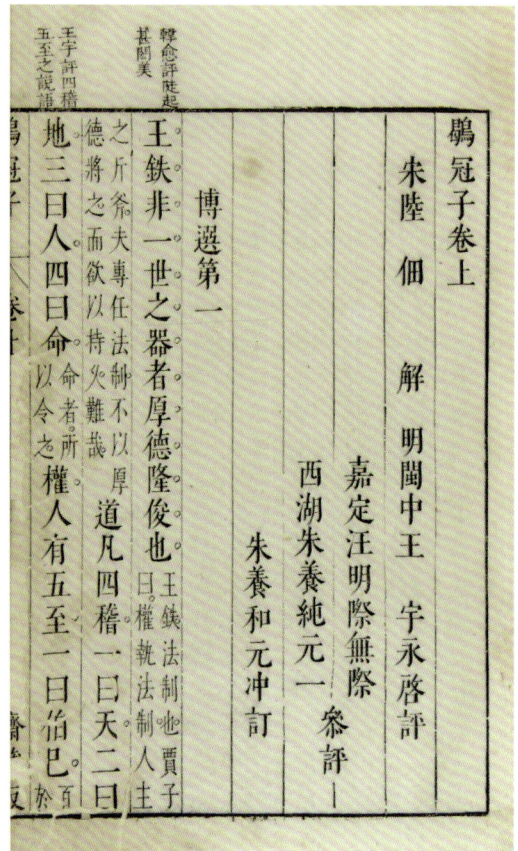

138 鶡冠子三卷

（宋）陸佃註　（明）王宇、汪明際、朱養純評

明天啟五年（1625）朱氏花齋刻本。半葉九行，行二十字，小字雙行同。白口，四周單邊。框高20.4厘米，寬14.2厘米。

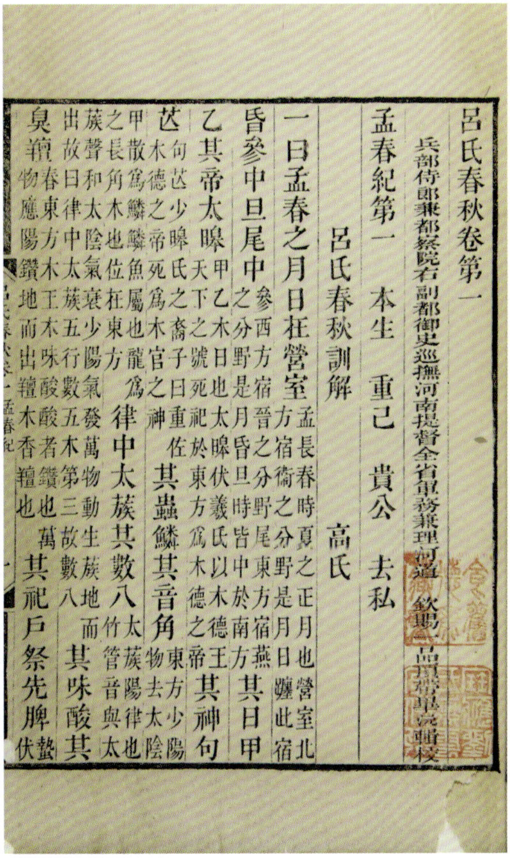

139 呂氏春秋二十六卷

（清）畢沅校

清乾隆五十三年（1788）靈巖山館刻本。半葉十一行,行二十二字,小字雙行同。上下黑口,四周單邊。框高18.9厘米,寬14.7厘米。

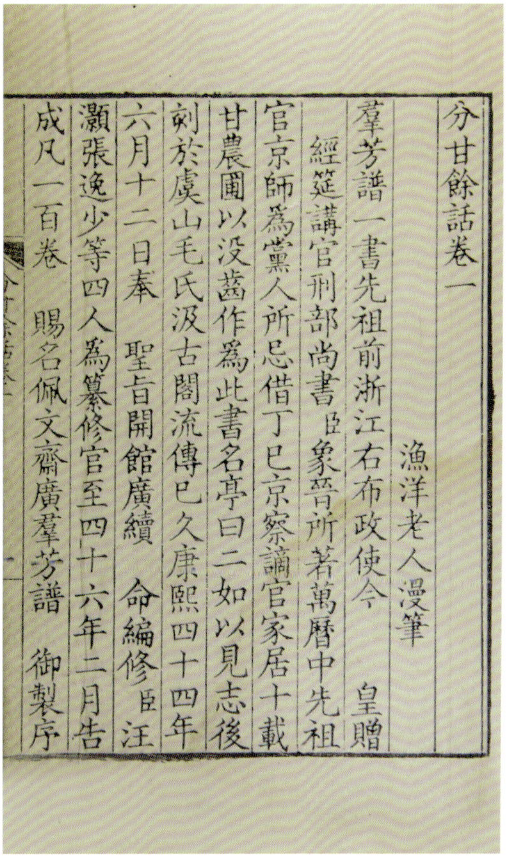

140 分甘餘話四卷

（清）王士禎撰

清康熙程哲七略書堂刻本。半葉十行,行十九字。白口,左右雙邊。框高17.8厘米,寬13.5厘米。

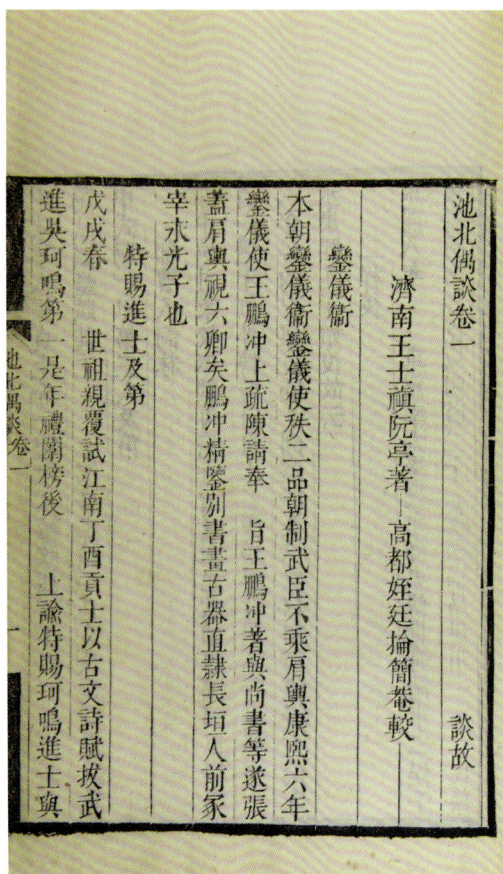

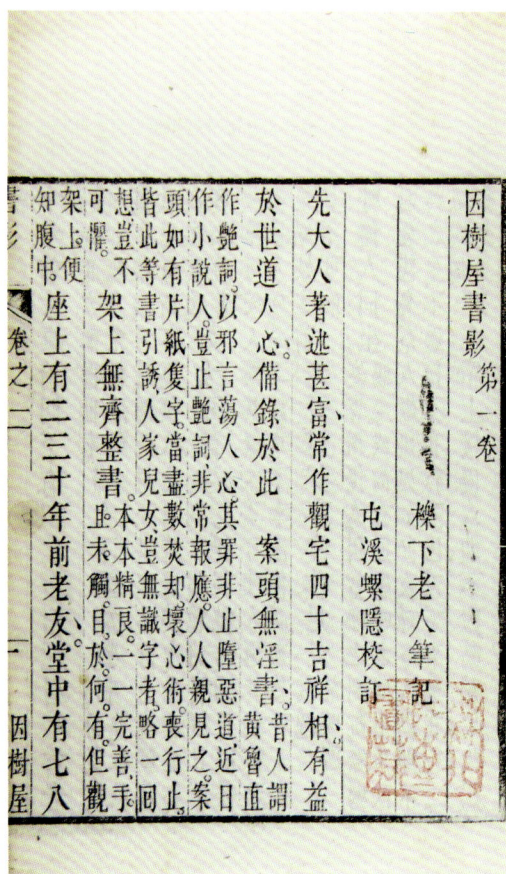

141 池北偶談二十六卷

（清）王士禎撰

清康熙刻本。半葉十一行，行二十三字，小字雙行同。上下黑口，左右雙邊。框高 19.2 厘米，寬 14.8 厘米。

142 因樹屋書影十一卷

（清）周亮工撰

清雍正三年（1725）懷德堂刻本。半葉九行，行十八字，小字雙行同。白口，四周單邊。框高 17.2 厘米，寬 13.6 厘米。

潛邱劄記卷一

周靈王二十一年庚戌即魯襄公二十二年是年冬
十月庚子日先聖生十月庚子即今之八月二十
七日　　出孔庭
禮記疏鄭康成作詩譜云元子伯禽封魯次子君陳
世守采地
宣三年石癸曰吾聞姬姞耦其子孫必蕃姞吉人也
后稷之元妃也註姞姓是以興故曰古人曰后稷妃
金氏前編註武成云註姞是以興故曰古人曰后稷妃
玄王周有天下尊稷為先王
前編云史記載采薇之歌詞怨而氣弱絕與孔孟所

日知錄卷之一

國三易
夫子言包羲氏始畫八卦不言作易而曰易之興也其於
中古乎又曰易之興也其當殷之末世周之盛德邪當文
王與紂之事邪是故當文王所作之辭始名為易而周官大卜
當文王之法一曰連山二曰歸藏三曰周易連山歸藏非
易也而云因易之名以名之也猶之墨子書
言周之春秋燕之春秋宋之春秋齊之春秋周易
易非必皆春秋也而云春秋者因魯史策之曰吉其卦遇蠱曰千
史非必皆卜徒父筮之曰吉其卦遇蠱曰千
在傳僖十五年戰於韓卜徒父筮之
乘三去之餘獲其雄狐成十六年戰於鄢陵公筮之

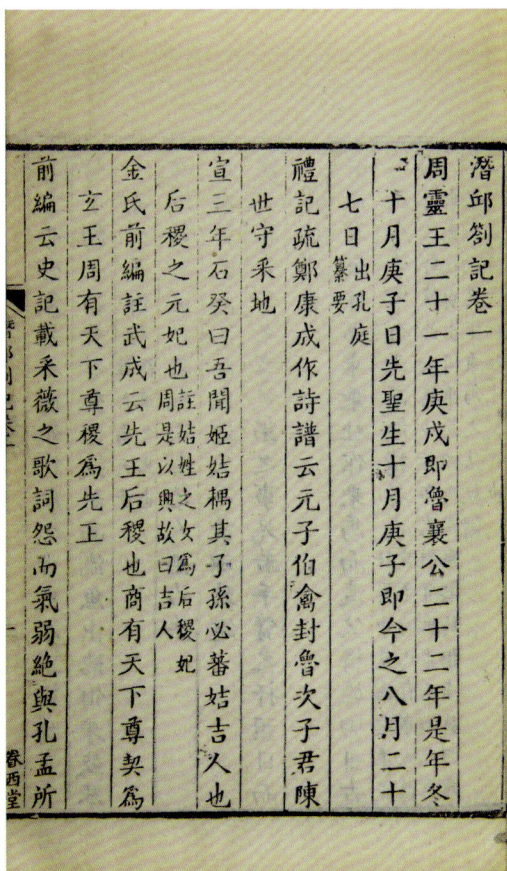

143 潛邱劄記六卷
（清）閻若璩撰

左汾近稿一卷

（清）閻詠撰

清乾隆眷西堂刻本。半葉十一行，行二十字，小字雙行同。白口，左右雙邊。框高19.2厘米，寬14.9厘米。

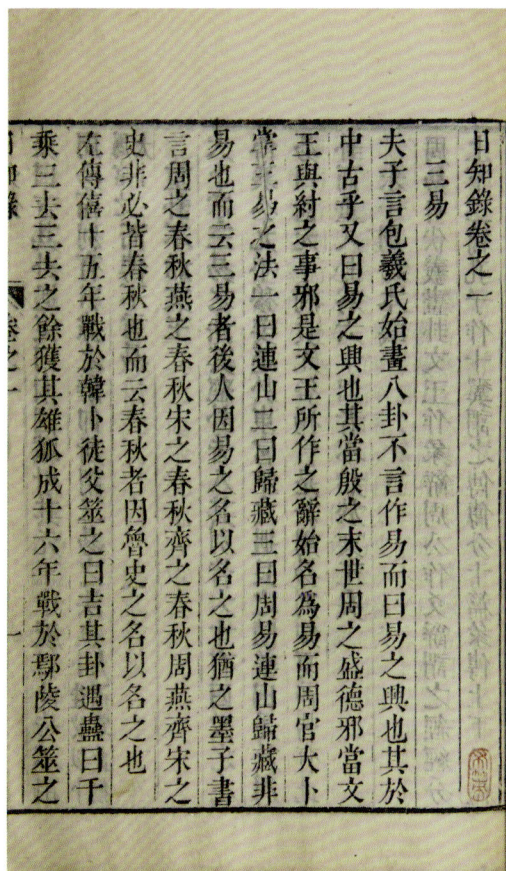

144 日知錄三十二卷
（清）顧炎武撰

清康熙刻本。半葉十一行，行二十二字，小字雙行同。白口，左右雙邊。框高20.3厘米，寬15.1厘米。

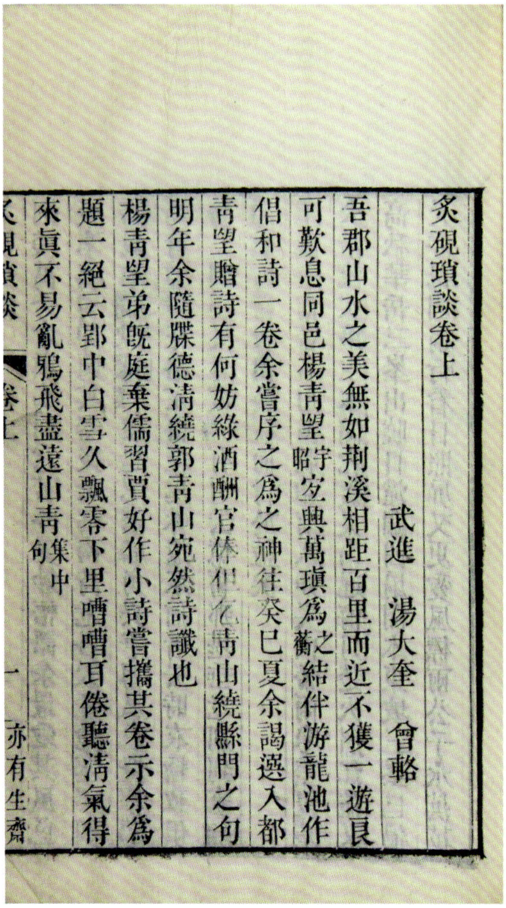

炙硯瑣談卷上

武進　湯大奎　曾輅

吾郡山水之美無如荆溪相距百里而近不獲一遊良可歎息同邑楊青望字昭空與萬瑣爲之藹結伴游龍池作倡和詩一卷余嘗序之爲之神往癸巳夏余謁選入都青望贈詩有何妨緣酒酬官俸但乞青山繞縣門之句明年余隨牒德清繞郭青山宛然詩讖也

楊青望弟旣庭棄儒習賈好作小詩嘗攜其卷示余爲題一絕云郢中白雪久飄零下里嘈嘈耳倦聽清氣得來眞不易亂鴉飛盡遠山青集中句

炙硯瑣談　卷上　一　亦有生齋

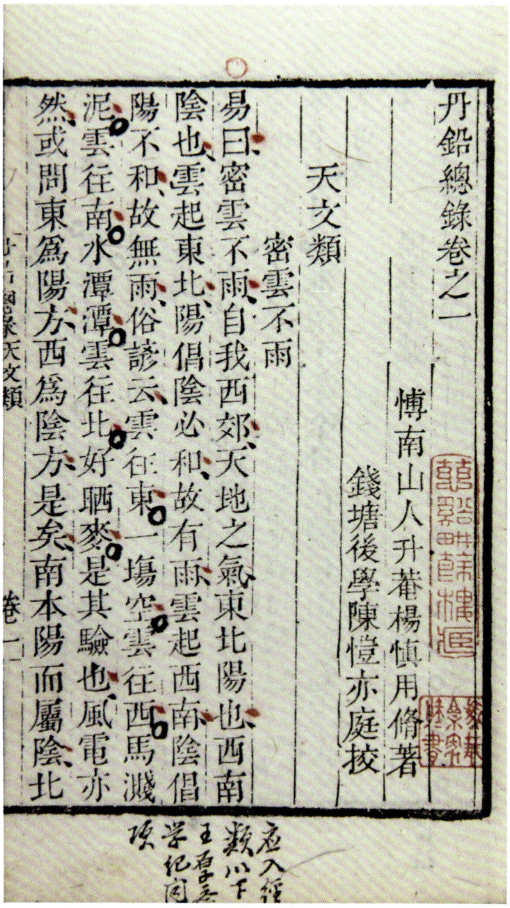

丹鉛總錄卷之一

博南山人升菴楊慎用脩著

錢塘後學陳愷亦庭校

天文類

密雲不雨

易曰密雲不雨自我西郊天地之氣東北陽也西南陰也雲起東北陽倡陰必和故有雨雲起西南陰倡陽不和故無雨俗諺云雲在東一場空雲在西馬濺泥雲在南水潭潭雲在北好晒麥是其驗也風雹亦然或問東爲陽方西爲陰方是矣南本陽而屬陰北

丹鉛總錄　天文類　卷一

145 炙硯瑣談三卷

（清）湯大奎撰

清乾隆五十七年（1792）亦有生齋刻本。半葉十行，行二十一字，小字雙行同。白口，左右雙邊。框高 17.8 厘米，寬 13.3 厘米。

146 丹鉛總録二十七卷

（明）楊慎撰

清乾隆五十九年（1794）刻本。半葉十行，行二十字。上下黑口，左右雙邊。框高 12.8 厘米，寬 8.7 厘米。

小説家類

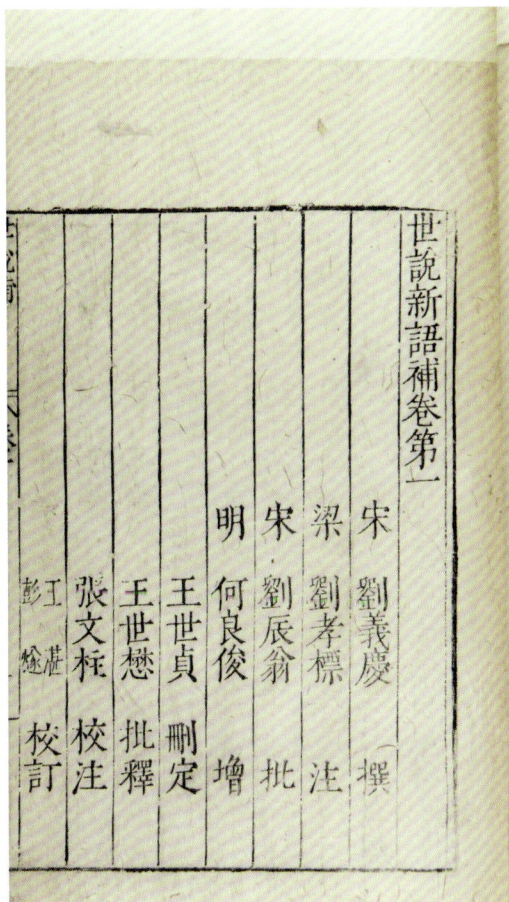

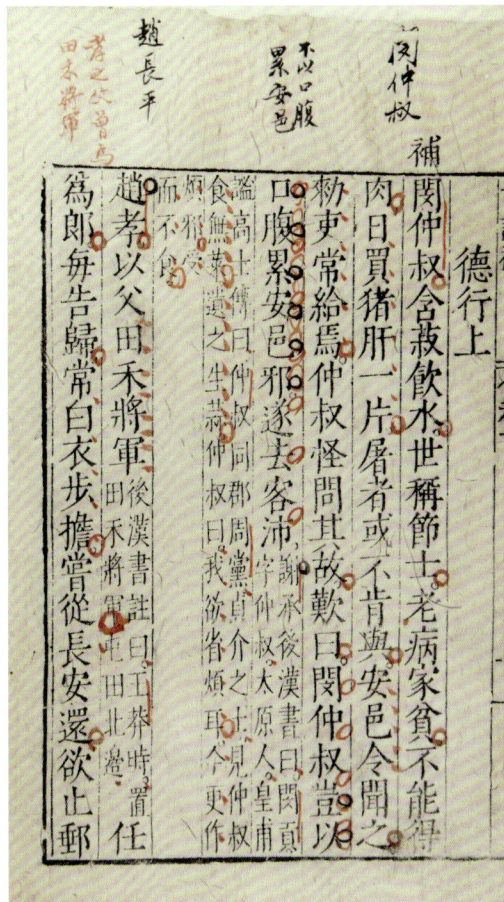

147 世説新語補二十卷

（南朝宋）劉義慶撰　（梁）劉孝標注

（宋）劉辰翁批　（明）何良俊增　（明）王世貞刪定

明萬曆刻本。半葉九行，行十八字，小字雙行同。白口，左右雙邊。框高 18.7 厘米，寬 13.1 厘米。

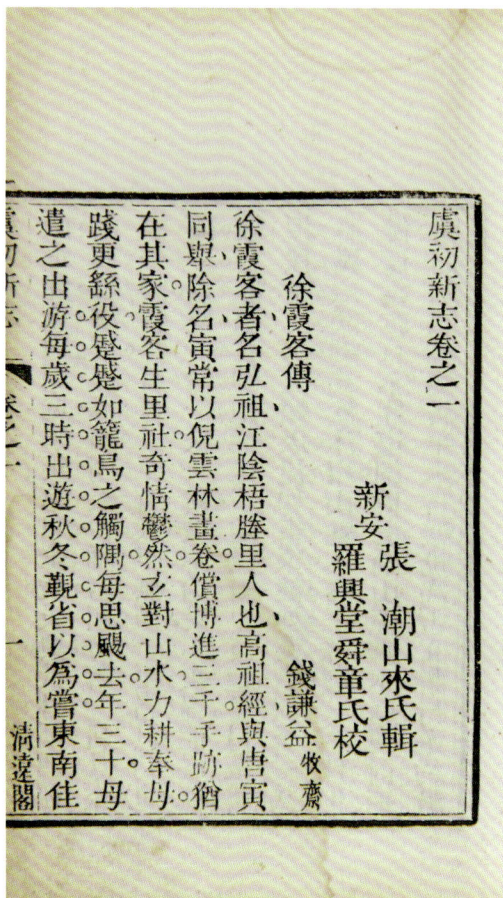

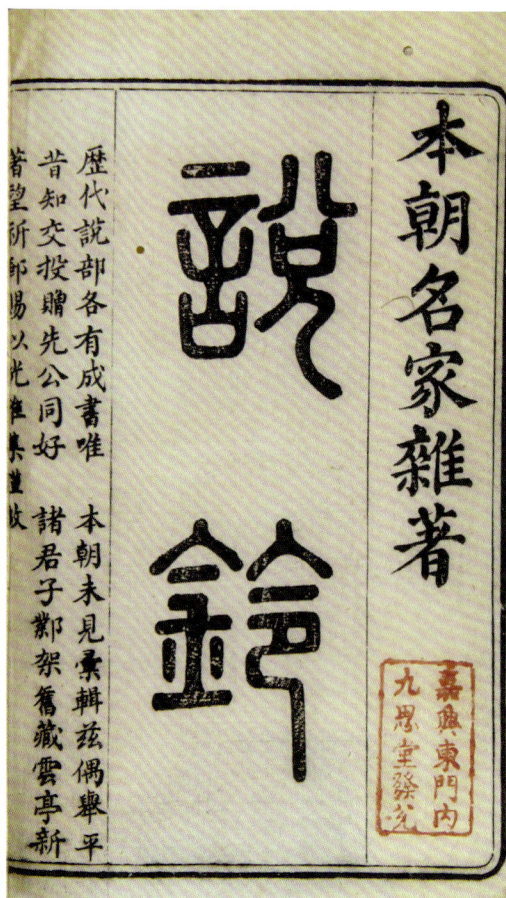

148 虞初新志二十卷

（清）張潮輯

清乾隆刻本。半葉九行，行二十字。白口，四周雙邊。框高 10.9 厘米，寬 8.5 厘米。

149 説鈴前集續集

（清）吳震方輯

清康熙刻本。半葉十一行，行二十五字。上下黑口，左右雙邊。框高 20 厘米，寬 14.2 厘米。

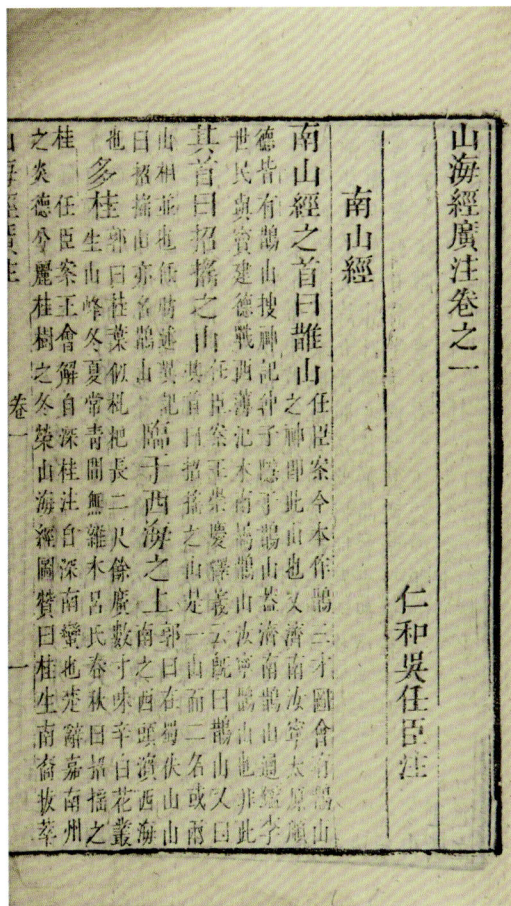

150 山海經广註十八卷經語一卷雜述一卷圖五卷

（清）吳任臣註

清乾隆五十一年（1786）刻本。半葉九行，行二十二字，小字雙行同。白口，左右雙邊。框高 19.5 厘米，寬 13.7 厘米。

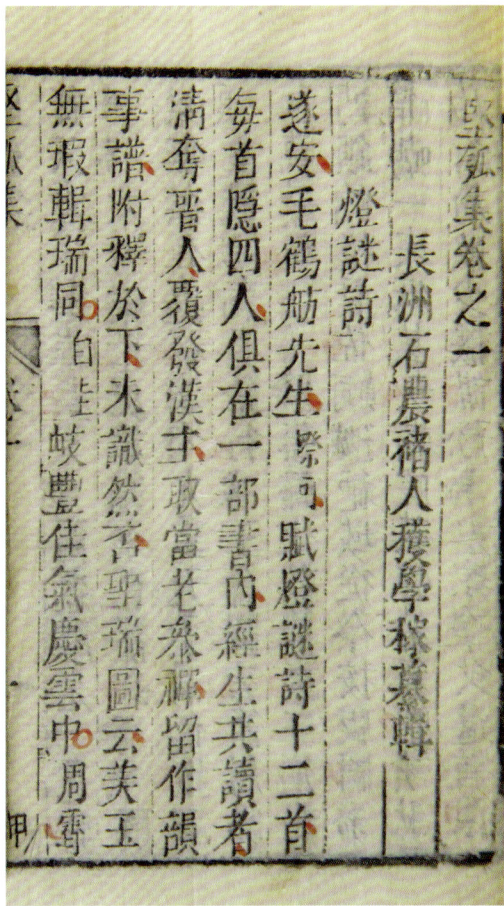

151 堅瓠集四十卷

（清）褚人穫輯

清康熙刻本。半葉八行，行十六字。白口，四周單邊。框高 11.3 厘米，寬 7.4 厘米。

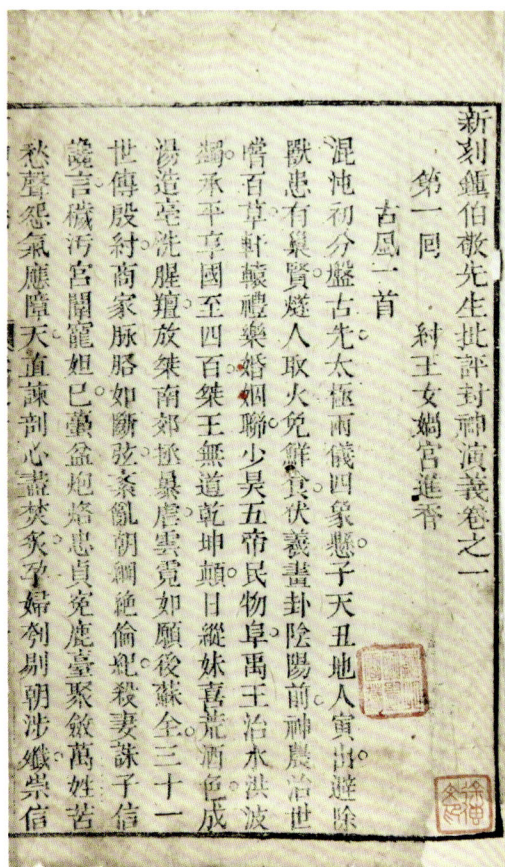

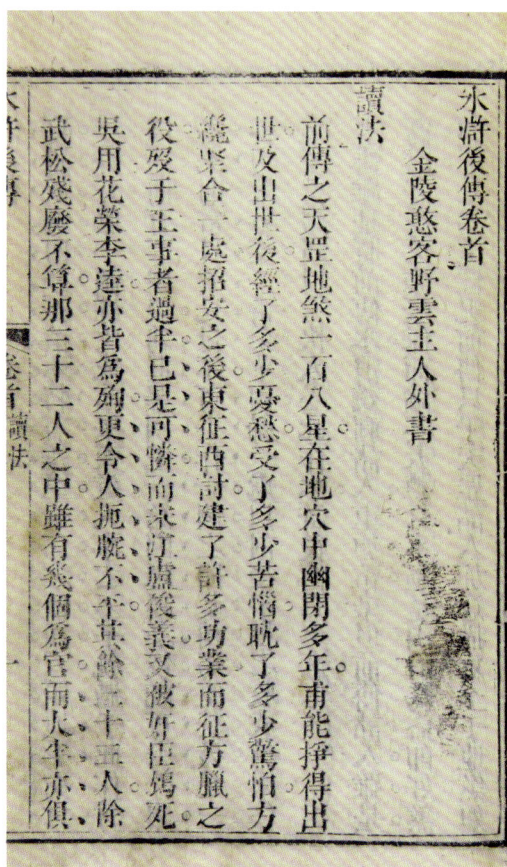

152 新刻鍾伯敬先生批評封神演義十九卷一百回

（明）陸西星撰　（明）鍾惺評

清康熙四雪草堂刻本。半葉十一行，行二十四字。白口，四周單邊。框高 20.5 厘米，寬 14.3 厘米。

153 水滸後傳十卷四十回首一卷

（明）陳忱撰

清乾隆三十五年（1770）刻本。半葉九行，行二十五字，小字雙行同。白口，四周雙邊。框高 20.1 厘米，寬 13.4 厘米。

道家類

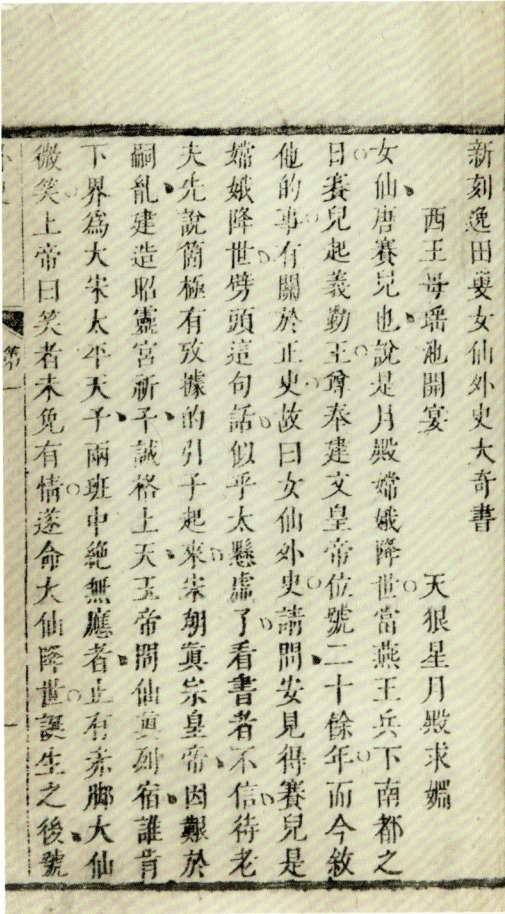

154 新刻逸田叟女仙外史大奇書一百回
（明）呂熊撰
清康熙五十年（1711）鈞璜軒刻本。半葉十行，行二十二字。白口，四周單邊。框高19.5厘米，寬13.5厘米。

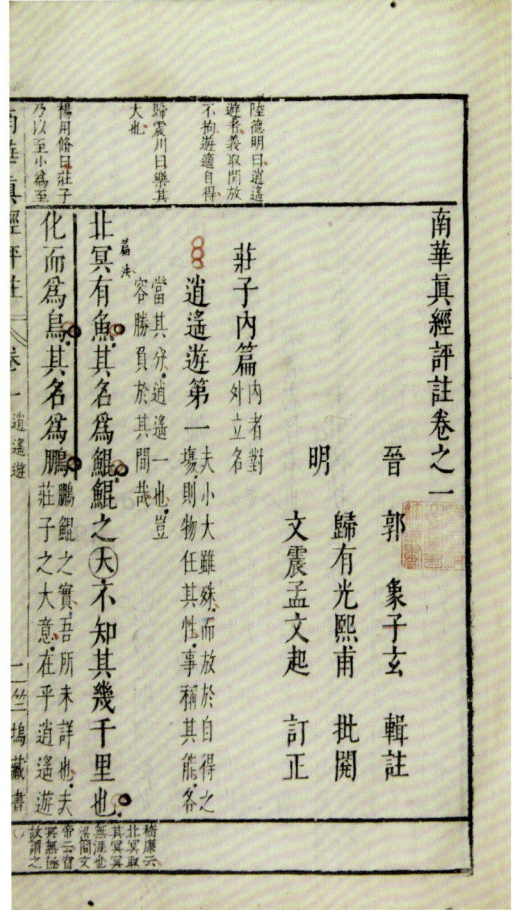

155 南華真經評註十卷
（晉）郭象注　（明）歸有光評
明天啟四年（1624）刻本。半葉九行，行十八字，小字雙行同。白口，四周單邊。框高18.6厘米，寬14.4厘米。

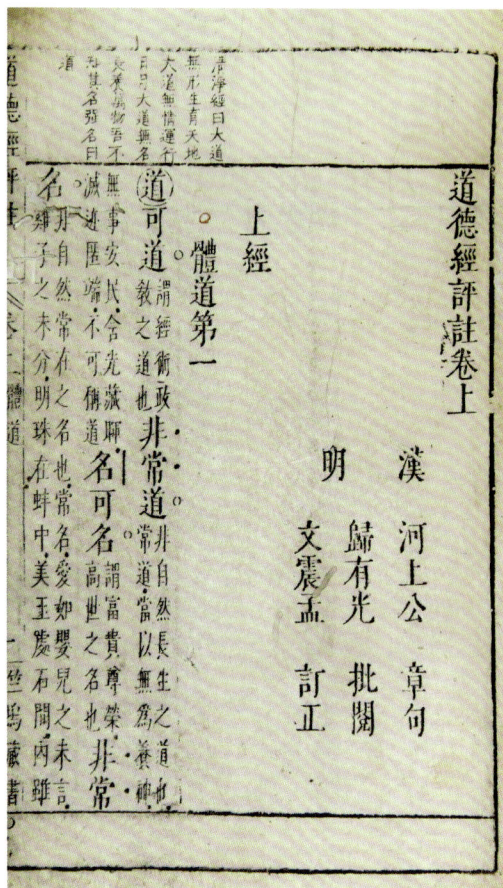

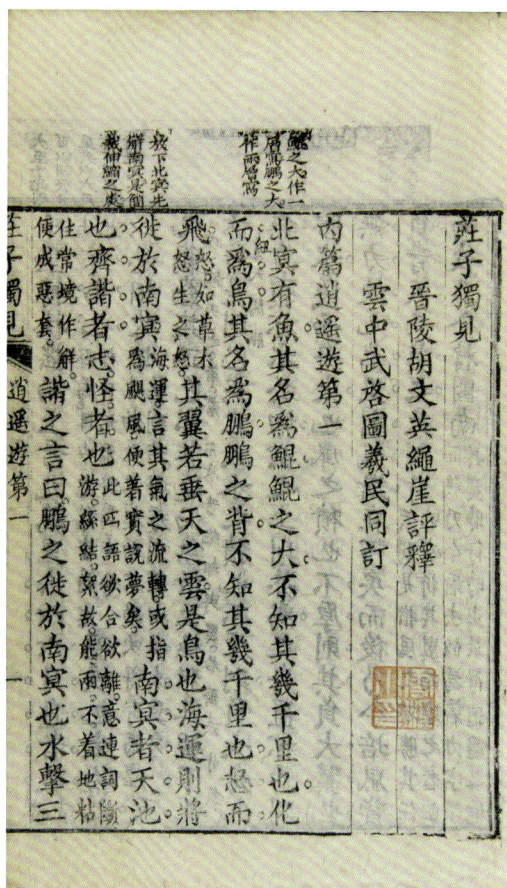

156 道德經評註二卷

（明）歸有光評　（明）文震孟訂

明天啟四年（1624）刻本。半葉九行，行
十八字，小字雙行同。白口，四周單邊。框
高 21.3 厘米，寬 14.1 厘米。

157 莊子獨見不分卷

（清）胡文英評釋

清乾隆刻本。半葉十行，行十九字，小字雙
行同。白口，左右雙邊。框高 16.8 厘米，寬
13.6 厘米。

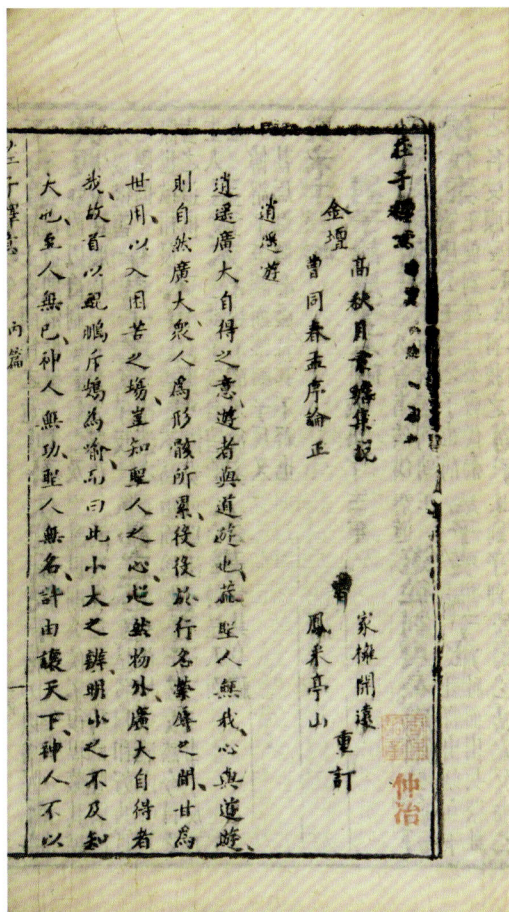

158 莊子釋意不分卷

（清）高秋月集説　（清）曹同春論正

清康熙刻本。半葉九行，行二十四字，小字雙行同。白口，左右雙邊。框高 19.5 厘米，寬 11.9 厘米。

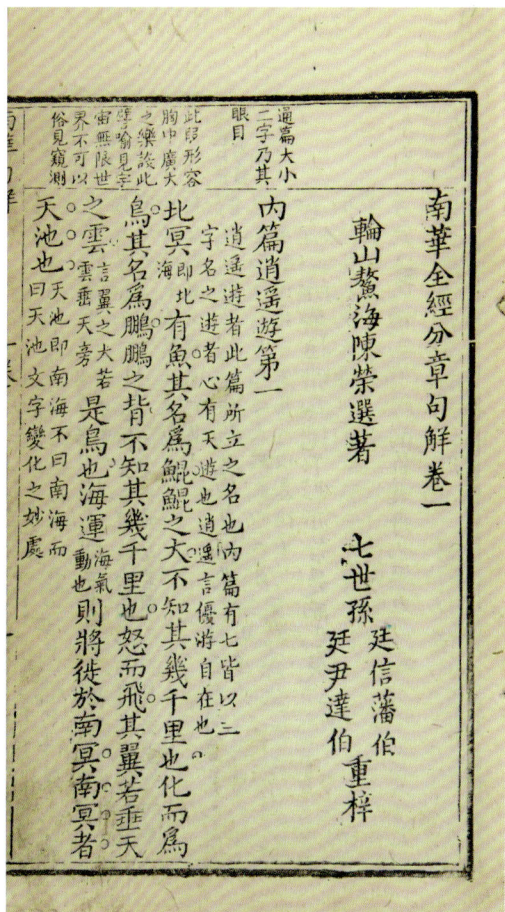

159 南華全經分章句解四卷

（明）陳榮選著

清乾隆刻本。半葉十行，行二十三字，小字雙行同。白口，四周雙邊。框高 25.5 厘米，寬 12.9 厘米。

老子道經攷異卷上

唐太史令傅奕校定本

道可道非常道名可名非常名無名天地之始有名萬物
之母故常無欲以觀其妙常有欲以觀其徼

古無妙字易妙萬廬而爲言王蕭本作眇陸機文賦眇
衆廬而爲言卽用易文亦作眇又屈原九歌美要眇兮
宜修廸是李約本徵作儆非董遇注易曰眇成也許愼
說文解字曰徼循也應從此二義司馬光子兩無字兩
有字斷句王安石同
此兩者同出而異名
陳景元以此兩者同爲句

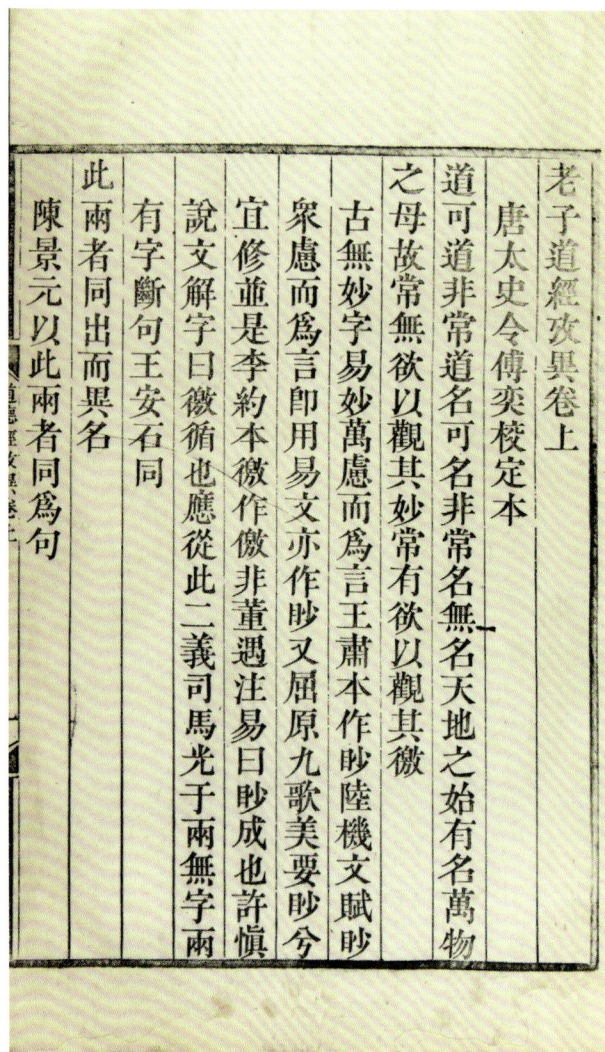

160 老子道德經考異二卷
（清）畢沅撰

清乾隆四十八年（1783）刻本。半葉十一行，行
二十二字。上下黑口，四周單邊。框高 20 厘米，寬
14.3 厘米。

集　部

楚辭類

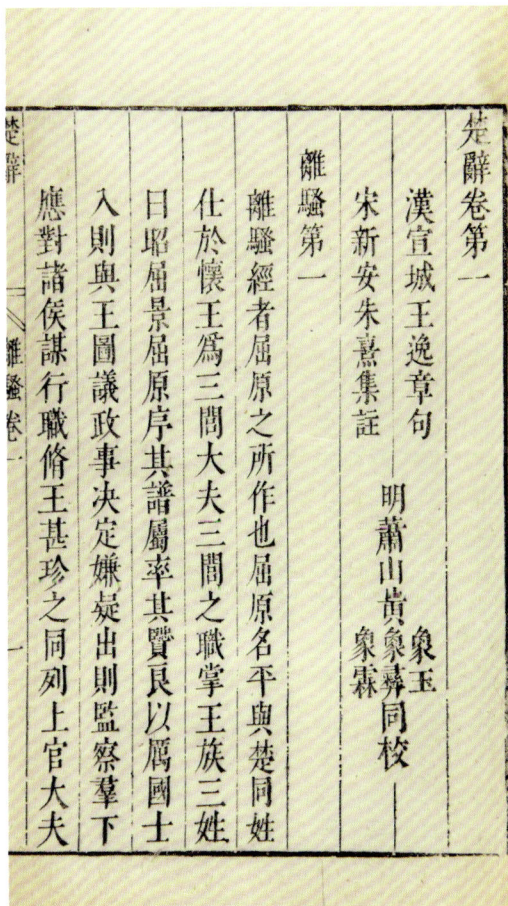

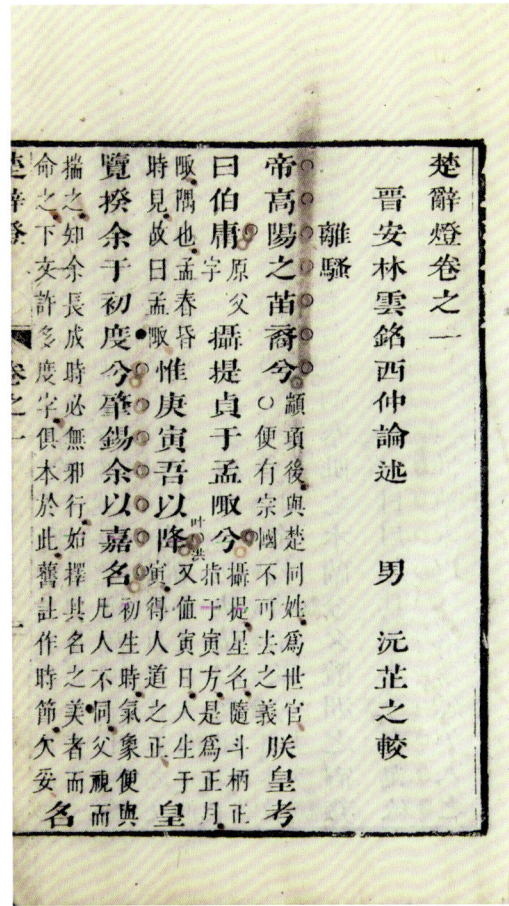

161 楚辭五卷

（楚國）屈原撰　（漢）王逸章句　（宋）朱熹
集注　（明）黃象玉等校

明刻本。半葉九行，行二十字，小字雙行同。
白口，四周單邊。框高 20 厘米，寬 14 厘米。

162 楚辭燈四卷

（清）林雲銘撰

清康熙三十六年（1697）刻本。半葉八行，
行二十字，小字雙行同。白口，左右雙邊。
框高 19.1 厘米，寬 13.4 厘米。

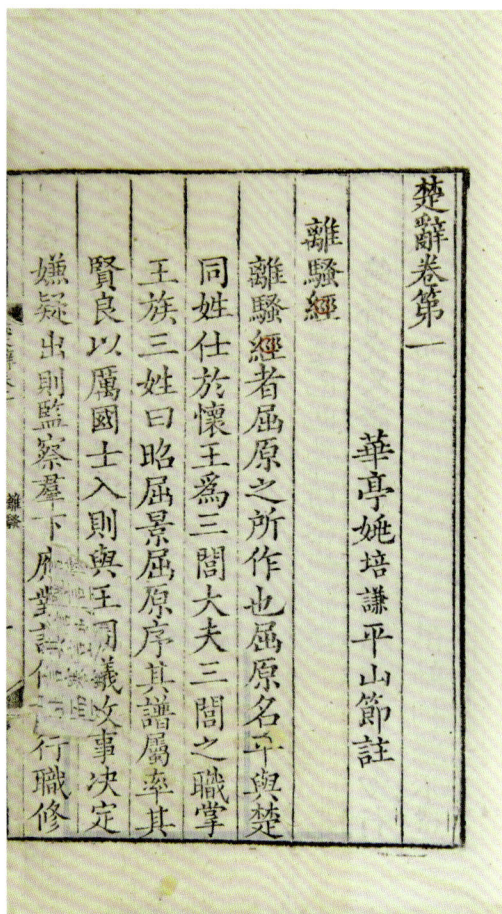

163 楚辭節註六卷

（清）姚培謙撰

清乾隆五十七年（1792）刻本。半葉八行，行十八字，小字雙行二十八字。上下黑口，左右雙邊。框高15.2厘米，寬10.8厘米。

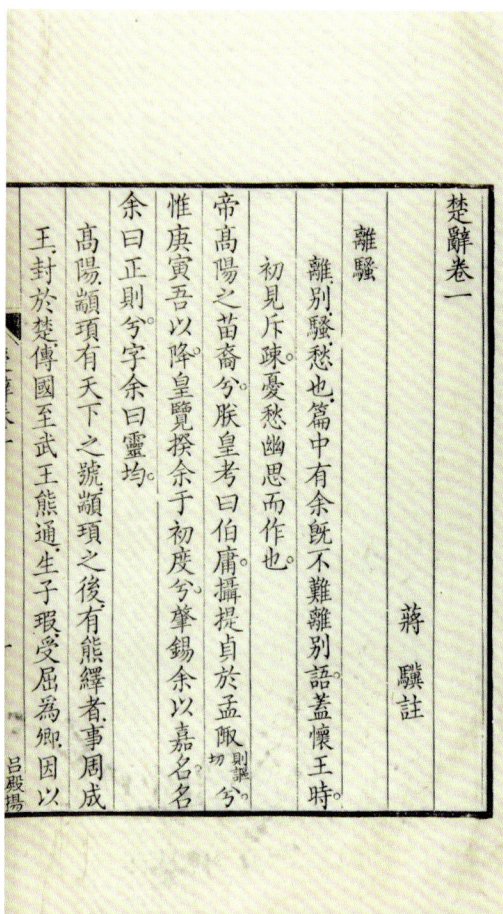

164 山帶閣註楚辭十卷

（楚國）屈原撰　（清）蔣驥注

清康熙山帶閣刻本。半葉十行，行二十一字。白口，左右雙邊。框高16.7厘米，寬13.4厘米。

離騷經第一

離騷經者屈原之所作也屈原名平與楚同姓仕於
懷王為三閭大夫三閭之職掌王族三姓曰昭屈景
屈原序其譜屬率其賢良以屬國士入則與王圖議
政事決定嫌疑出則監察臺下應對諸侯謀曰職修
王甚珍之同列上官大夫及用事臣靳尚妬害其能

楚辭集注卷之一

朱熹集註

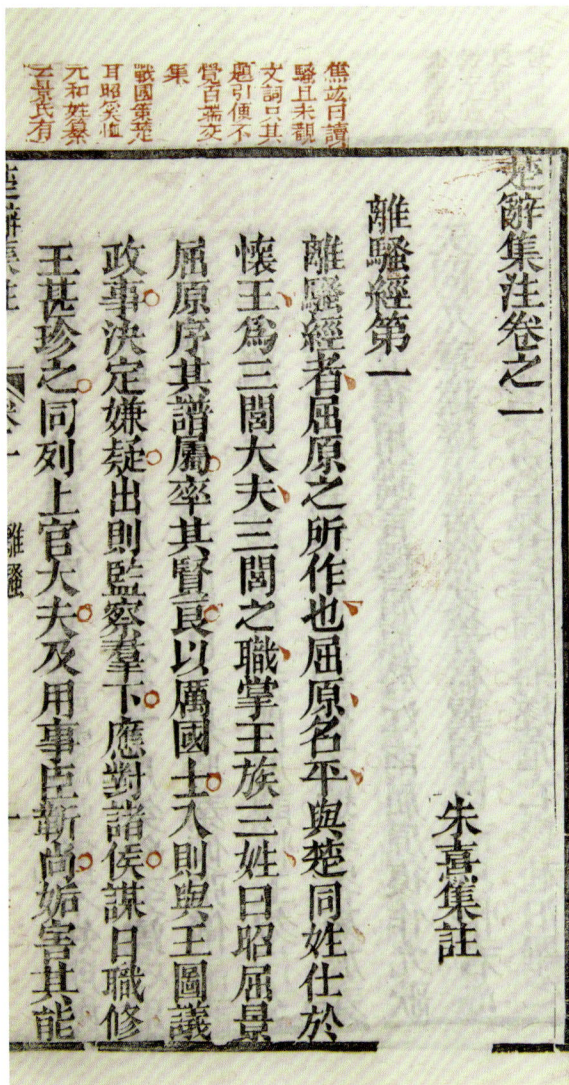

165 楚辭集註八卷

（宋）朱熹撰

清乾隆五十三年（1788）聽雨齋刻朱墨套印本。
半葉八行，行二十二字。白口，四周單邊。框高
20 厘米，寬 13 厘米。

別集類

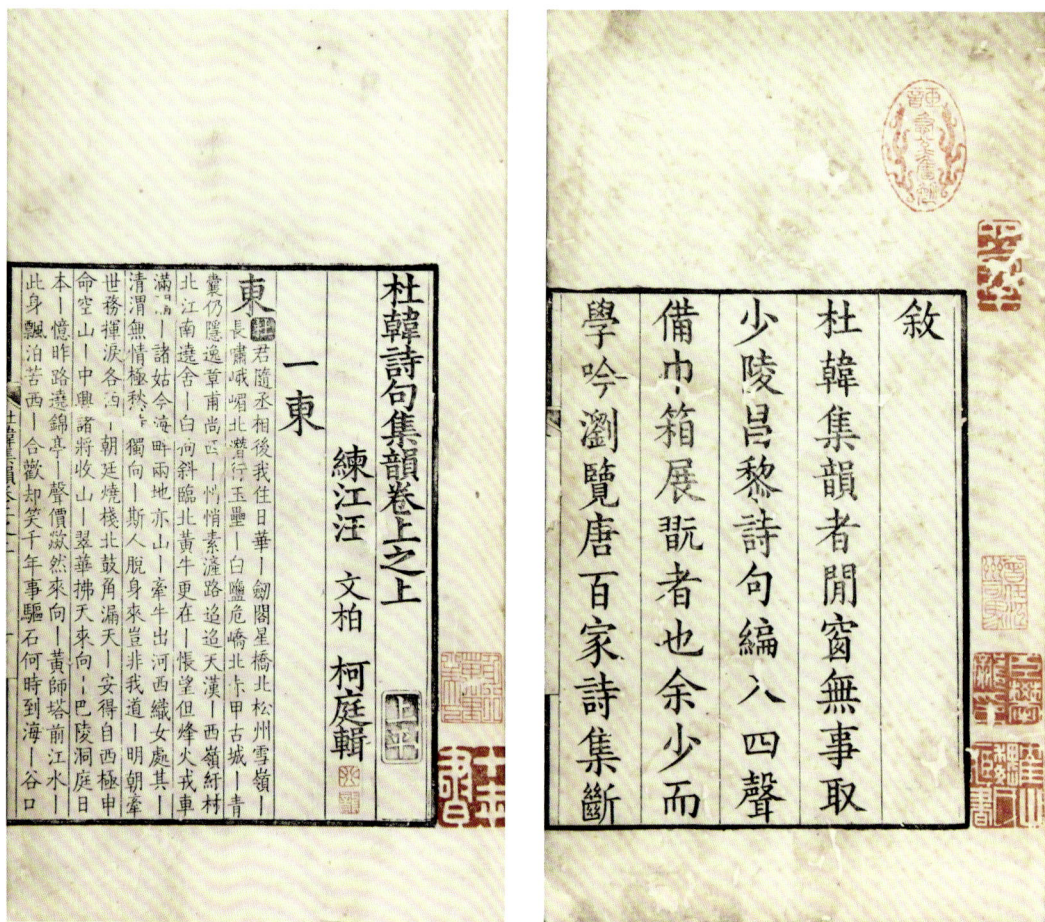

166 杜韓詩句集韻九卷

（清）汪文柏輯

清康熙刻本。半葉八行，行八字，小字雙行二十三字。上下黑口，左右雙邊。框高 16.2 厘米，寬 12.9 厘米。

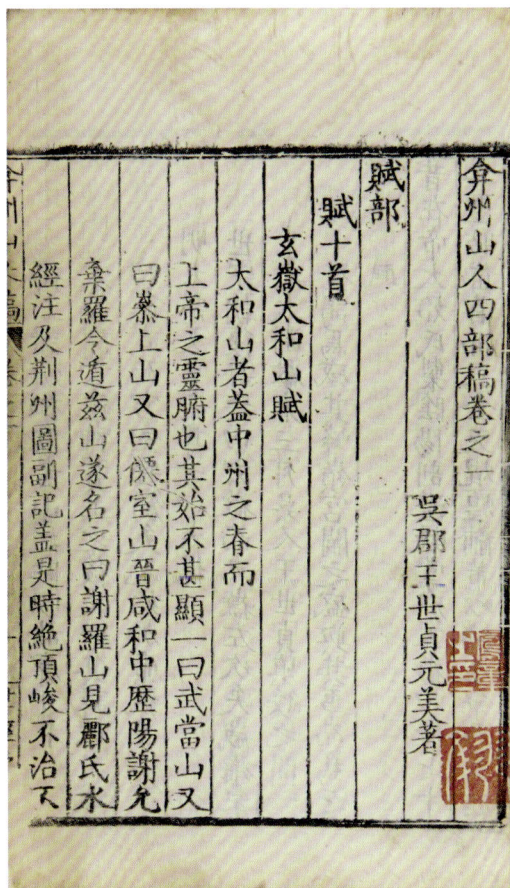

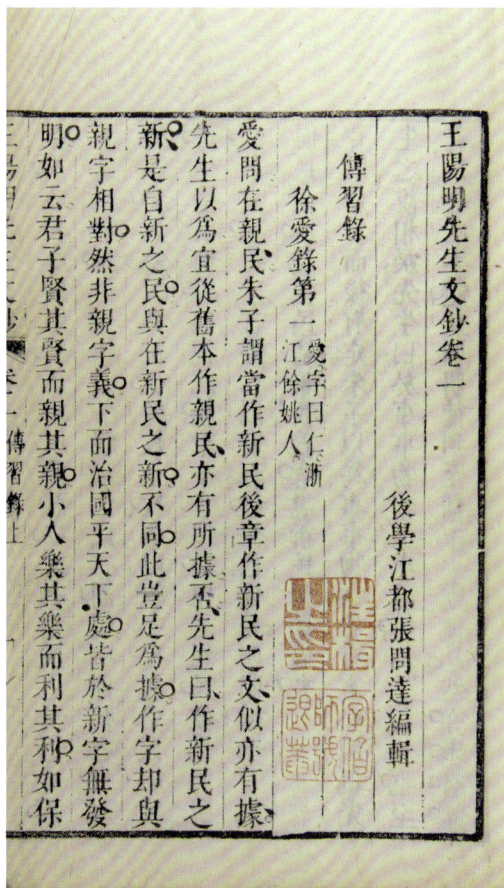

167 弇州山人四部稿一百七十四卷目錄十二卷

（明）王世貞撰

明萬曆五年（1577）王氏世經堂刻本（目錄卷五至卷十二爲抄配）。半葉十行，行二十字。白口，四周雙邊。框高 20.5 厘米，寬 15.6 厘米。

168 王陽明先生文鈔二十卷

（清）張問達輯

清康熙刻本。半葉九行，行二十三字，小字雙行同。白口，四周單邊。框高 19.7 厘米，寬 13.3 厘米。

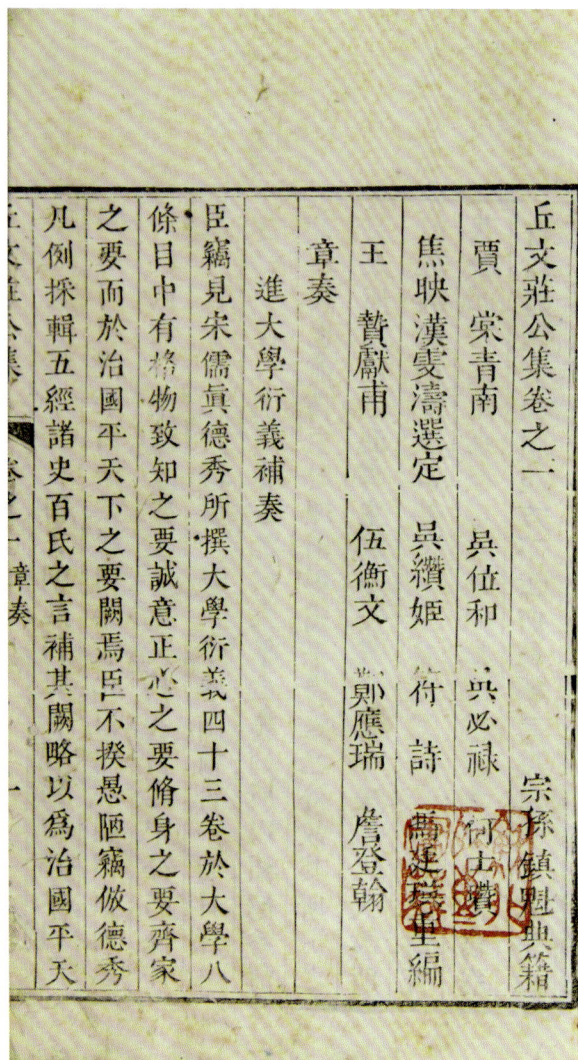

凡例採輯五經諸史百氏之言補其闕略以爲治國平天

之要而於治國平天下之要關焉臣不揆愚陋竊倣德秀

條目中有稽物致知之要誠意正心之要脩身之要齊家

臣竊見宋儒眞德秀所撰大學衍義四十三卷於大學八

　　進大學衍義補奏

　章奏

　王贊獻甫　　伍衛文　　鄭應瑞　詹登翰

焦映漢雯濤選定　吳纘姬　符詩

賈　棠青南　　吳位和　吳必祿

丘文莊公集卷之一　　　　　宗孫鎮魁獨籍

169 丘文莊公集十卷

（明）丘濬撰　（清）賈棠等編

海忠介公集六集

（明）海瑞撰　（清）賈棠等編

清乾隆刻本。半葉十行，行二十二字。白口，四周雙邊。框高 19.9 厘米，寬 14.3 厘米。

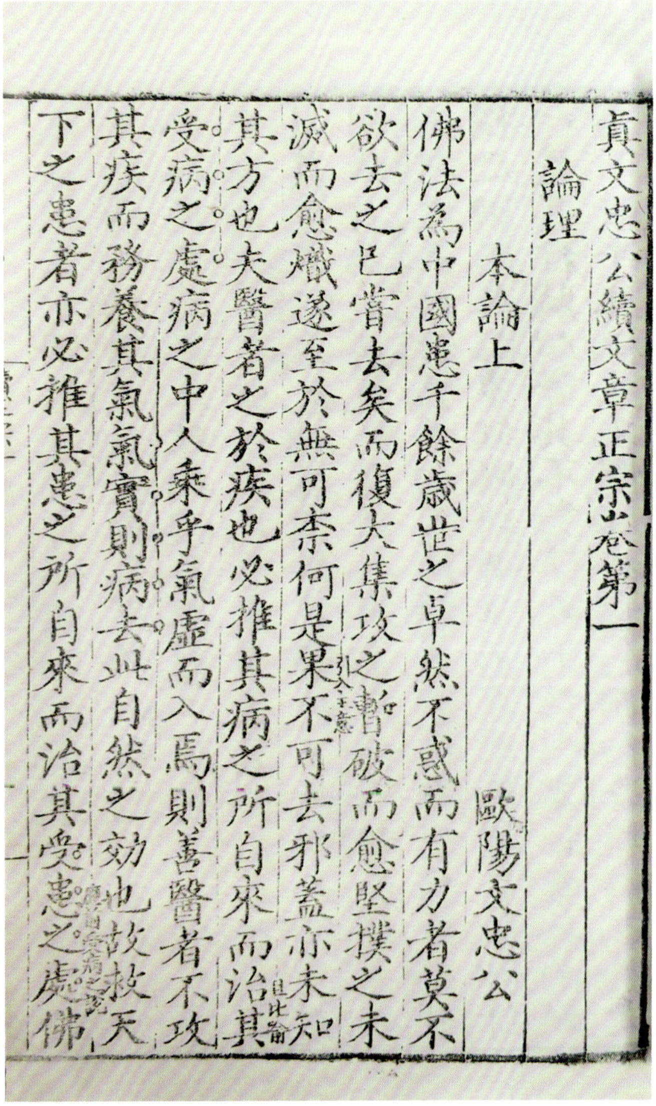

佛法為中國患千餘歲世之卓然而有力者莫不
欲去之已嘗去矣而復大集攻之暫破而愈堅樸之未
滅而愈熾遂至於無可奈何是果不可去邪蓋亦未知
其方也夫醫者之於疾也必推其病之所自來而治其
受病之處病之中人乘乎氣虛而入焉則善醫者不攻
其疾而務養其氣氣實則病去此自然之効也故救天
下之患者亦必推其患之所自來而治其受患之處佛

本論上　　　　　　　　　　　　歐陽文忠公

論理

真文忠公續文章正宗卷第一

170 真文忠公續文章正宗二十卷

（宋）真德秀輯

明嘉靖二十一年（1542）晋藩刻本。半葉十行，行
二十一字，小字雙行同。白口，四周單邊。框高19.2厘米，
寬13.1厘米。國家珍貴古籍名録號06368。

范文正公集卷之一

賦

明堂賦

宋范仲淹希文　著

明康丕揚士遇　校

臣聞明堂者天子布政之宮也在國之陽于巳之
方廣大乎天地之象高明乎日月之章崇百王之
大觀揭三宮之中央昭壯麗于神州宣英茂扵皇
猷頒金玉之宏度集人神之不休故可祀先王以

范文正公集卷之一

奏議

治體

答手詔條陳十事

伏奉手詔今來用韓琦范仲淹富弼皆是中外人望
不次拔擢韓琦范仲淹暫往陝西范仲淹富弼皆在兩地所
宜盡心爲國家諸事建明不得顧避兼童得象等同
心憂國足得商量如有當世急務可以施行者並須

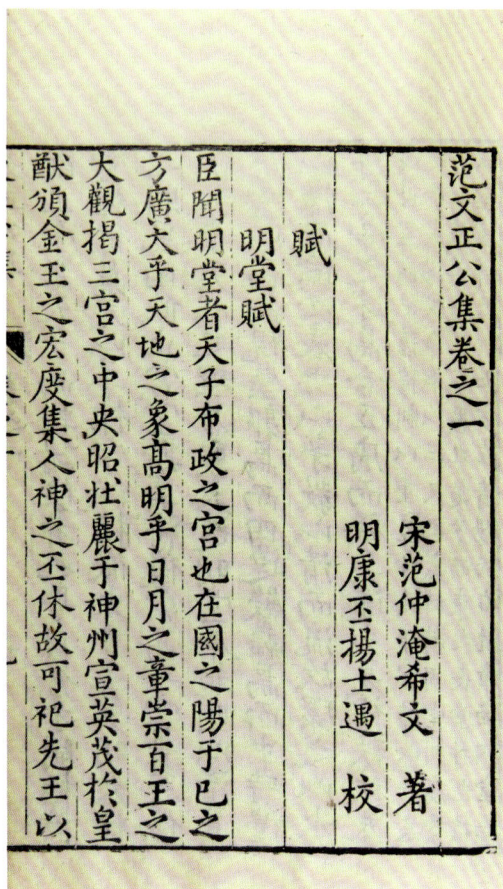

171 范文正公集二十四卷附錄一卷

（宋）范仲淹撰　（明）康丕揚校

明萬曆康丕揚刻本。半葉九行,行十九字。
白口,四周單邊。框高 19.5 厘米,寬 13.5 厘
米。

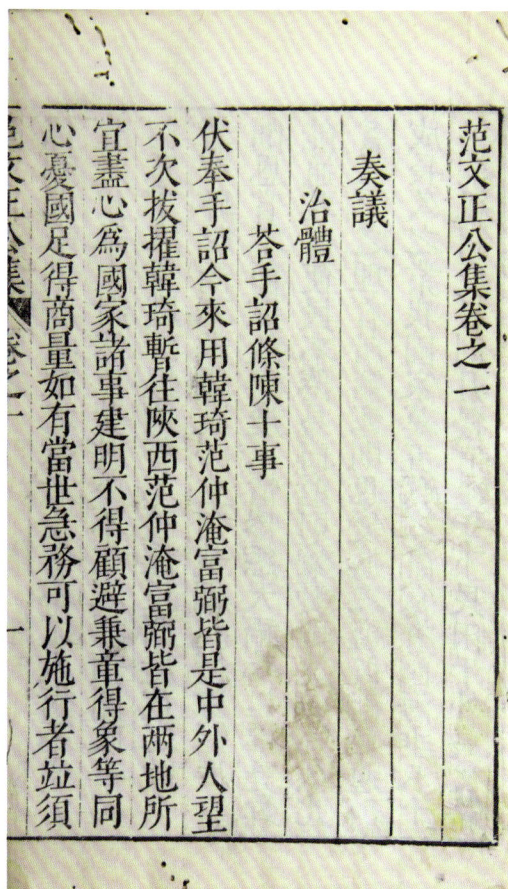

172 范文正公集十二卷附錄七卷

（宋）范仲淹撰

明萬曆刻本。半葉九行,行二十字。白口,
四周單邊。框高 21.7 厘米,寬 14.9 厘米。

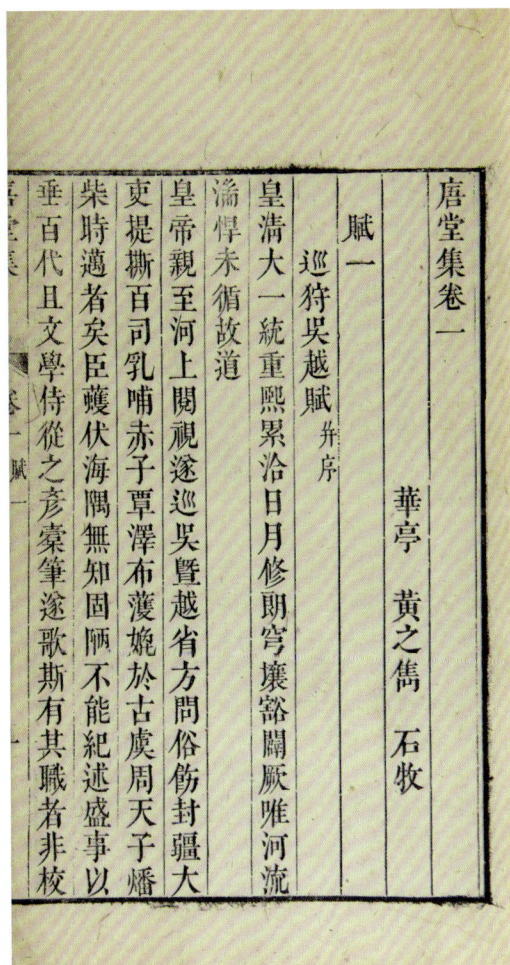

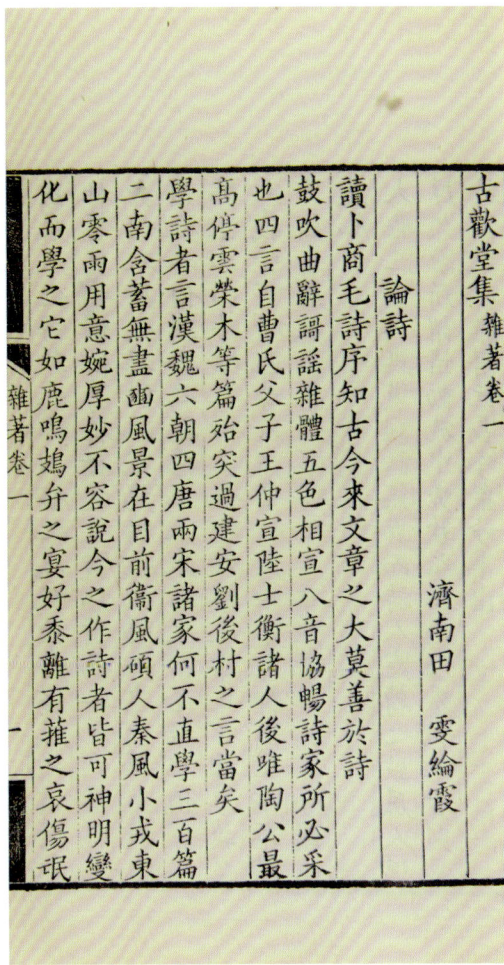

173 唐堂集五十卷補遺二卷續八卷冬録一卷

（清）黄之雋撰

清乾隆刻本。半葉十行，行二十一字，小字雙行同。白口，左右雙邊。框高 18.9 厘米，寬 12.7 厘米。

174 古歡堂集五十三卷

（清）田雯撰

清康熙至乾隆德州田氏叢書本。半葉十一行，行二十一字。上下黑口，左右雙邊。框高 19.6 厘米，寬 14.3 厘米。

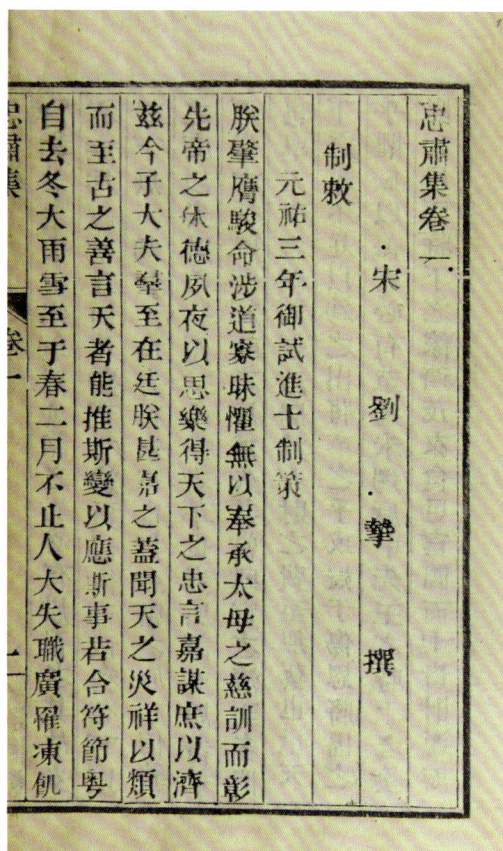

175 忠肅集二十卷

（宋）劉摯撰

清乾隆刻本。半葉九行，行二十一字，小字
雙行同。白口，四周雙邊。框高 19.2 厘米，
寬 12.6 厘米。

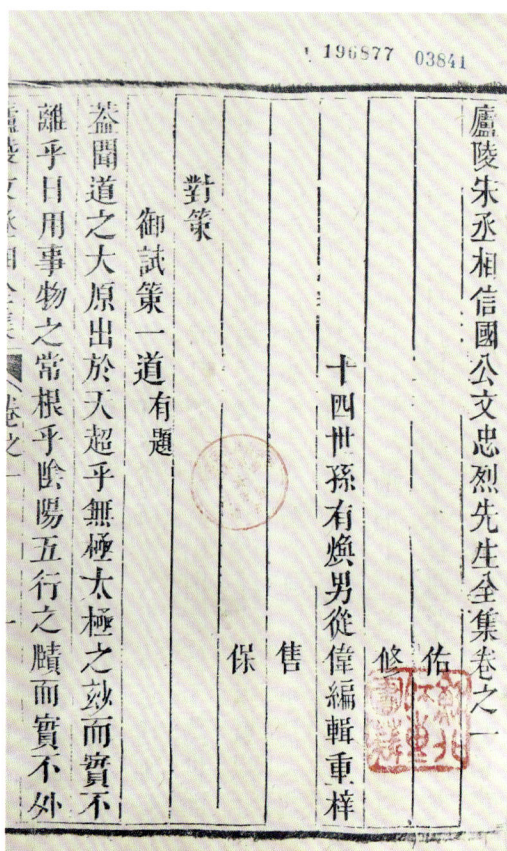

176 廬陵宋丞相信國公文忠烈先生全集
十六卷

（宋）文天祥撰

清雍正三年（1725）刻本。半葉十行，行
二十字。白口，四周雙邊。框高 22.6 厘米，
寬 15.5 厘米。

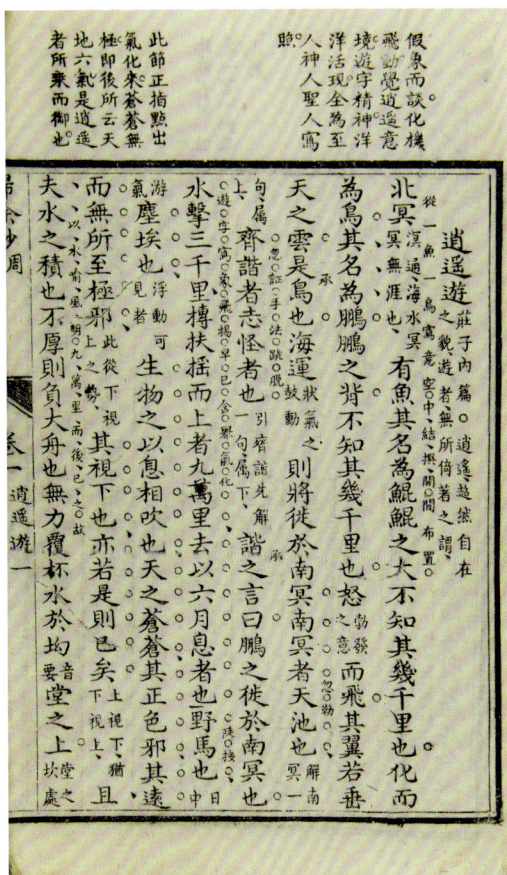

177 歸餘鈔四卷

（清）高塏編

清乾隆刻本。半葉九行，行二十五字，小字雙行同。白口，四周雙邊。框高20.2厘米，寬15.5厘米。

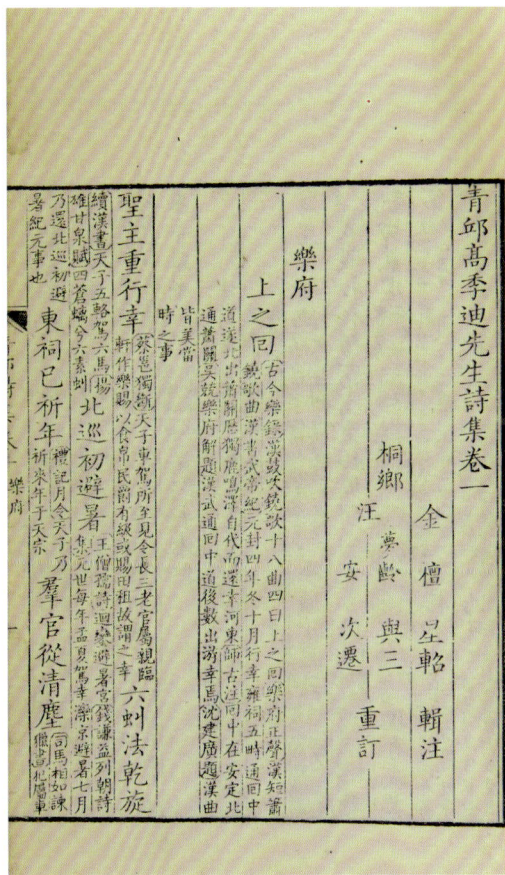

178 青丘高季迪先生詩集十八卷遺詩一卷扣舷集一卷鳬藻集五卷

（明）高啟撰

清雍正刻本。半葉十一行，行二十二字，小字雙行同。白口，左右雙邊。框高18.0厘米，寬14.5厘米。

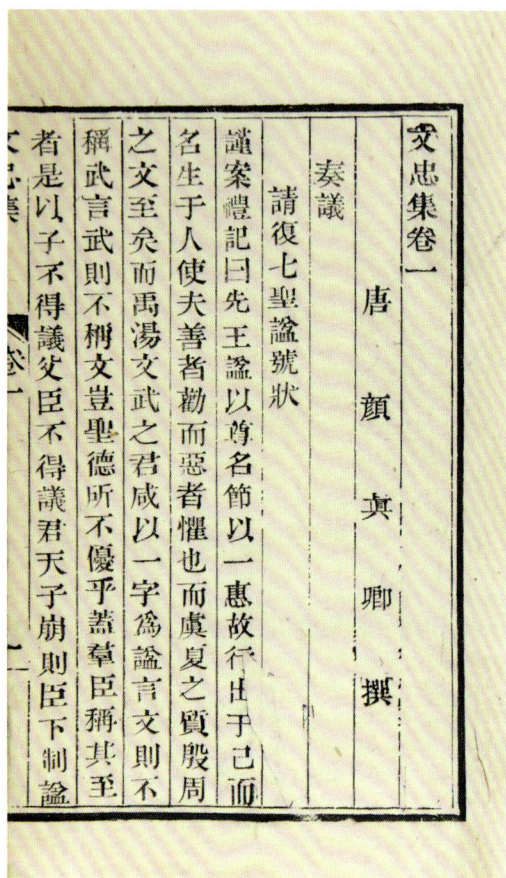

179 文忠集十六卷

（唐）顏真卿撰

清乾隆武英殿木活字印武英殿聚珍版叢書本。半葉九行，行二十一字，小字雙行同。白口，四周雙邊。框高 19.3 厘米，寬 12.8 厘米。

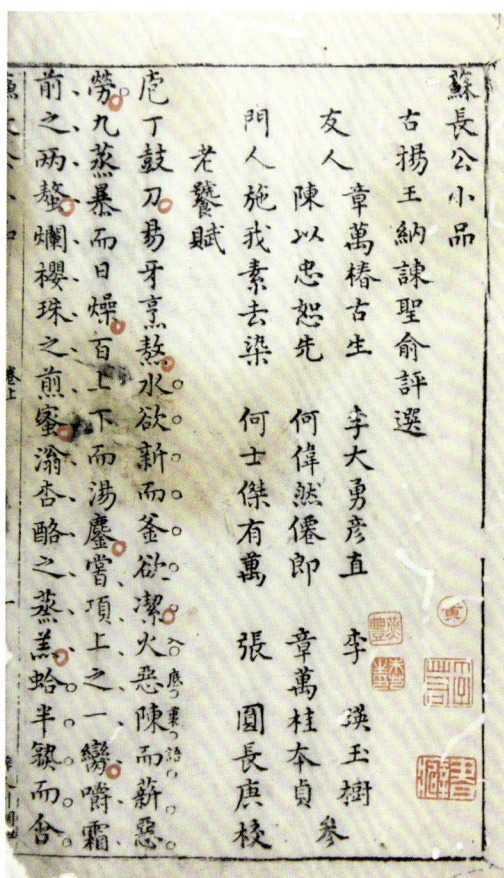

180 蘇長公小品二卷

（宋）蘇軾撰　（明）王納諫（聖俞）編

明萬曆三十九年（1611）章萬椿心遠軒刻本。半葉九行，行二十一字。白口，四周單邊。框高 21.3 厘米，寬 13 厘米。

橫雲山人集卷之一

厰言集

癸丑六月六日

雲間王鴻緒儼齋撰

駕幸西苑觀荷

賜近臣讌恭賦

時維炎節候協薰風瞻嘉林兮絲蔚睇芳卉
兮鬱叢居明堂兮右个中玉律之林鍾維時
江海不波山澤竝晏馴雉北飛昭華西獻金
枝秀而朱草榮銀甕登而罷車薦懷德歌兮

新刻臨川王介甫先生詩集卷一

宋荊公臨川王介甫王安石

明豐城後學鎮靜李光祚校

廿二世孫鳳翔率男維鼎繡梓

古詩

元豐行示德逢

四山翛翛映赤日田背坼如龜兆出湖陰先生坐草
室看踏溝車望秋實雷蟠電孼雲滔滔夜半載兩輪
亭臯阜禾秀發埋牛尻豆死夏蘇肥莢毛倒持龍骨
桂屋敖買酒澆客追前勞三年五穀賤如水今見西

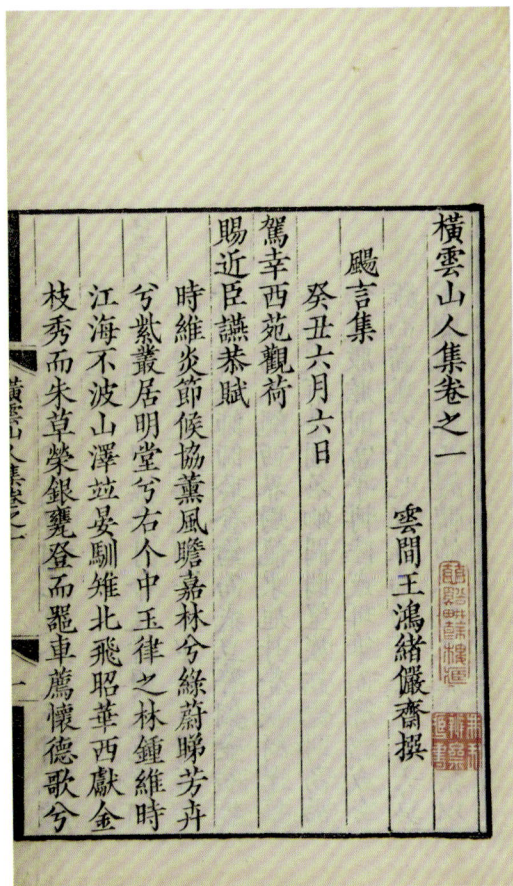

181 橫雲山人集三十二卷

（清）王鴻緒撰

清康熙刻本。半葉十行，行十九字。上下黑口，左右雙邊。框高 18 厘米，寬 14 厘米。

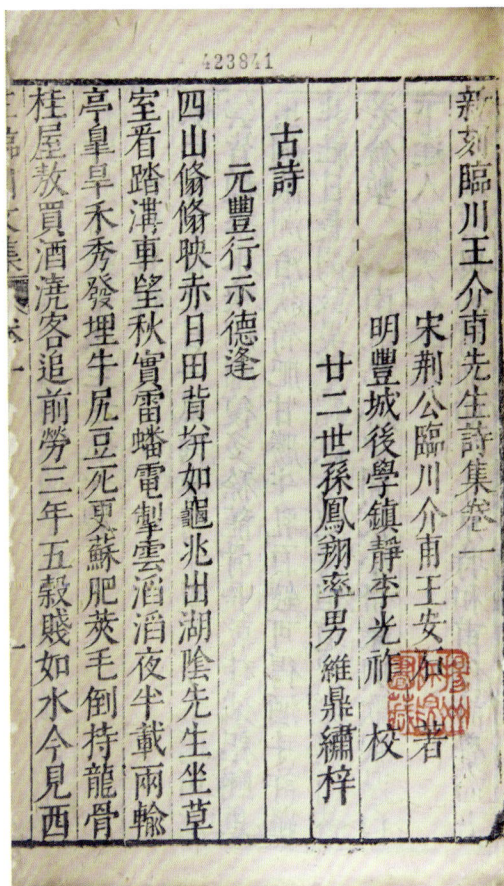

182 新刻臨川王介甫先生詩文集一百卷

（宋）王安石撰　（明）李光祚校

明萬曆四十年（1612）王鳳翔光啓堂刻本。半葉十行，行二十字。白口，四周單邊。框高 21.9 厘米，寬 14.5 厘米。

漁洋詩卷一

相逢南山下載獫猲從兩狼共作幽州語齊醉湖姬

傍

鶡子喜秋風一日三奮飛愴馬走千里脫轡不言

饞

蚨鬐鐵絅褌來往城闕東臂上黃鶡子胯底綠螭

驄

幽州馬客吟歌 五曲

漁洋詩一 丙申稿

歙門人程哲校編

新城王士正貼上

帶經堂集卷一

四川鄉試錄序

新城王士禛字貽上

皇上御極十有一年天下當復貢士於鄉禮臣列名以諭仰荷庸嚴命臣士禛臣日奎典試西蜀

伏念蜀古西南徼也山川險遠距輦轂六千里經

蜀幅員且萬里兵燹之後天府沃壤盡疆荊棘薈

遇

進祖章皇帝神武戡定天清地寧遺黎乂安乃眷

西顧矢其文德二十餘年漸已家習弦誦戶被詩

漁洋山人文略卷一

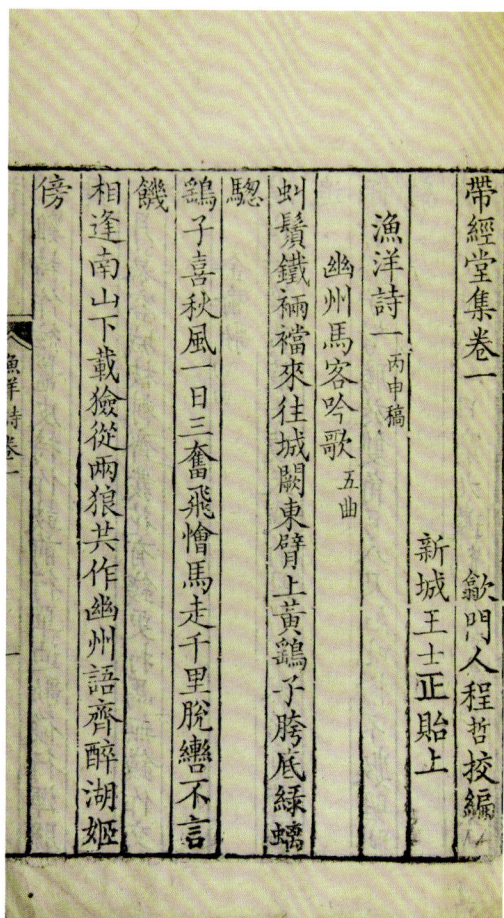

183 帶經堂全集九十二卷

（清）王士禛撰

清乾隆刻本。半葉十行,行十九字,小字雙行同。白口,左右雙邊。框高 18.5 厘米,寬 14.2 厘米。

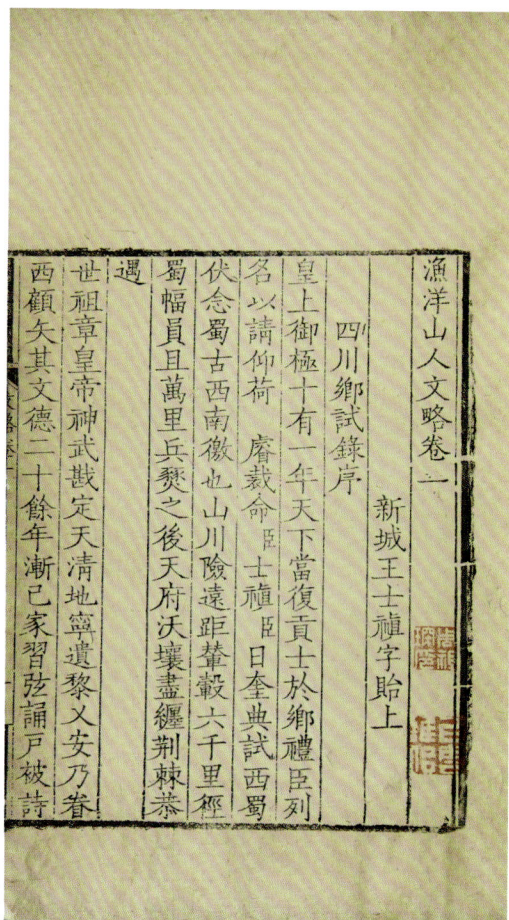

---

184 漁洋山人文略十四卷

（清）王士禛撰

清康熙刻本。半葉十行,行十九字。上下黑口,左右雙邊。框高 16.3 厘米,寬 13.4 厘米。

硯林詩集卷一

錢唐　丁　敬　敬身

三月三日同人修禊湖上集莊子篇中字爲四言詩

拈得德充符

青青萬樹明明遠天春月季矣日巳載遷氾流合席規彼

越賢去垢蘄嘉鄭國所傳水容山貌爭來目前物情駘蕩

人意洗然執尊唱和少長總年眇乎瞥乎遊焉樂焉

武林金石之刻以飛來峯頂伏犀泉側唐杭州刺史

盧元輔摩厓詩刻爲最古乙酉春與靈隱佛基無畏

兩上人排突峯頂拓取數紙歸方丈因次盧元輔韻

呈玉山主席酉爲山中故事

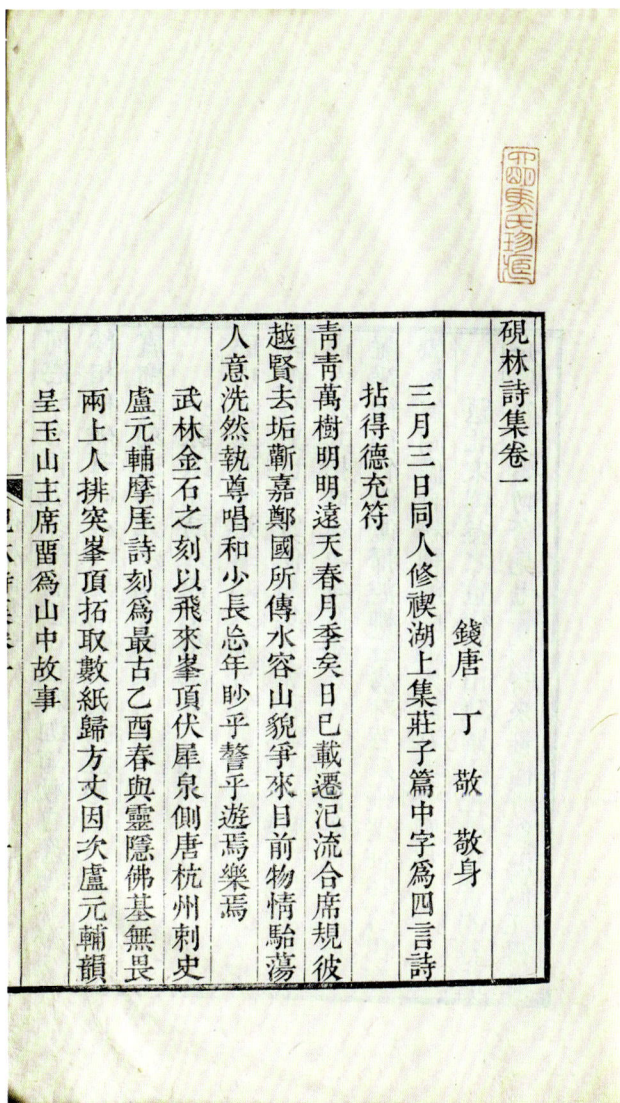

185 硯林詩集四卷

（清）丁敬撰

清嘉慶刻本。半葉十一行，行二十二字。白口，左右
雙邊。框高 16.7 厘米，寬 13.9 厘米。江蘇省珍貴古
籍名録號 1097。

揚州賦

揚州古都會也枕江辟淮與益部號為天下
繁盛故有唐以來節鎮首楊益焉令夫廬與
之迹與乎土風人物貢賦井邑之繊悉詳見
於傳記可得而攷因撮類次第而賦之曰辭
曰
天隨先生溺意藝文顧日窮年枳棘踔之短

四照堂文集卷之二

南昌王猷定于一著
龍眠王玩菁伊校

序

宋犖公胡傳纂要序

已亥夏江上用兵秋罷歸余自揚之通造宋子犖
公之廬聯穿益見扃戶而啟問曰何書也宋子曰
余少習舉子業治春秋令老矣將以課子閣之則

四照堂文集
卷之二

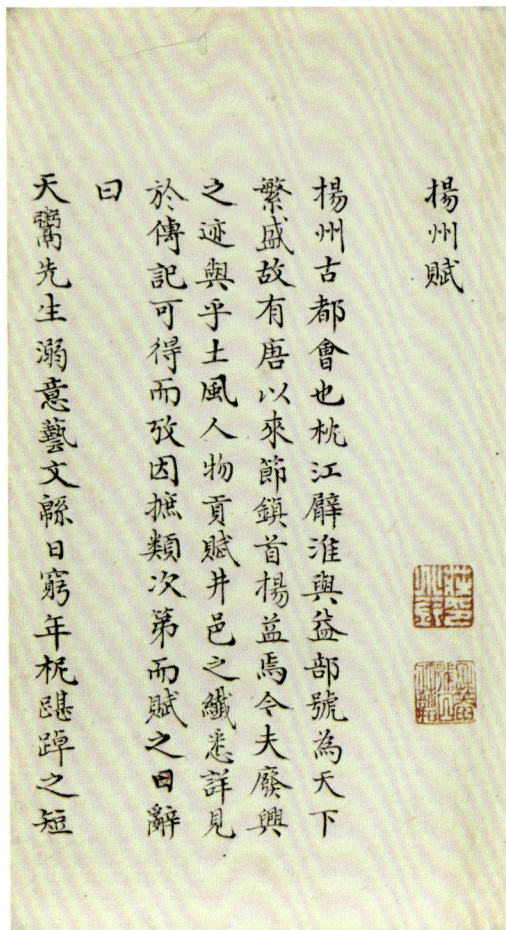

186 揚州賦一卷續揚州賦一卷
（宋）王觀撰　（宋）陳洪範撰
清抄本。半葉八行,行十七字,小字雙行同。

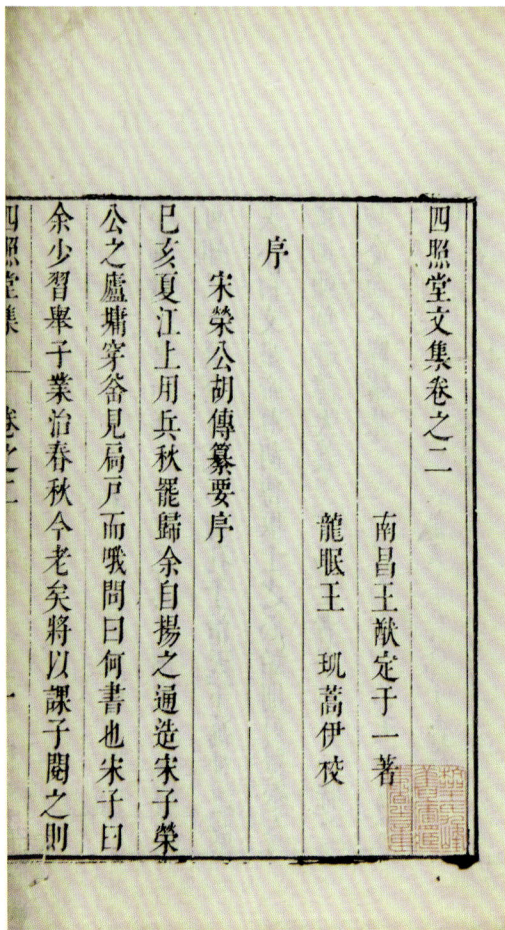

187 四照堂文集五卷诗二卷
（清）王猷定撰
清康熙刻本。半葉八行,行十九字。白口,
左右雙邊。框高 18.5 厘米,寬 13.7 厘米。

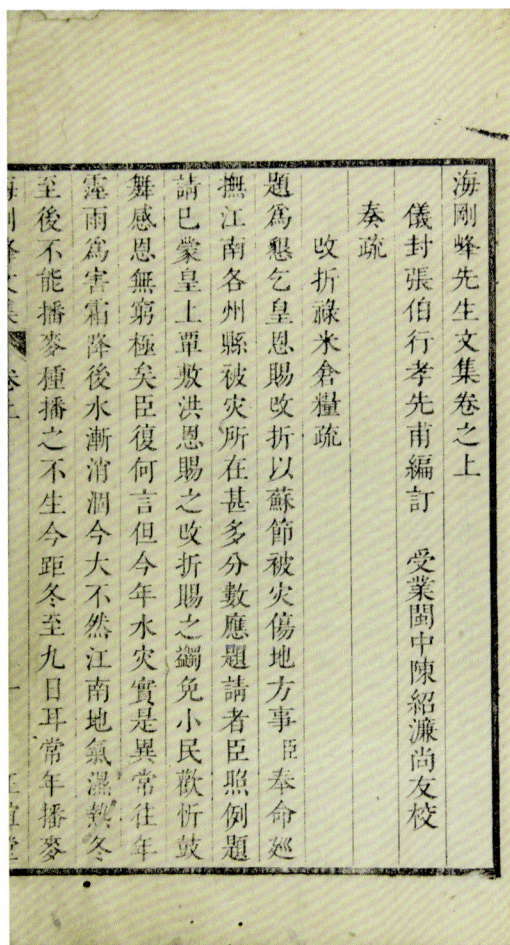

188 海剛峰先生文集二卷
（明）海瑞撰　（清）張伯行輯

清康熙正誼堂刻本。半葉十行，行二十二字，小字雙行同。白口，四周單邊。框高 19.8 厘米，寬 14 厘米。

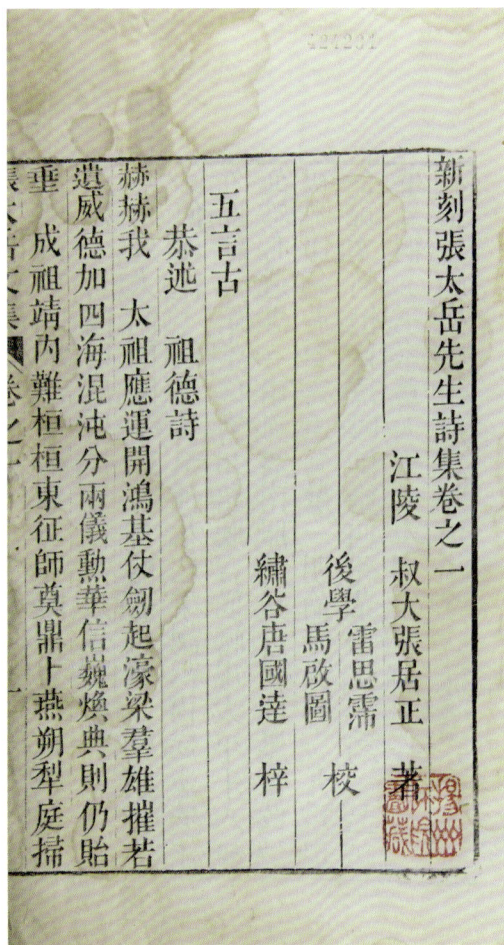

189 新刻張太岳先生文集四十七卷
（明）張居正撰

明萬曆刻本。半葉十行，行二十字。白口，四周單邊。框高 21.2 厘米，寬 14.3 厘米。

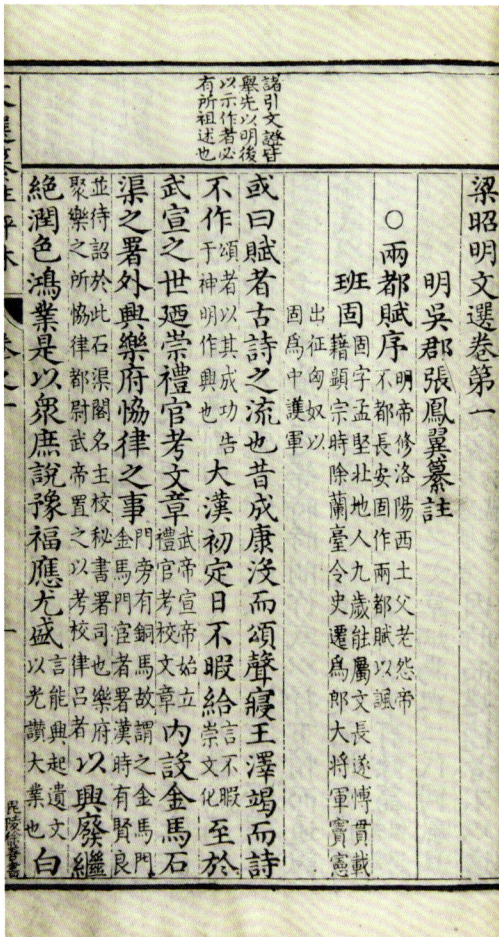

190 文選纂註評林十二卷

（明）張鳳翼纂註

明萬曆刻本。半葉十一行，行二十二字，小字雙行同。白口，四周雙邊。框高 24.3 厘米，寬 15.6 厘米。

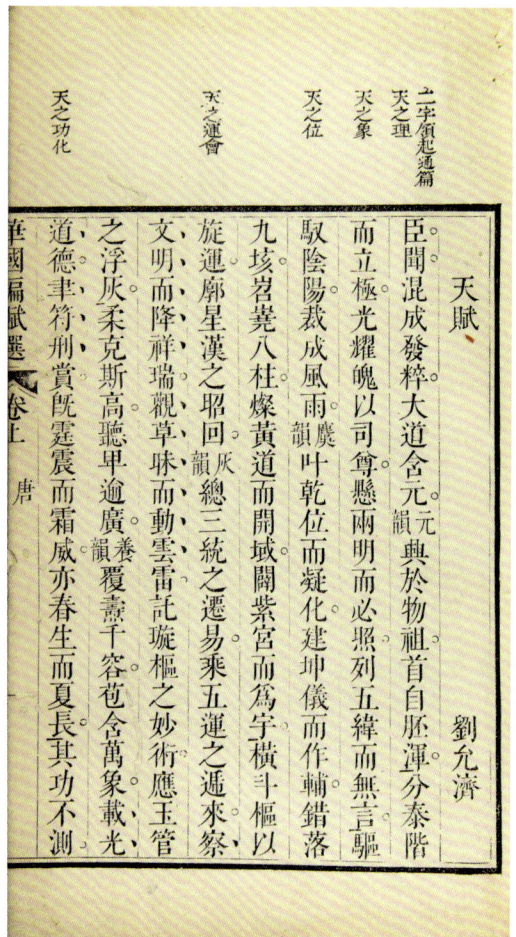

191 華國編賦選二卷

（清）孫濩孫評訂

清雍正十一年（1733）刻本。半葉九行，行二十二字，小字雙行同。白口，四周雙邊。框高 19 厘米，寬 14.5 厘米。

何大復先生集卷之一

五世姪孫源洙字魯存卷同校訂
六世姪孫維基字培
七世姪孫輝少字誦芬
男八世姪孫永謙字巽齊重梓

賦十一篇

渡瀘賦 以下使集

晨曙崇丘巒乎相裹局以水峽隱以大洲沙莽寒日
江深夕流蓋將濟於瀘水楊人告予以理舟沿洪波
以直度迎廻飈於上游顧中原而緬邈久西域以滯
留感逆旅之長勤懷古人而增憂想夫漢炎既燼蜀

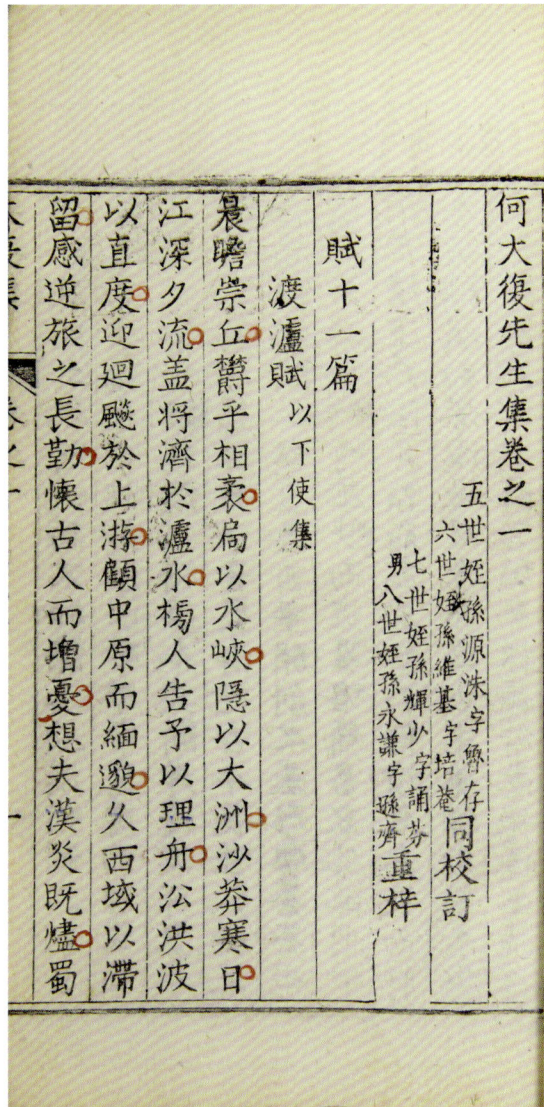

192 何大復先生集三十八卷附錄一卷
（明）何景明撰　（清）何源洙、何維基校訂
清乾隆刻本。半葉九行，行二十字，小字雙行
同。白口，四周雙邊。框高 18.6 厘米，寬 12.6
厘米。

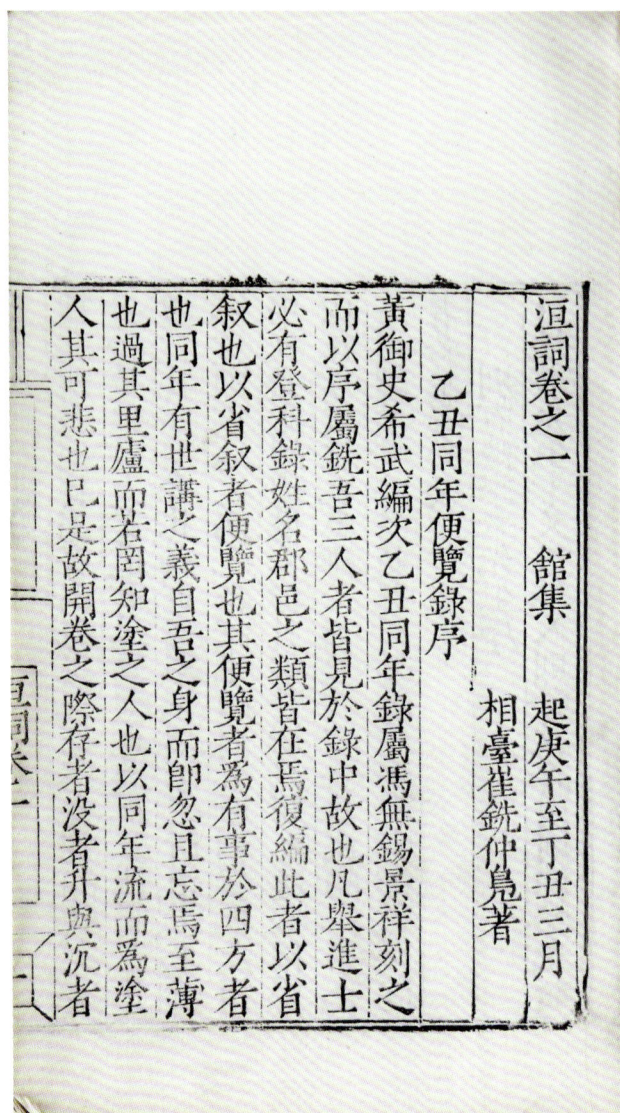

洹詞卷之一　館集　起庚午至丁丑三月

相臺崔銑仲凫著

乙丑同年便覽錄序

黃御史希武編次乙丑同年錄屬馮無錫景祥刻之

而以序屬銑吾三人者皆見於錄中故也凡舉進士

必有登科錄姓名郡邑之類皆在焉復編此者以省

叙也以省叙者便覽也其便覽者爲有事於四方者

也同年有世講之義自吾之身而忽即忘焉至薄

也過其里廬而若罔知塗之人也以同年流而爲塗

人其可悲也巳是故開卷之際存者升與沉者

193 洹詞十二卷

（明）崔銑撰

明趙府味經堂刻本。半葉十行，行二十字。上黑口，
四周雙邊。框高 17.5 厘米，寬 14 厘米。江蘇省珍貴
古籍名錄號 0414。

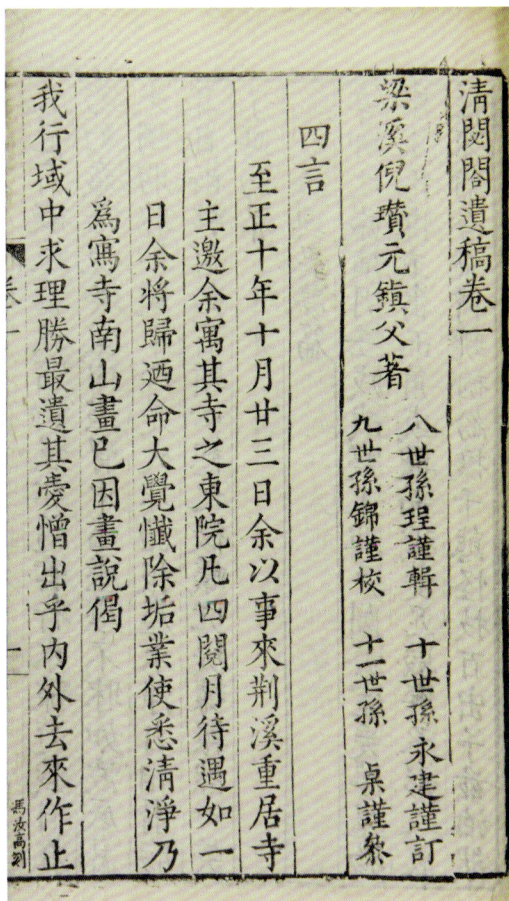

194 清閟閣遺稿十五卷
（元）倪瓚撰
雲林世系圖一卷
（明）倪卓撰
明萬曆二十八年（1600）倪珵刻本。半葉九行，行二十字。白口，四周單邊。框高21.2厘米，寬13.8厘米。

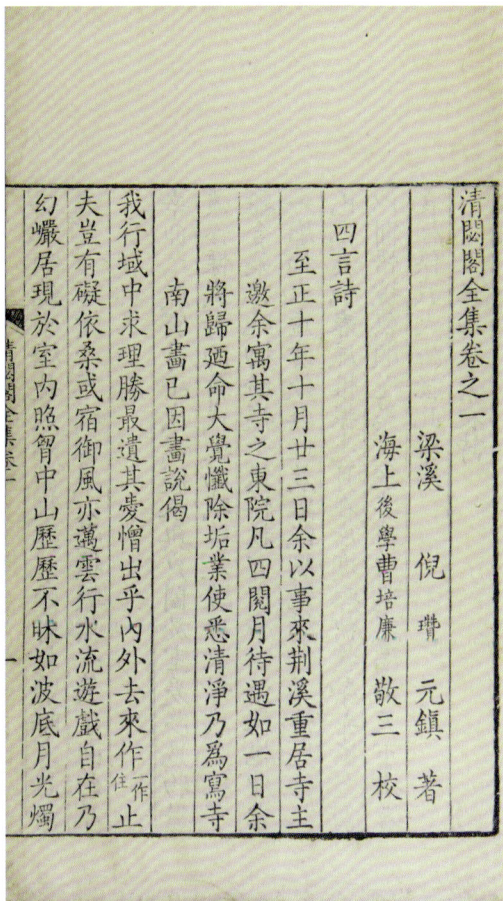

195 清閟閣全集十二卷
（元）倪瓚著　（清）曹培廉校
清康熙五十二年（1713）曹氏城書室刻本。半葉十一行，行二十一字，小字雙行二十一字。白口，四周單邊。框高17.9厘米，寬13.9厘米。

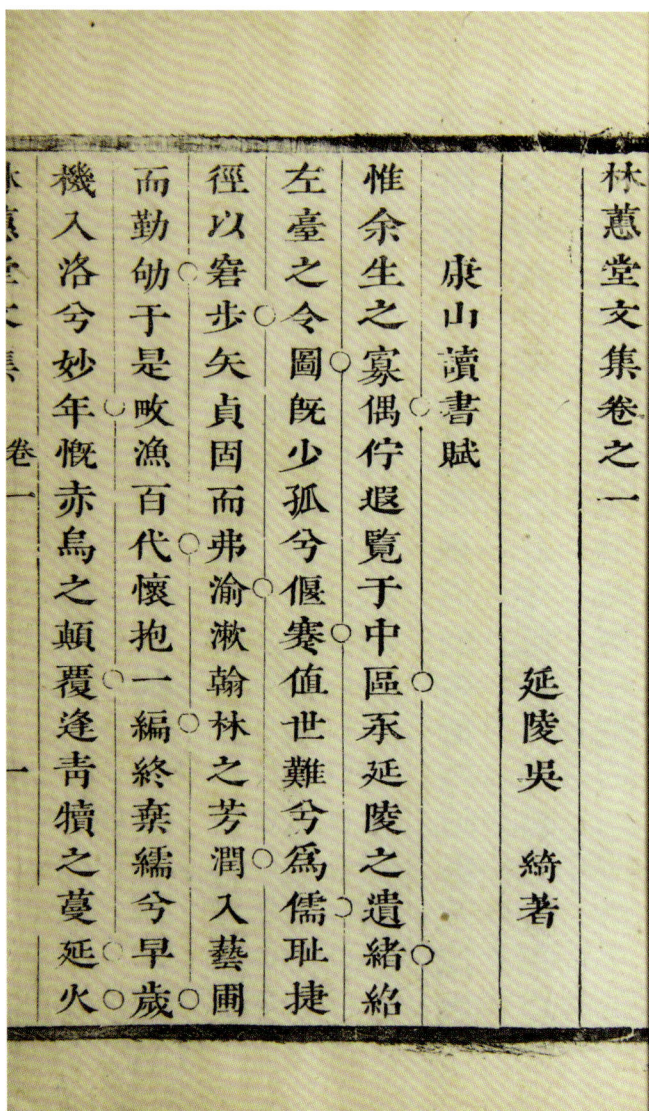

196 林蕙堂文集十二卷(存二卷)

(清)吴綺撰

清康熙刻本。半葉八行,行十九字。白口,四周單邊。
框高 18.2 厘米,寬 13.7 厘米。

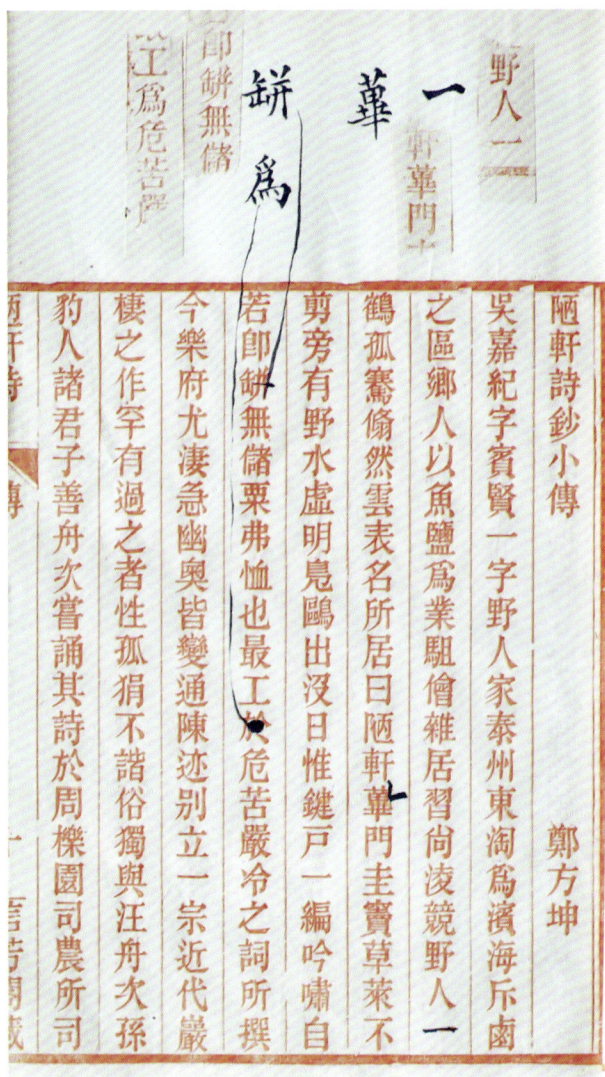

陋軒詩鈔小傳　　鄭方坤

吳嘉紀字賓賢一字野人家泰州東淘爲濱海斥鹵之區鄉人以魚鹽爲業駔儈雜居習尚凌競野人一鶴孤騫翛然雲表名所居曰陋軒蓽門圭竇草萊不剪旁有野水虛明鳧鷗出沒日惟鍵戶一編吟嘯自若郎餅無儲粟弗恤也最工於危苦嚴冷之詞所撰今樂府尤淒急幽奧皆變通陳迹別立一宗近代嚴棲之作罕有過之者性孤狷不諧俗獨與汪舟次孫豹人諸君子善舟次嘗誦其詩於周櫟園司農所司

197 陋軒詩六卷

（清）吳嘉紀撰

陋軒詩續二卷

（清）吳嘉紀撰　（清）夏荃輯

清信芳閣刻朱印本。半葉九行,行二十字。白口,左右雙邊。框高 17.2 厘米,寬 13.3 厘米。江蘇省珍貴古籍名録號 1071。

按:此本爲初印本,經過校對,標明需要修改之字樣。

吳詩集覽卷一上

黎城靳榮藩介人輯

五言古詩一之上　按陳其年撰行集別錄五古長篇

梅村集收送何第五首哭忌
外如吳門遇劉雪舫臨江參軍遇南廂園叟之千
嚴競光萬整筆力正不為前人所限耳然三首如石
梁敬光萬整衍禮集品貳之例也五古長篇
清湖叫長遵亂之一四五六酉田之一三四皆山
樓直溪更遲亂之一四五六西田之一三四皆

五言佳之最工者參長慶梅村以七古鑲金錯采儘能
七古佳篇而可參長慶一席以七律七古五七律
自樹一幟五古前賢佳境已多若再打所見能於大
而化之矣五古前賢佳境已多若直打所見能於
李杜韓蘇大家外自成一家洋洋纏綿直
壁壘足踞大家

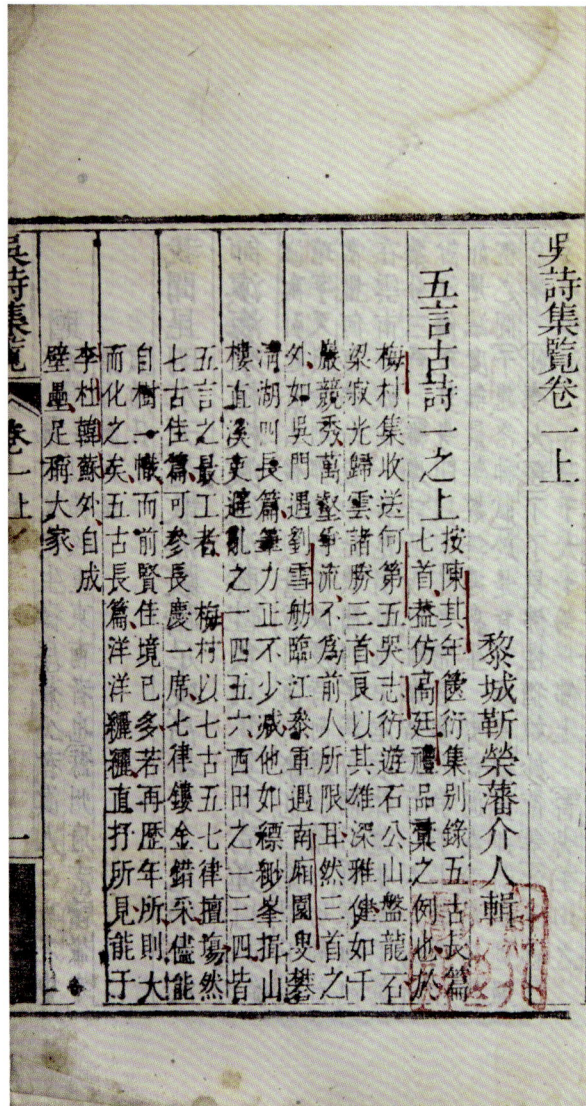

198 吳詩集覽二十卷

（清）吳梅村撰　（清）靳榮藩輯

清乾隆四十年（1775）刻道光七年（1827）印本。
半葉九行，行二十一字，小字雙行同。下黑口，四
周雙邊。框高 18.2 厘米，寬 12.7 厘米。

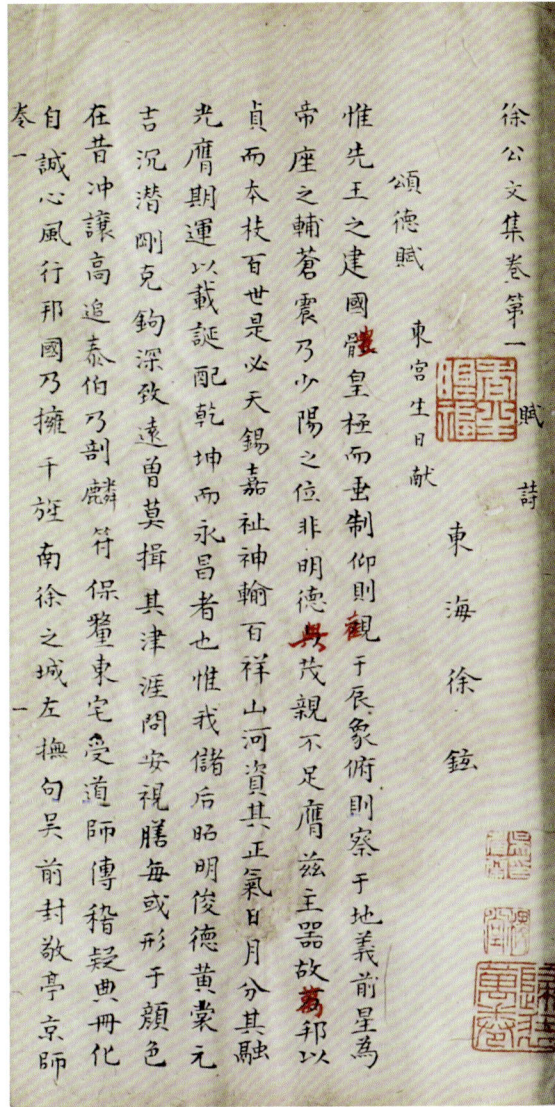

惟先王之建國體皇極而垂制仰則觀于辰象俯則察于地義前星為
帝座之輔蒼震乃少陽之位非明德**與**茂親不足膺茲主器故**為**邦以
貞而本枝百世是必天錫嘉祉神翰百祥山河資其正氣日月分其融
光膺期運以載誕配乾坤而永昌者也惟我儲后昭明俊德黃裳元
吉況潛剛克鈞深致遠曾莫揖其津涯問安視膳每或形于顏色
在昔沖讓高追泰伯乃剖麟符保釐東宅受道師傅稽疑典冊化
自誠心風行邦國乃擁于旌南徐之城左撫句吳前封敬亭京師

徐公文集卷第一　　賦　詩

頌德賦　　東宮生日獻

東海徐鉉

卷一

199 徐公文集三十卷

（宋）徐鉉撰

清抄本。半葉十行，行二十六字至二十八字不
等。國家珍貴古籍名錄號 08816。

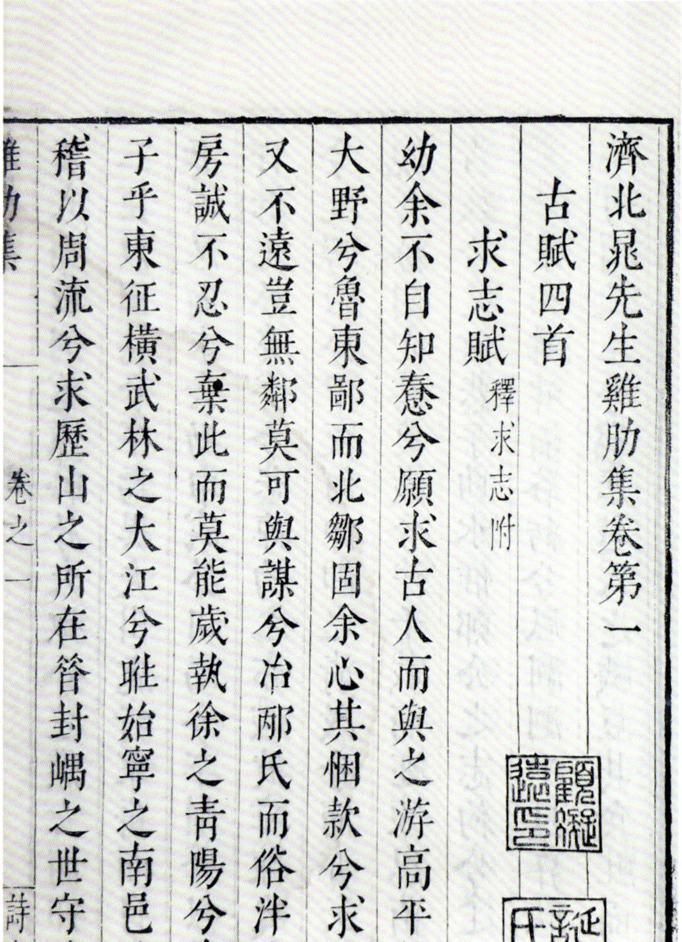

濟北晁先生雞肋集卷第一

古賦四首

求志賦　釋求志附

幼余不自知憃兮願求古人而與之游高平邑於

大野兮魯東鄙而北鄰固余心其悃款兮求前聖

又不遠豈無鄰莫可與謀兮冶邴氏而俗泮幽離

房誠不忍兮棄此而莫能歲執徐之青陽兮余先

子乎東征橫武林之大江兮駐始寧之南邑路會

稽以周流兮求歷山之所在筈封嶇之世守兮以

雞肋集　　　　卷之一　　　　〔詩瘦閣〕

200 濟北晁先生雞肋集七十卷

（宋）晁補之撰

明崇禎八年（1635）顧凝遠詩瘦閣刻本。半葉九行，行十九字。白口，左右雙邊。框高 19.1 厘米，寬 14.1 厘米。

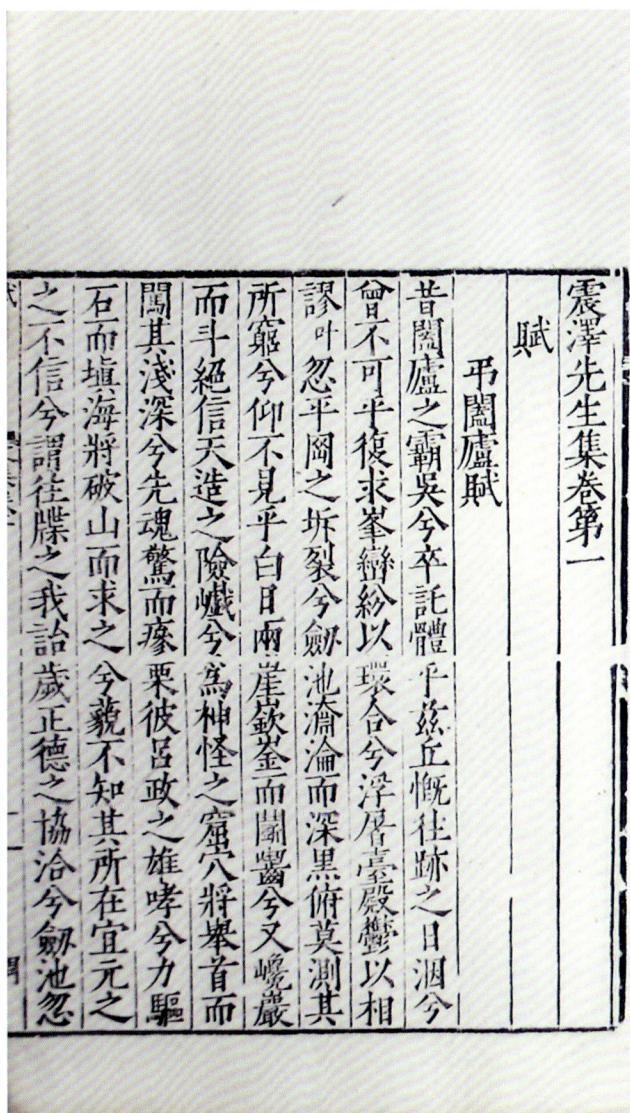

201 震澤先生集三十六卷

（明）王鏊撰

明嘉靖刻本。半葉十一行，行二十字。白口，左右雙邊。框高 17.3 厘米，寬 14.4 厘米。國家珍貴古籍名録號 02113。

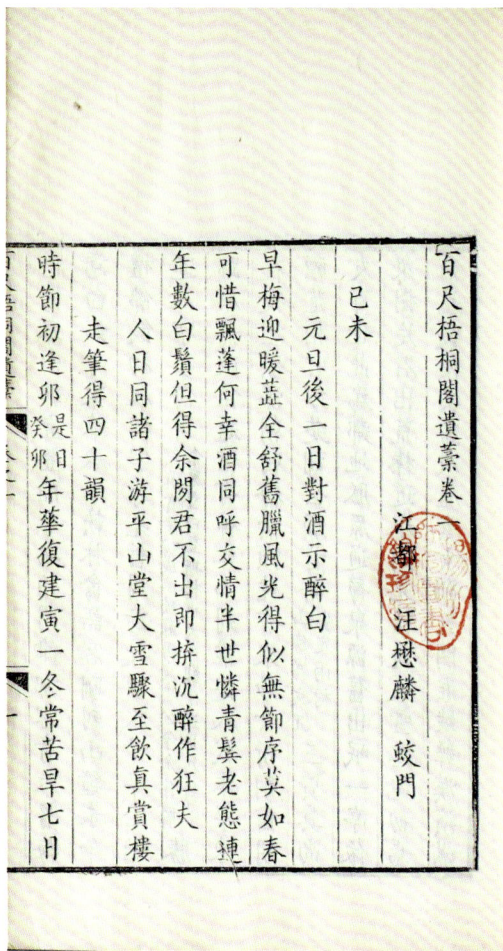

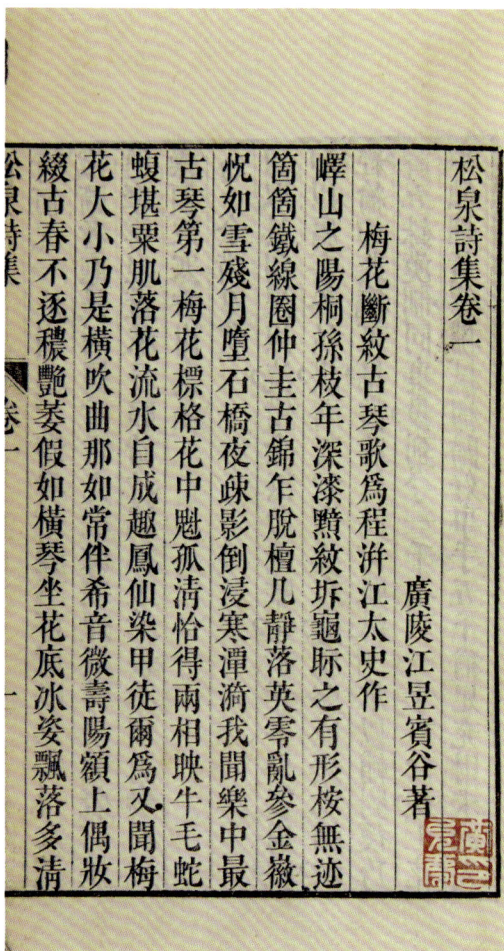

202 百尺梧桐閣遺稿十卷

（清）汪懋麟撰

清康熙五十四年（1715）刻本。半葉十行，行十九字。白口，四周單邊。框高 17.5 厘米，寬 13.6 厘米。

203 松泉詩集六卷

（清）江昱著

清乾隆刻本。半葉十行，行二十一字，小字雙行同。白口，左右雙邊。框高 18.3 厘米，寬 12.5 厘米。

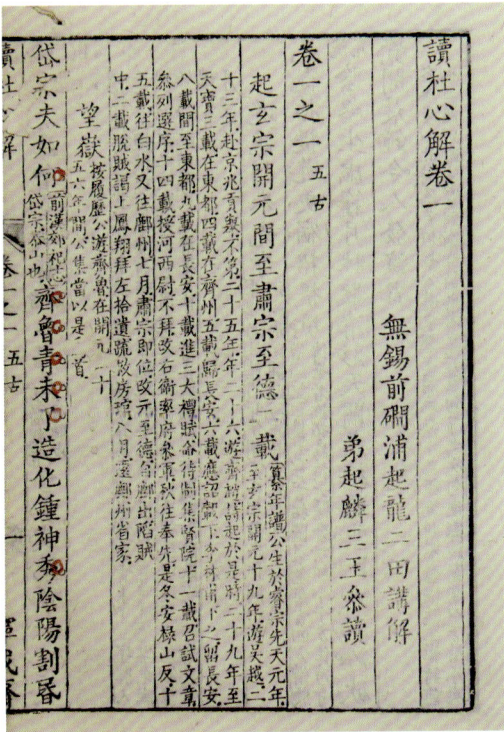

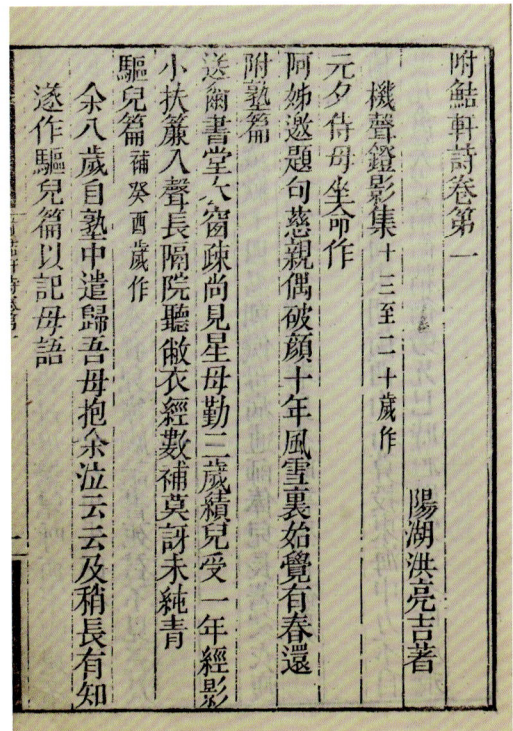

204 讀杜心解六卷首二卷

（清）浦起龍撰

清雍正二年至三年（1724—1725）浦氏寧我齋刻本。半葉十行，行二十二字，小字雙行三十二字。白口，左右雙邊。框高18.8厘米，寬13.4厘米。

205 附鮚軒詩八卷

（清）洪亮吉著

清乾隆刻本。半葉十一行，行二十一字，小字雙行同。上下黑口，左右雙邊。框高18.3厘米，寬13.7厘米。

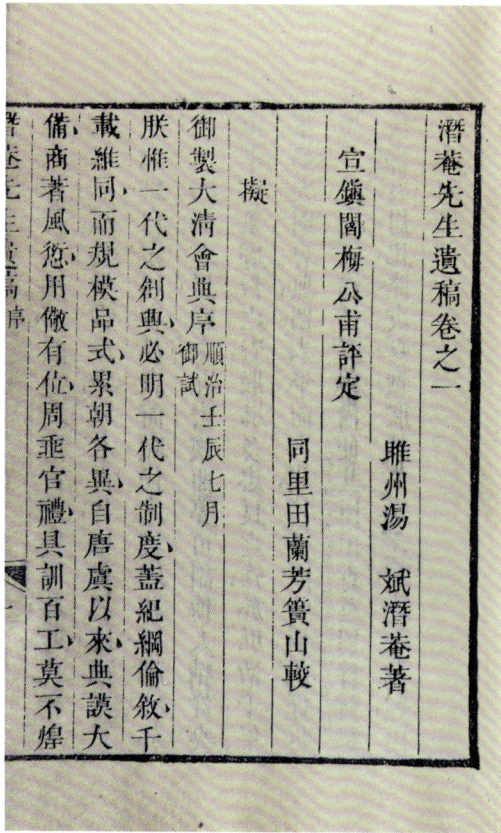

潛菴先生遺稿卷之一

宣鐔閣梅公甫許定

睢州湯　斌潛菴著
同里田蘭芳贊山較

擬

御製大清會典序　顧治壬辰七月

朕惟一代之刱典必明一代之制慶蓋紀綱倫敘千
載維同而規模品式累朝各異自唐虞以來典章大
備商著風您用倣有伦周乖官禮其訓百工莫不煒

溫飛卿詩集卷第一

山陰曾　益原注
蘇州顧子咸小阮補注
男顧嗣立重校

雞鳴埭歌

南朝天子射雉時

壺漏斷夢初覺

知

---

206 潛菴先生遺稿五卷目錄五卷

（清）湯斌著　（清）閻梅公評定　（清）田蘭芳校

清乾隆九年（1744）刻本。半葉九行，行二十字，小字雙行二十字。白口，四周單邊。框高17.5厘米，寬13.1厘米。

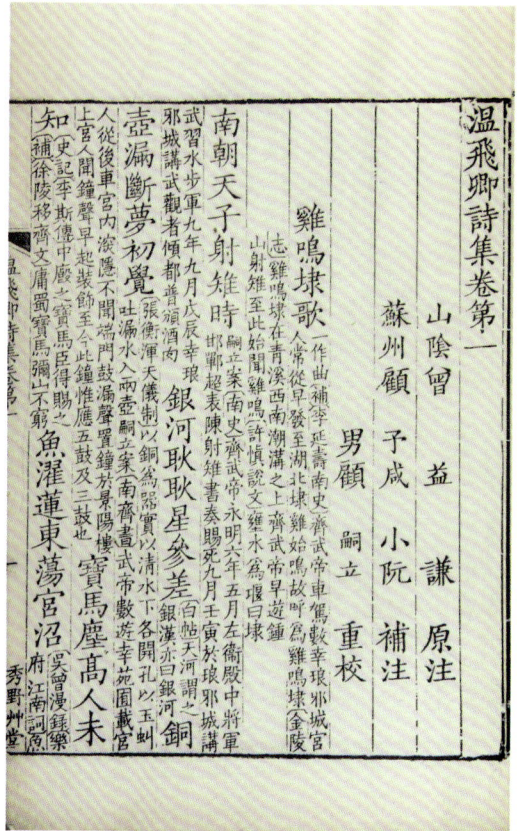

207 溫飛卿詩集七卷別集一卷集外詩一卷

（唐）溫庭筠撰　（明）曾益註　（清）顧予咸補註　（清）顧嗣立重校

清康熙三十六年（1697）長洲顧氏秀野草堂刻本。半葉十一行，行二十字，小字雙行三十字。白口，左右雙邊。框高19.2厘米，寬14.9厘米。

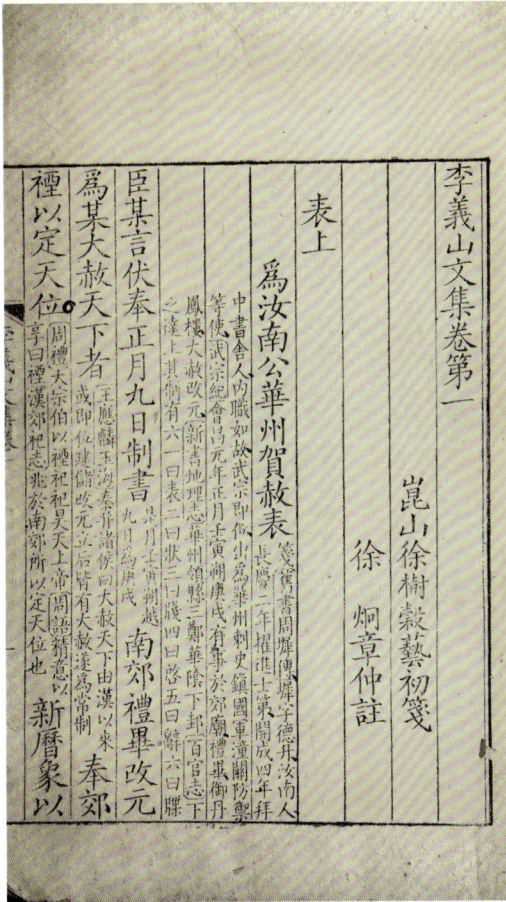

208 李義山文集十卷

（唐）李商隱撰　（清）徐樹穀箋　（清）徐炯註

清康熙四十七年（1708）徐氏花谿草堂刻本。半葉十行，行二十一字，小字雙行三十二字。白口，左右雙邊。框高19.5厘米，寬14.6厘米。

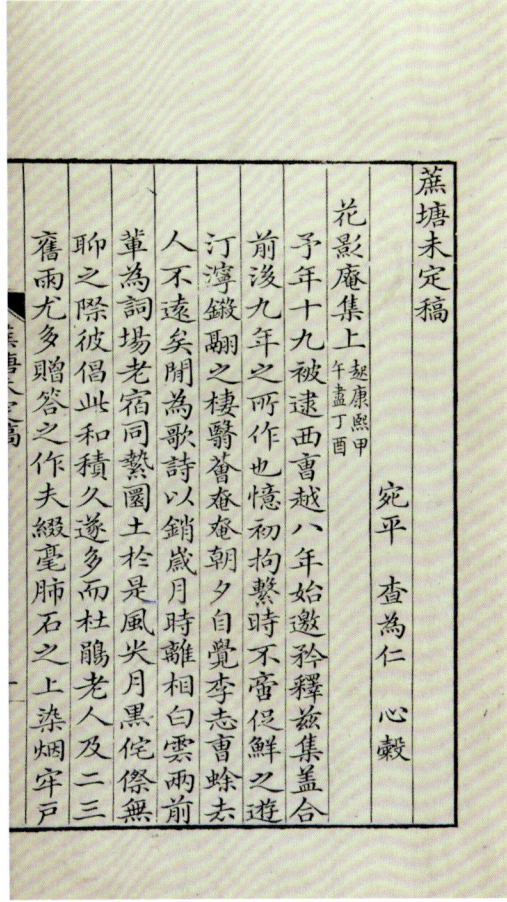

209 蔗塘未定稿九卷

（清）查為仁撰

清乾隆刻本。半葉十行，行二十一字。白口，四周單邊。框高18.1厘米，寬12.6厘米。

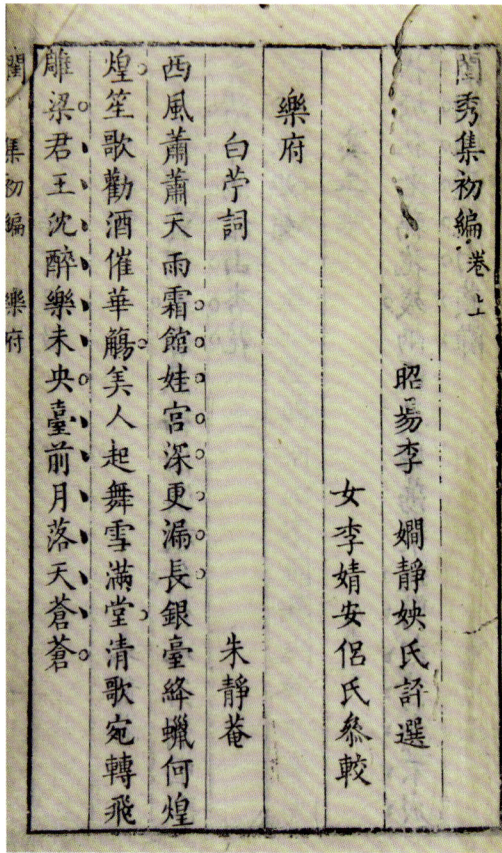

210 閨秀集初編二卷詩餘一卷

（清）季嫻輯

清初刻本。半葉八行，行二十字。白口，四周單邊。框高18.4厘米，寬11.4厘米。

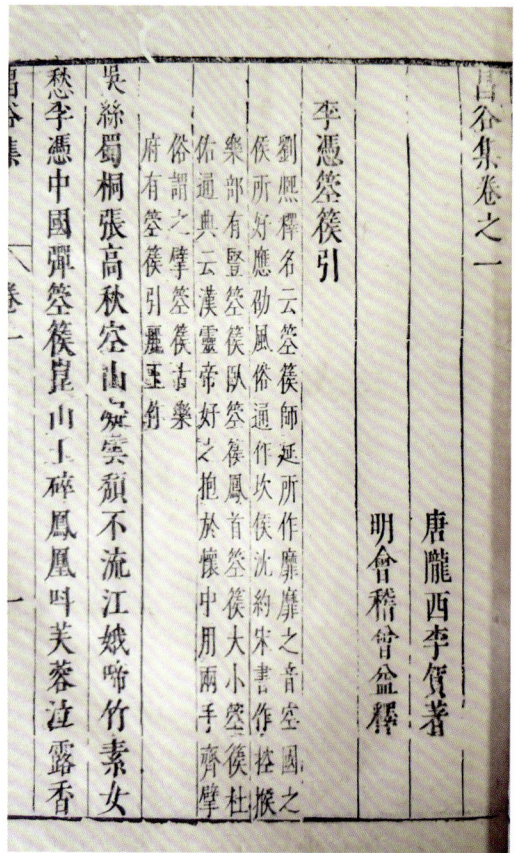

211 昌谷集四卷目録四卷

（唐）李賀撰　（明）曾益釋

明末刻本。半葉九行，行二十字，小字雙行同。白口，四周單邊。框高21.5厘米，寬14.8厘米。

扶輪續集第一卷

錫山　黃傳祖心甫　　全選
　　　陸朝瑛石齋

四古一

沈德符　前集

○憶友

屋梁落月軒窗停雲深悰所托非感離羣○

○又

中散命駕子猷到門後彥不爾尺書寒温在命駕到門上○　須識本指亦不

華淑　前集

扶輪續集一卷　四古一　一

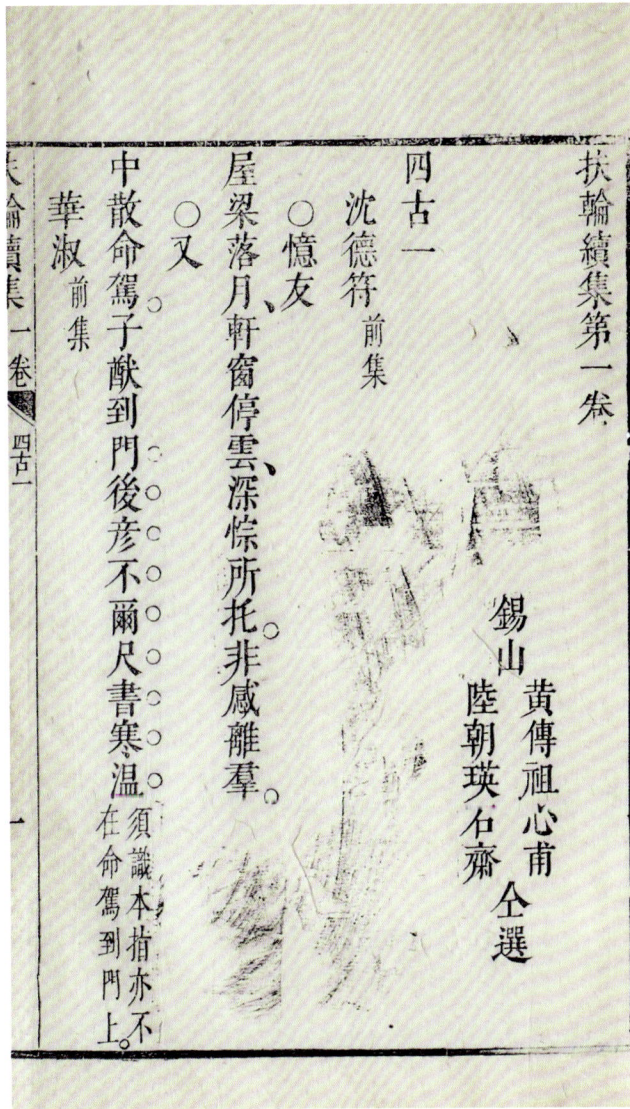

212 扶輪續集十五卷

（清）黃傳祖、陸朝瑛輯

清順治八年（1651）刻本。半葉十行，行二十二字，小字雙行同。白口，四周單邊。框高20厘米，寬14.1厘米。國家珍貴古籍名録號02543。

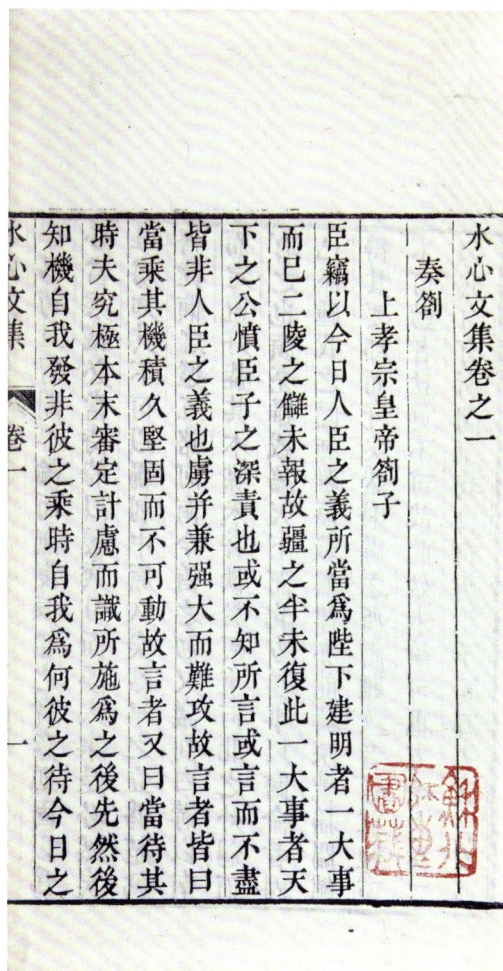

213 水心文集二十九卷

（宋）葉適撰

清乾隆刻本。半葉十行，行二十字。白口，左右雙邊。框高 18.2 厘米，寬 14.2 厘米。

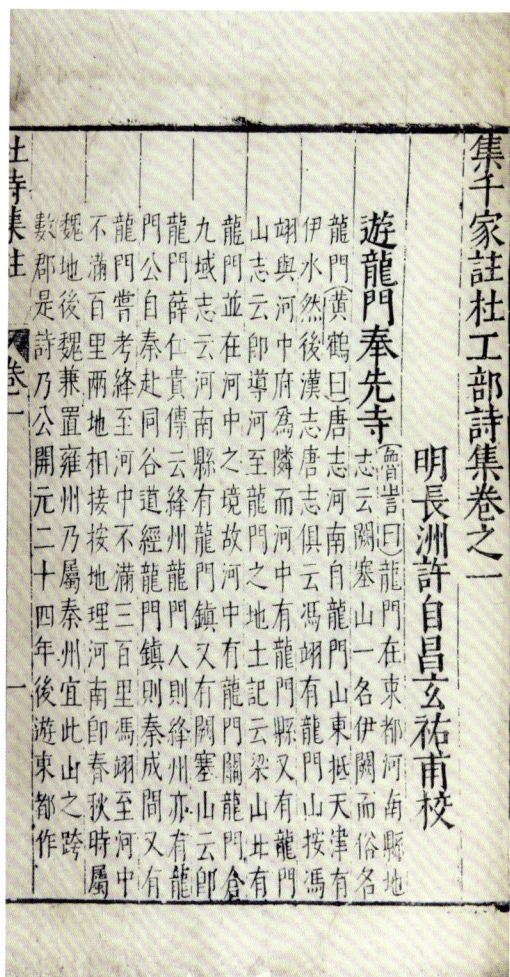

214 集千家註杜工部詩集二十卷文集二卷

（唐）杜甫撰　（宋）黃鶴補注　（明）許自昌校

明萬曆三十年（1602）許自昌刻本。半葉九行，行二十字，小字雙行同。白口，四周單邊。框高 22 厘米，寬 14.7 厘米。

右側圖（坡仙集卷一）：

> 坡仙集卷一
>
> 詩
>
> 息壤詩 并序
>
> 淮南子曰：縣埋洪水盜帝之息壤。帝使祝融
> 殺之於羽淵。今荊州南門外有狀若屋宇陷
> 入地中。而猶見其春者。荊南石記云不可犯。
> 春鉏所及輒復如故。又頗以致雷雨歲大旱。
> 屢發有應予感之乃爲作詩其詞曰
> 帝息此壤以藩幽臺有神司之隨取而培帝勑下民

左側圖（施註蘇詩卷之一）：

> 施註蘇詩卷之一
>
> 長洲顧嗣立
> 毗陵邵長蘅　刪補
> 商丘宋　至
>
> 漫堂先生宋　犖　閱定
> 樸園先生張榕端
>
> 詩四十七首 起嘉祐辛丑十二月赴鳳翔任。壬寅在鳳翔作。施註缺今補
>
> 辛丑十一月十九日既與子由別於鄭州西門
> 之外馬上賦詩一篇寄之
>
> 不飲胡爲醉兀兀此心已逐歸鞍發歸人猶自念庭闈
> 今我何以慰寂寞登高回首坡壠隔惟見烏帽出復沒
> 苦寒念爾衣裳薄獨騎瘦馬踏殘月路人行歌居人樂

215 坡仙集十六卷

（宋）蘇軾撰

明萬曆二十八年（1600）陈大来繼志齋刻本。半葉九行，行二十字。白口，四周單邊。框高 23.1 厘米，寬 15.3 厘米。

216 施註蘇詩四十二卷續補遺二卷年譜一卷總目三卷

（宋）蘇軾撰 （宋）施元之、顧禧註 （清）邵長蘅、顧嗣立、宋至删補

清康熙三十九年（1700）刻本。半葉十行，行二十一字，小字雙行三十一字。上下黑口，四周單邊。框高 18.7 厘米，寬 14.4 厘米。

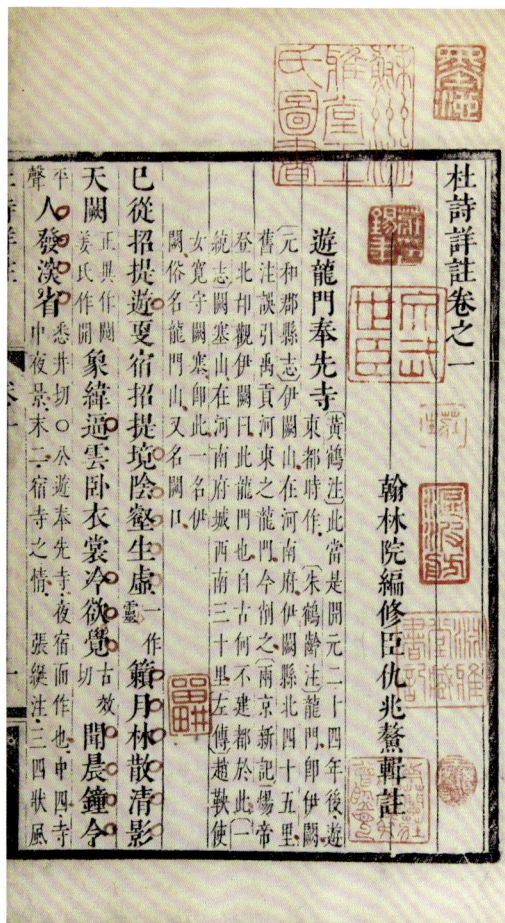

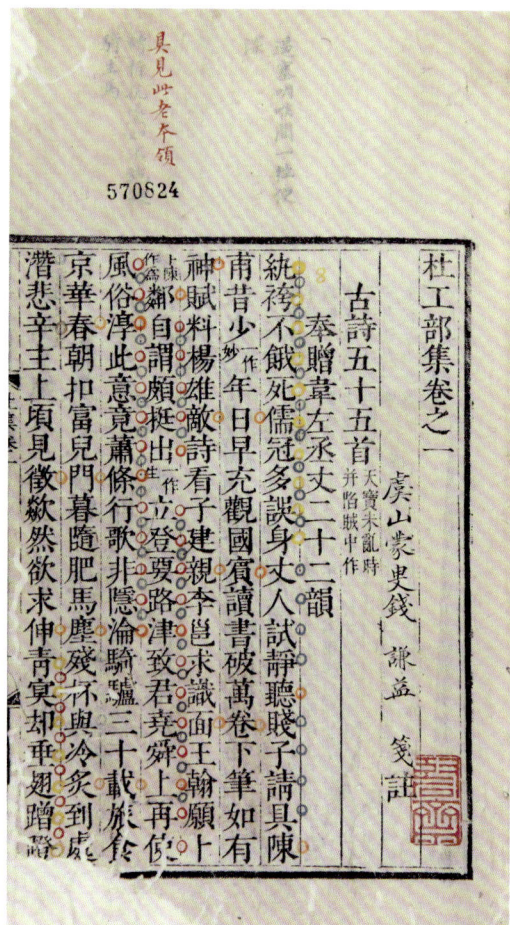

217 杜詩詳註二十五卷首一卷附錄二卷

（唐）杜甫撰　（清）仇兆鰲輯註

清康熙刻本。半葉十行，行二十二字，小字雙行同。下黑口，左右雙邊。框高20.4厘米，寬14.6厘米。

218 杜工部集二十卷附錄一卷唱酬題咏附錄一卷諸家詩話一卷年譜一卷

（唐）杜甫撰　（宋）王洙編　（清）錢謙益箋註

清康熙六年（1667）季氏靜思堂刻本。半葉十一行，行二十字，小字雙行三十字。上下黑口，四周雙邊。框高18.4厘米，寬13.7厘米。

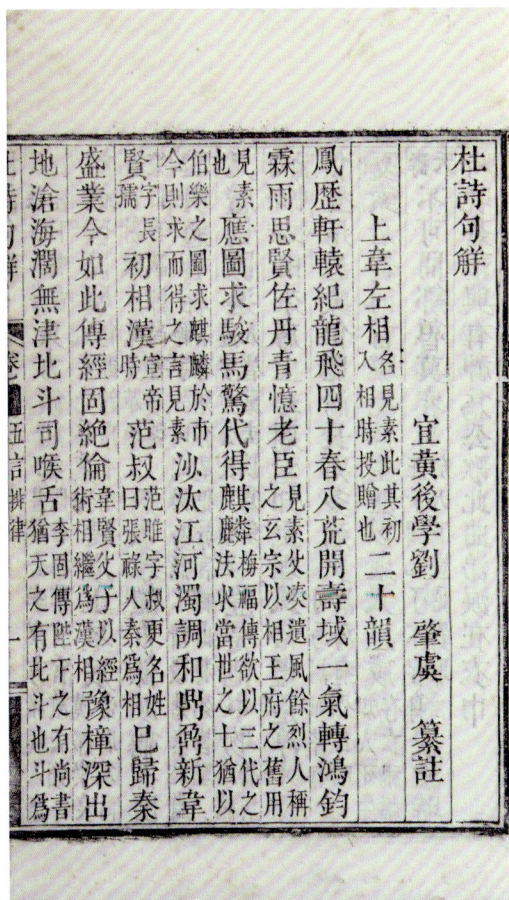

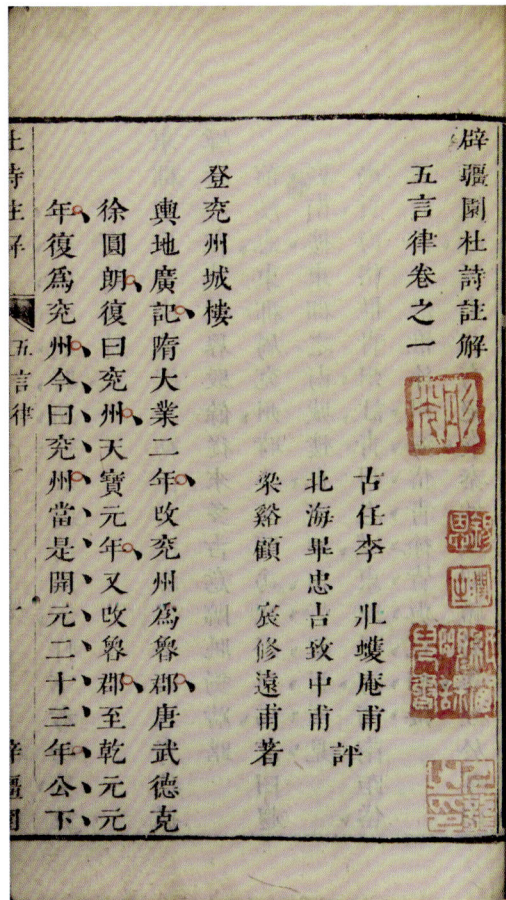

219 杜詩句解二卷

（清）劉肇虞纂註

清乾隆刻本。半葉十行，行二十字，小字雙行同。下黑口，四周雙邊。框高18.9厘米，寬13.7厘米。

220 辟疆園杜詩註解五言律十二卷七言律五卷年譜一卷

（唐）杜甫撰　（清）顧宸註

清康熙二年（1663）顧氏辟疆園刻本。半葉九行，行二十一字。白口，左右雙邊。框高19.8厘米，寬14厘米。

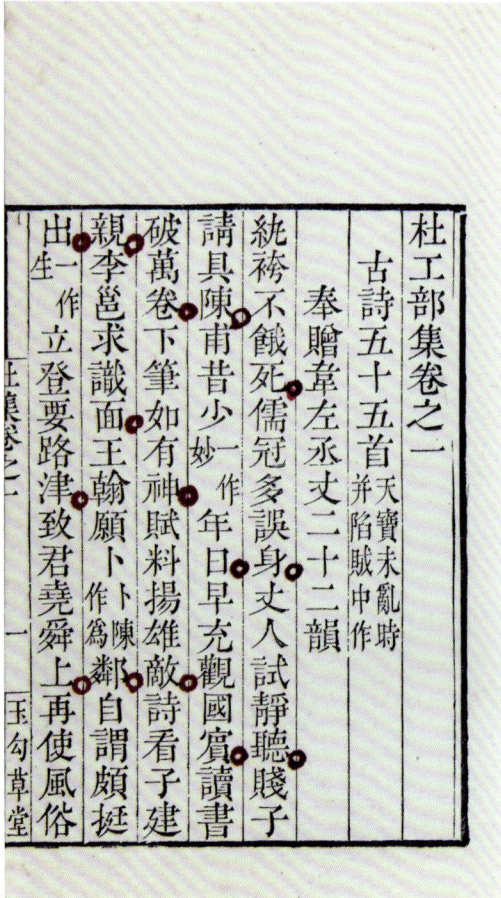

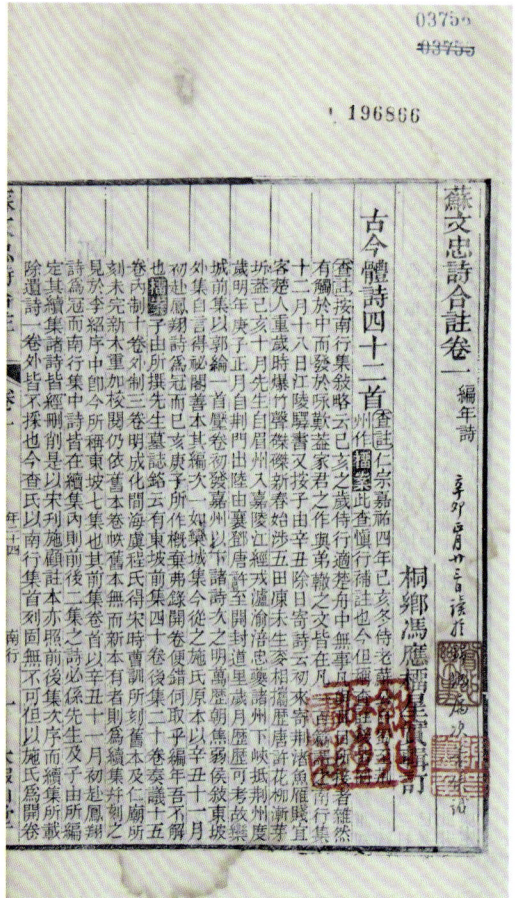

221 杜工部集二十卷首一卷諸家詩話一卷唱酬題詠附録一卷

（唐）杜甫撰

清乾隆五十年（1785）玉勾草堂刻本。半葉八行，行十七字，小字雙行同。上下黑口，左右雙邊。框高 12.7 厘米，寬 9.5 厘米。

222 蘇文忠公詩合註五十卷首一卷

（宋）蘇軾撰　（清）馮應榴輯

清乾隆眉山紗縠行三蘇祠刻本。半葉十一行，行二十六字，小字雙行三十四字。白口，左右雙邊。框高 19.7 厘米，寬 14.5 厘米。

東坡先生詩集卷之一

紀行

宋眉山蘇　軾子瞻著

宋永嘉王十朋龜齡纂集

明長洲陳仁錫明卿評閱

紀行

壬寅二月有詔令郡吏分往屬縣減決囚禁月

十三日受命出府至寶雞虢郿盩厔四縣既畢

事因朝謁太平宮而宿于南谿谿堂遂並南山

而西至樓觀大秦寺延生觀仙游潭十九日乃

歸作詩五百言以記凡所經歷者寄子由

蘇文忠詩合註卷一　編年詩

桐鄉馮應榴星實輯訂

古今體詩四十二首

---

223 東坡先生詩集三十二卷

（宋）蘇軾撰　（宋）王十朋輯　（明）陳仁錫評閱

明崇禎刻本。半葉十行，行二十字，小字雙行同。白口，四周單邊。框高21.2厘米，寬15.1厘米。

224 蘇文忠公詩合註五十卷首一卷

（宋）蘇軾撰　（清）馮應榴輯

清乾隆刻本。半葉十一行，行二十六字，小字雙行三十四字。白口，左右雙邊。框高19厘米，寬14.5厘米。

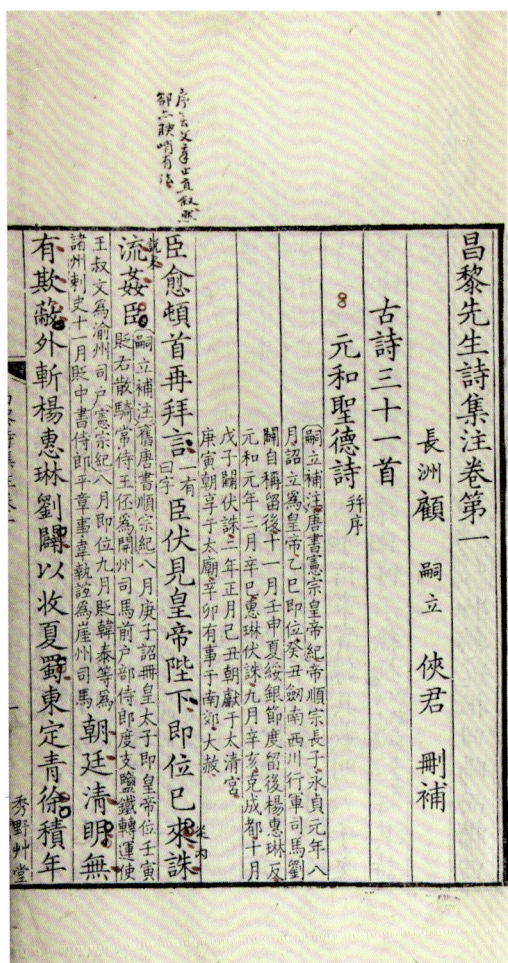

225 昌黎先生詩集註十一卷

（唐）韓愈撰　（清）顧嗣立删補

清康熙三十八年（1699）秀野草堂刻本。半葉十一行，行二十字，小字雙行三十字。白口，左右雙邊。框高 19.4 厘米，寬 15 厘米。

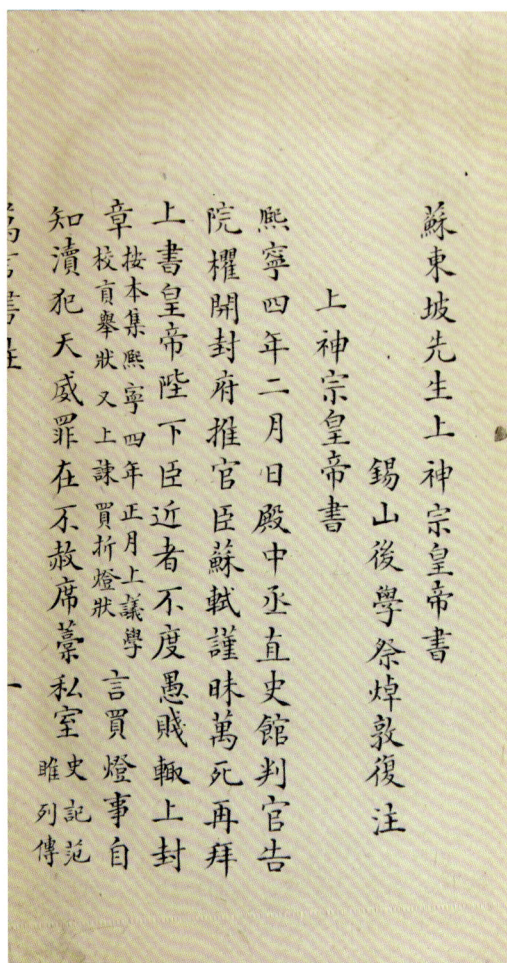

226 蘇東坡先生上神宗皇帝書註一卷

（宋）蘇軾撰　（清）蔡焯註

清乾隆抄本。半葉八行，行十六字，小字雙行二十字。

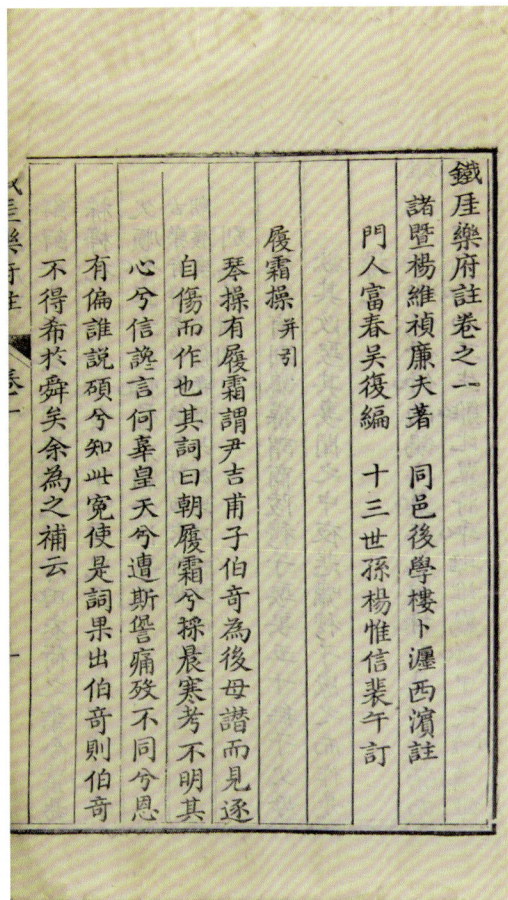

右霜操

琴操有履霜謂尹吉甫子伯奇為後母譖而見逐
自傷而作也其詞曰朝履霜兮採晨寒芳不明其
心今信讒言何辜皇天兮遭斯譖痛歿不同兮恩
有偏誰說碩兮知此寃使是詞果出伯奇則伯奇
不得希於舜矣余為之補云

諸暨楊維禎廉夫著　同邑後學樓卜瀍西濱註
門人富春吳復編　十三世孫楊惟信裝午訂

鐵厓樂府註卷之一

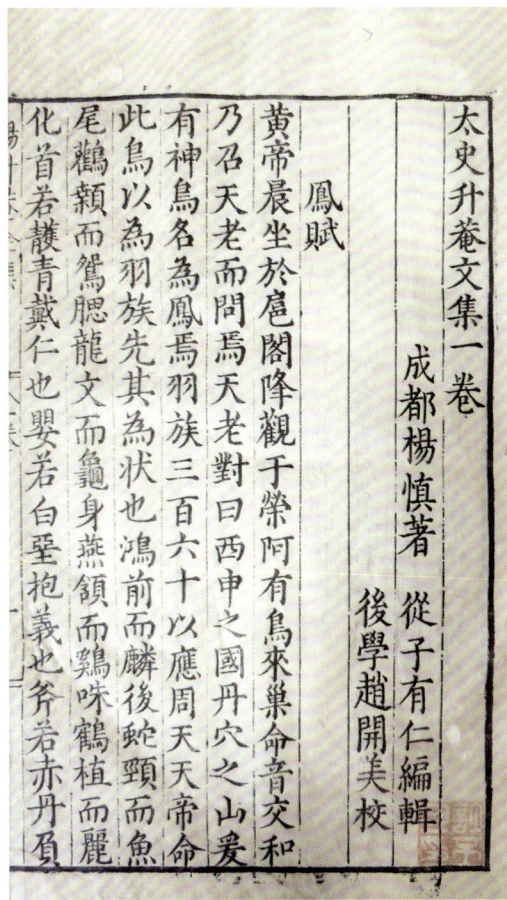

鳳賦

黃帝晨坐於虛閣降觀于滎阿有鳥來巢命音交和
乃召天老而問焉天老對曰西申之國丹穴之山爰
有神鳥名為鳳焉羽族先其為狀也鴻前而麟後蛇頸而魚
此鳥以為羽族三百六十以應周天天帝命
尾鸑頠而鴛龍文而龜身燕頷而雞味鶴植而麗
化首若髮青戴仁也嬰若白壑抱義也齐若亦丹頁

太史升菴文集一卷

成都楊慎著　從子有仁編輯
後學趙開美校

---

227 鐵厓樂府註十卷

（元）楊維禎撰　（清）樓卜瀍註

清乾隆三十九年（1774）刻本。半葉十行，
行二十二字，小字雙行同。白口，四周雙邊。
框高18.5厘米，寬13.7厘米。

228 太史升菴文集八十一卷目錄四卷

（明）楊慎撰　（明）趙開美校

明萬曆十年（1582）刻本。半葉十行，行
二十字。白口，四周單邊。框高21.6厘米，
寬14厘米。

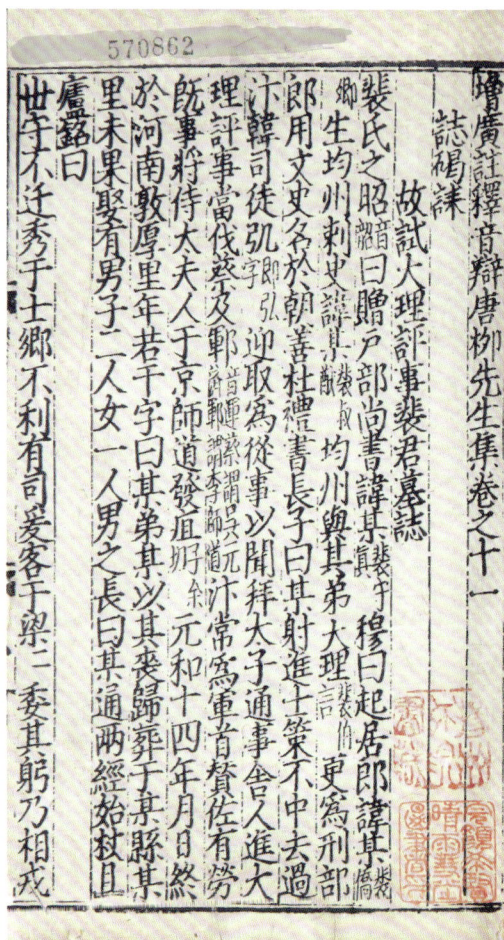

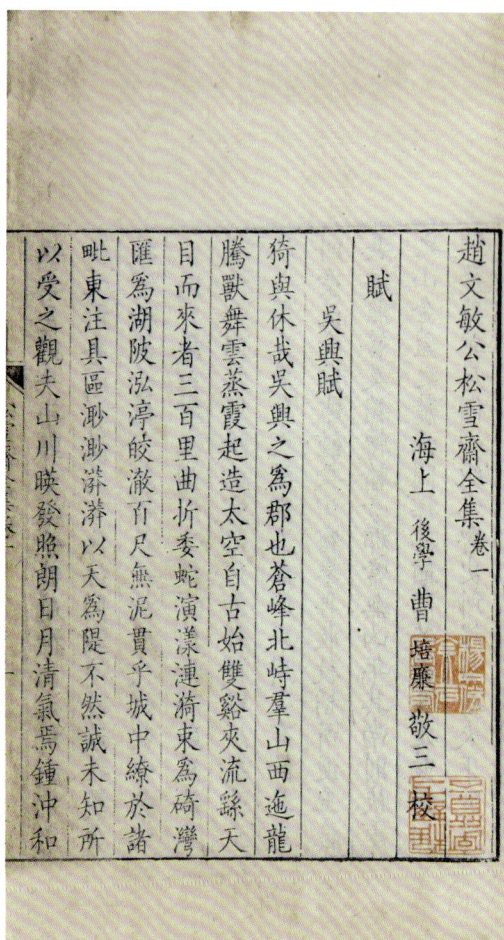

229 增廣註釋音辯唐柳先生集四十三卷別集二卷外集二卷（存卷十一至四十三）

（唐）柳宗元撰　（宋）童宗說注釋　（宋）張敦頤音辨　（宋）潘緯音義

明初刻本。半葉十三行，行二十三字，小字雙行同。上下黑口，四周雙邊。框高20.4厘米，寬12.6厘米。

230 趙文敏公松雪齋全集十卷外集一卷續集一卷

（元）趙孟頫撰

清康熙刻本。半葉十行，行十九字。白口，左右雙邊。框高16.7厘米，寬13.5厘米。

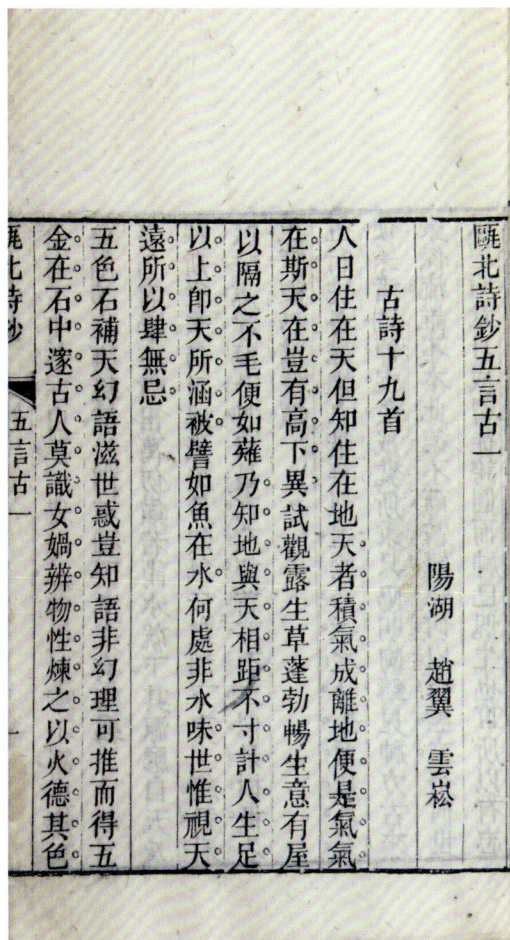

甌北詩鈔五言古一

古詩十九首

陽湖　趙翼　雲崧

人日住在天但知住在地天者積氣成離地便是氣氣
在斯天在豈有高下異試觀露生草蓬勃暢生意有屋
以隔之不毛便如薙乃知地與天相距不寸計人生足
以上卽天所涵被譬如魚在水何處非水味世惟視天
遠所以畢無忌
五色石補天幻語滋世惑豈知語非幻理可推而得五
金在石中邃古人莫識女媧辨物性煉之以火德其色

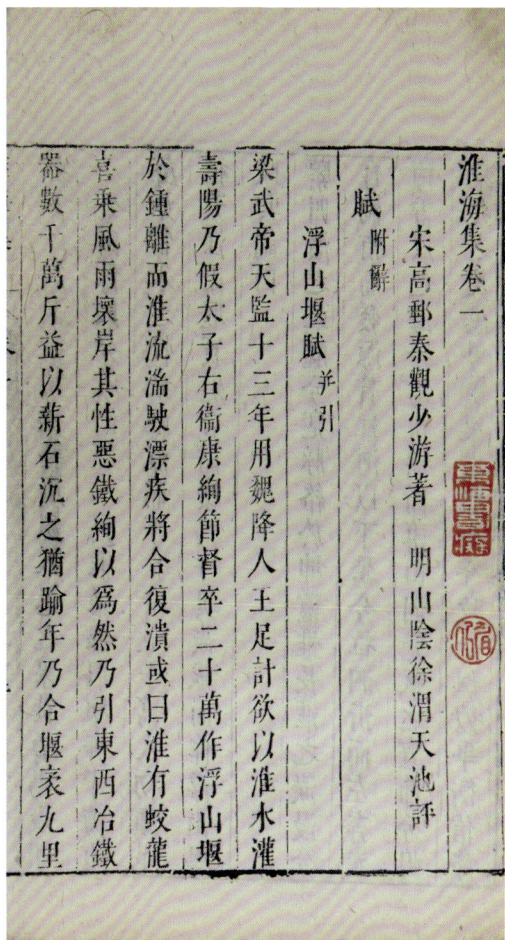

淮海集卷一

宋高郵秦觀少游著
明山陰徐渭天池評

賦附辭

浮山堰賦并引

梁武帝天監十三年用魏降人王足計欲以淮水灌
壽陽乃假太子右衛率康絢節督率二十萬作浮山堰
於鍾離而淮流湍駛漂疾將合復潰或曰淮有蛟龍
喜來風雨壞岸其性惡鐵絢以爲然乃引東西冶鐵
器數十萬斤益以薪石沉之猶踰年乃合堰表九里

231 甌北詩鈔二十卷

（清）趙翼撰

清乾隆刻本。半葉十行，行二十一字，小字雙行三十二字。白口，左右雙邊。框高18厘米，寬14厘米。

232 淮海集四十卷后集六卷長短句三卷

（宋）秦觀撰　（明）徐渭評

詩餘一卷

（宋）秦觀撰　（明）鄧漢章輯

明末段之錦刻本。半葉九行，行二十字。白口，左右雙邊。框高20.7厘米，寬15厘米。

清江貝先生詩集卷一

賦

鶴賦

後學金　檀　星輅　編輯

姪　弘勳　元功　校

余竊悲此崑閬之靈禽兮胡爲獨處而無鄰誠仙人之
駢驥兮閱寒暑兮三千飢不碟乎腐鼠兮渴不飲乎盜
泉生既因而憔悴兮夜長鳴而徹天月朦朧而將曙兮
風淅瀝而戒寒尚蹁躚而欲舞兮終磊落其如人戀青
田之故林兮盼華亭之大澤路中絶而忘歸兮媒甚勞
而寡匹頂的的以補丹兮毛氄氄而儷雪冀偁君之曉
燕翼堂

攣經室詩録

卷一

五言古詩

同人登岱至對松山日暮而返

未及上翠微暫攬松山勝嵌巖置修除緣壁起盤
磴拂衣千仞上闌危不可凭崒高多多陰天半風
初勁坐我萬松閒蒼翠互相競白雲橫不流中有
新寒凝林蟄生幽情泉石動清聽已忘世人情義
彼飛鳥性

歷城禹登山白雲峯東三里至佛峪

茲山何岧嶤神禹之所登東行入虛谷泉石媚清

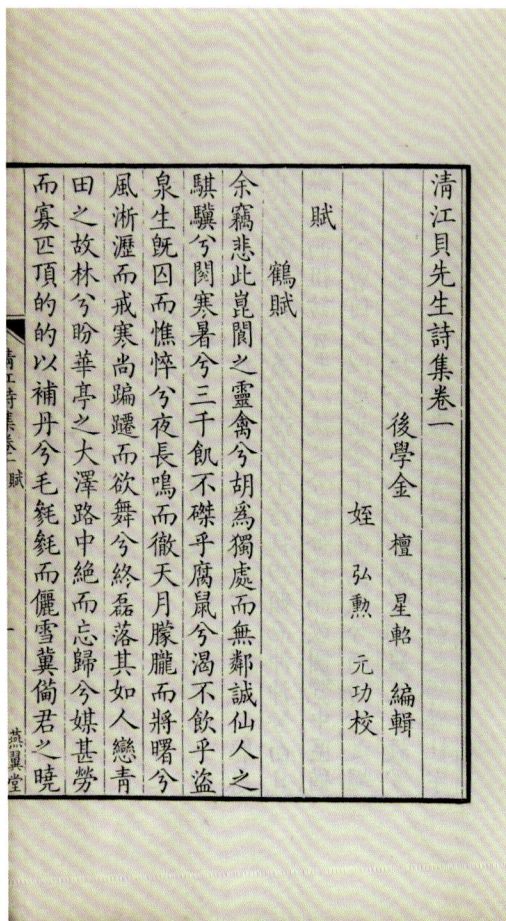

233 清江貝先生詩集十卷文集三十卷附録一卷

（明）貝瓊撰　（清）金檀輯

清康熙五十八年（1719）燕翼堂刻本。半葉十一行，行二十一字。白口，左右雙邊。框高 18.1 厘米，寬 13.7 厘米。

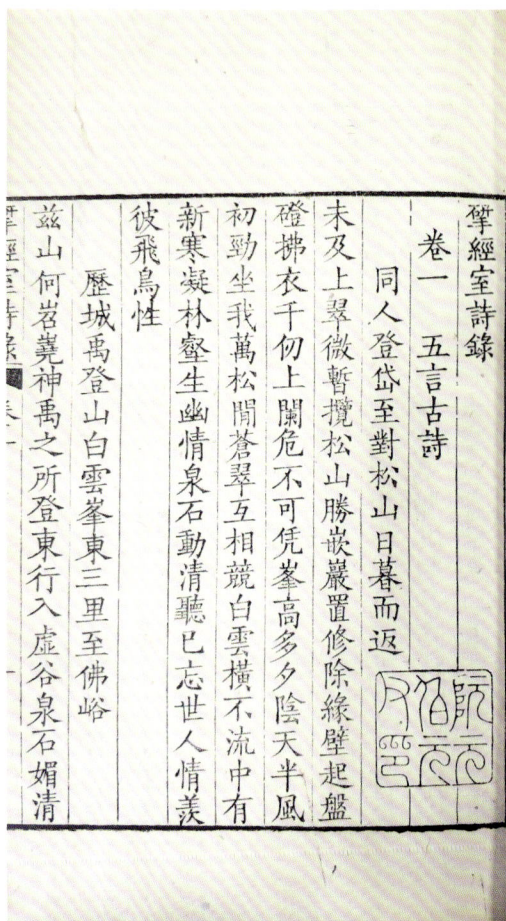

234 攣經室詩録五卷

（清）阮元撰

清道光十三年（1833）汪瑩刻本。半葉十行，行十九字。白口，左右雙邊。框高 17.2 厘米，寬 13.4 厘米。

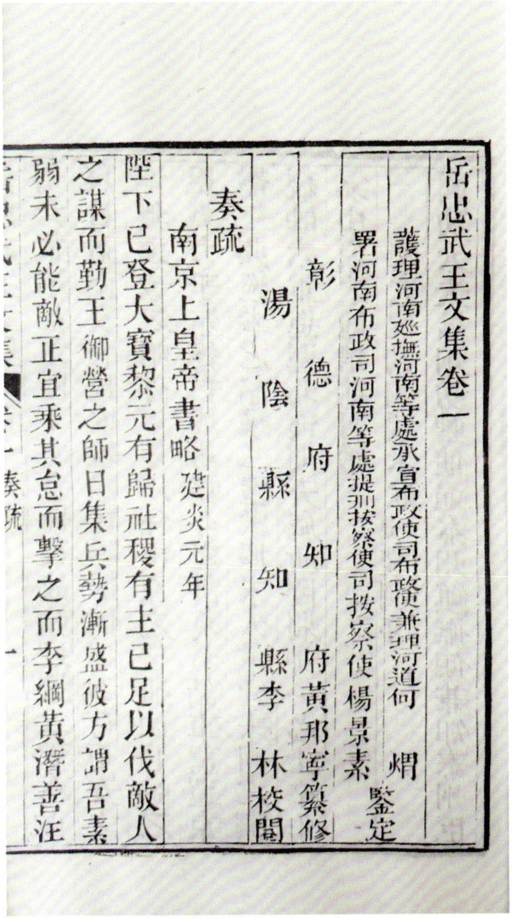

岳忠武王文集卷一

護理河南巡撫河南等處承宣布政使司布政使兼理河道何　煟
署河南布政司河南等處提刑按察使司按察使楊景素　鑒定

彰德府知府黃邦寧纂修

湯陰縣知縣李林校閱

奏疏

南京上皇帝書略　建炎元年

陛下已登大寶黎元有歸社稷有主已足以伐敵人
之謀而勤王御營之師日集兵勢漸盛彼方謂吾素
弱未必能敵正宜乘其怠而擊之而李綱黃潛善汪

岳忠武王文集　卷一　奏疏　一

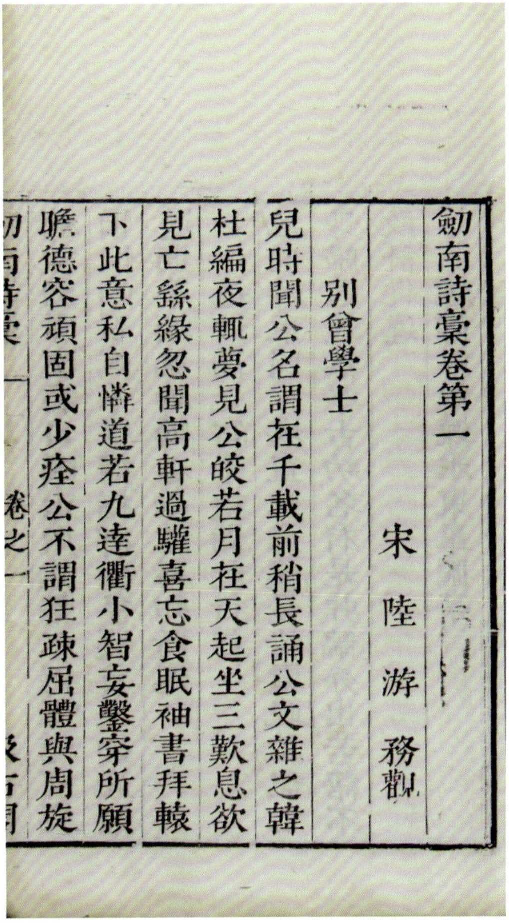

劍南詩稾卷第一

宋　陸游　務觀

別曾學士

兒時聞公名謂在千載前稍長誦公文雜之韓
杜編夜輙夢見公皎若月在天起坐三歎息欲
見亡繇緣忽聞高軒過驩喜忘食眠袖書拜轅
下此意私自憐道若九達衢小智妄鑿穿所願
聽德容頑固或少痊公不謂狂疎屈體與周旋

劍南詩稾　卷之一

235 岳忠武王文集八卷首一卷末一卷目録八卷

（宋）岳飛撰　（清）何煟、楊景素鑒定　（清）黃邦寧纂修

清乾隆刻本。半葉十行，行二十字。白口，四周雙邊。框高 17.1 厘米，寬 12 厘米。

236 劍南詩稿八十五卷

（宋）陸遊撰

明末毛氏汲古閣刻本。半葉八行，行十八字，小字雙行同。白口，左右雙邊。框高 18.5 厘米，寬 14.5 厘米。

龍川文集卷之一

書疏

上孝宗皇帝第一書

臣竊惟中國天地之正氣也天命之所鍾也人心
之所會也衣冠禮樂之所萃也百代帝王之所以
相承也豈天地之外夷狄邪氣之所可奸哉不幸
而姦之至於挈中國衣冠禮樂而寓之偏方雖天
命人心猶有所繫然豈以是爲可久安而無事也
使其君臣上下苟一朝之安而息心於一隅凡其

湖海樓詩集卷第一

宜興陳維崧其年著　從孫淮同男　梣梣林本編校

五言古

古詩二首

東南有逸女芬芳蘊幽蘭被服羅衣裳婉約金翠環青
樓百尺餘蔥蔥入雲間終朝坐流黄倦首織冰紈側聞
東隣子弈弈自云妍白玉爲君門芙蓉爲君顔摽梅誰
不怨義分聊所安泠泠整雲和淚落不成彈
種桃南園下桃實何離離種蘭北園陰清芬坐相移人
生勿長慮萬事永可知結髮誓綢繆青蠅營裳衣握手

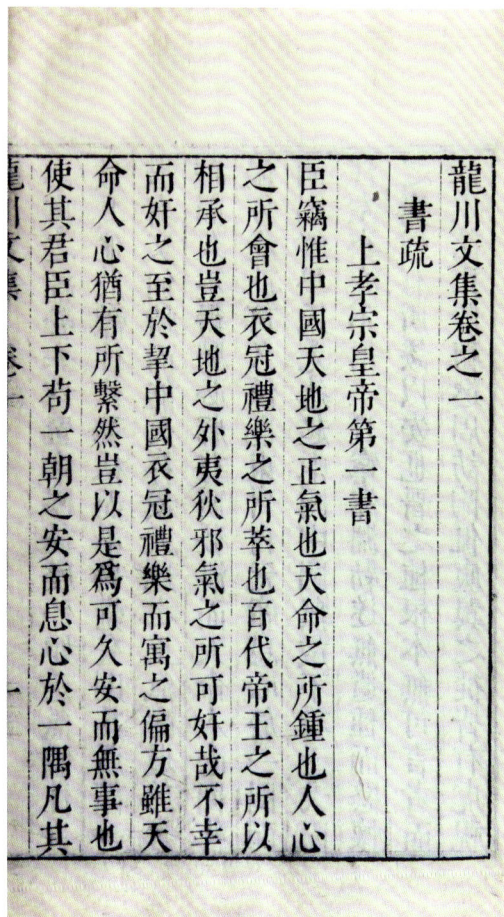

237 龍川文集三十卷

（宋）陳亮撰

明崇禎六年（1633）鄔寶士刻本。半葉九行，
行十九字。白口，四周單邊。框高 19.7 厘米，
寬 14 厘米。

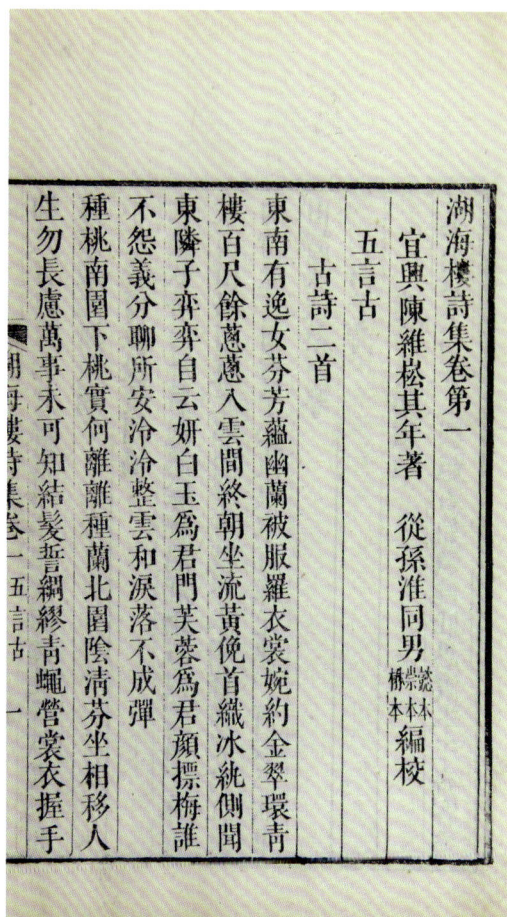

238 湖海樓全集五十一卷

（清）陳維崧撰

清乾隆六十年（1795）刻本。半葉十行，行
二十一字，小字雙行同。白口，左右雙邊。
框高 18.7 厘米，寬 13.6 厘米。

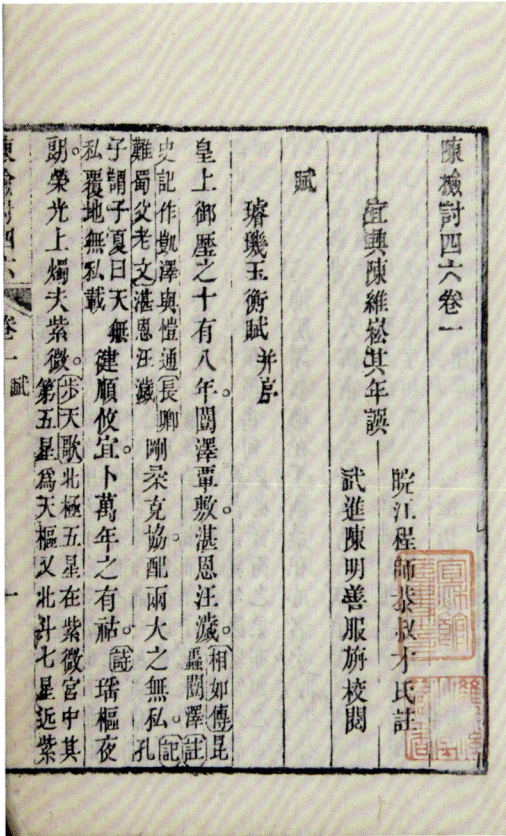

239 陳檢討四六二十卷

（清）陳維崧撰　（清）程師恭註

清乾隆三十五年（1770）刻本。半葉九行，
行二十一字，小字雙行同。白口，左右雙邊。
框高 15.3 厘米，寬 11.7 厘米。

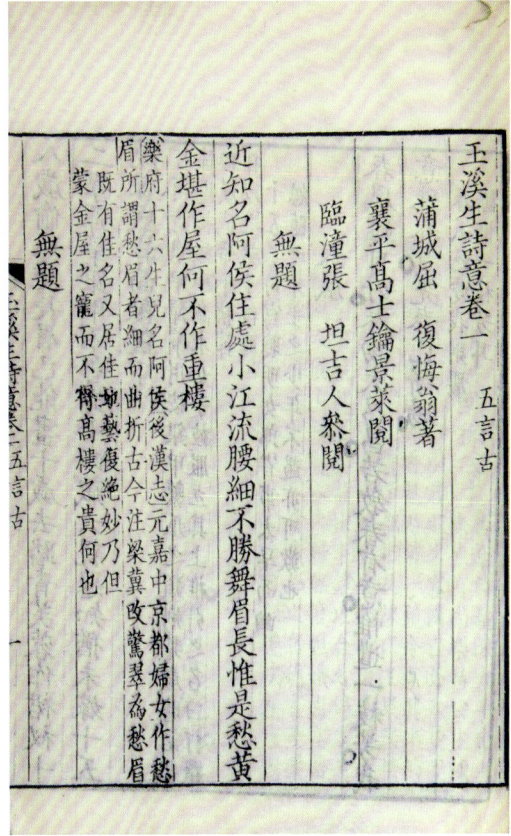

240 玉溪生詩意八卷

（清）屈復撰

清乾隆刻本。半葉十行，行二十一字，小字
雙行同。白口，左右雙邊。框高 18.4 厘米，
寬 14.7 厘米。

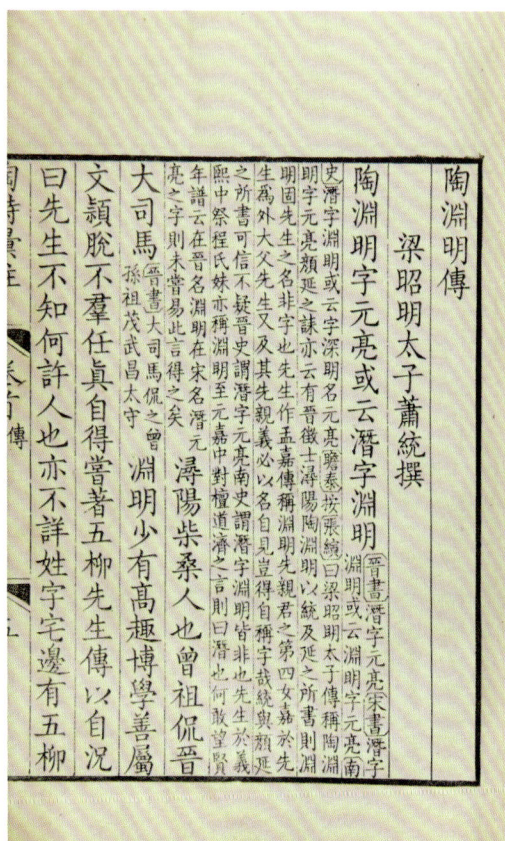

241 陶詩彙註四卷首一卷末一卷

（清）吳瞻泰輯

清康熙拜經堂刻本。半葉十行，行十九字，小字雙行不等。白口，四周單邊。框高17.5厘米，寬13.8厘米。

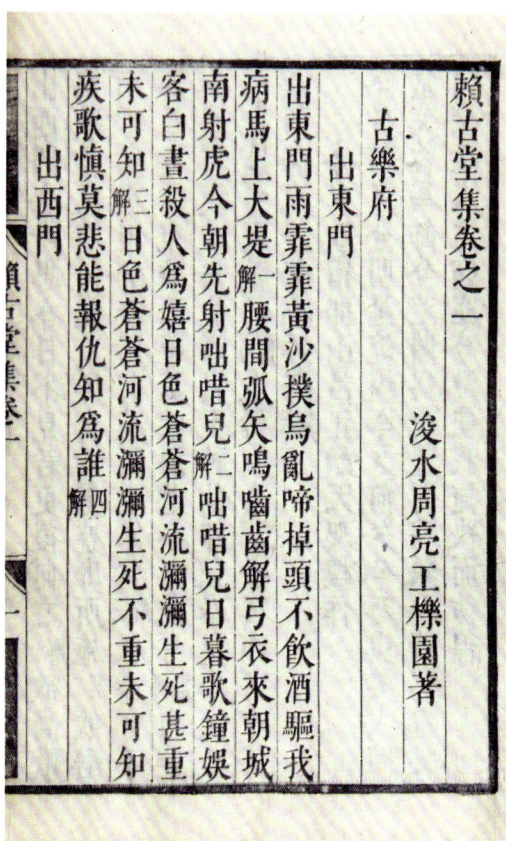

242 賴古堂集二十四卷附錄一卷

（清）周亮工撰

清康熙十四年（1675）周在浚刻本。半葉十一行，行十九字。上下黑口，四周單邊。框高19.8厘米，寬13.6厘米。

欧陽永叔集選卷一

會稽陸夢龍君啓評選

武林顧懋樊霖調參訂

樂府

擬玉臺體七首 選二首

夜夜曲

浮雲吐明月流影玉階陰千里雖共照安知夜夜心

落日窗中坐

朝聞驚禽去日暮見禽歸瑤琴坐不理含情復爲誰

意長

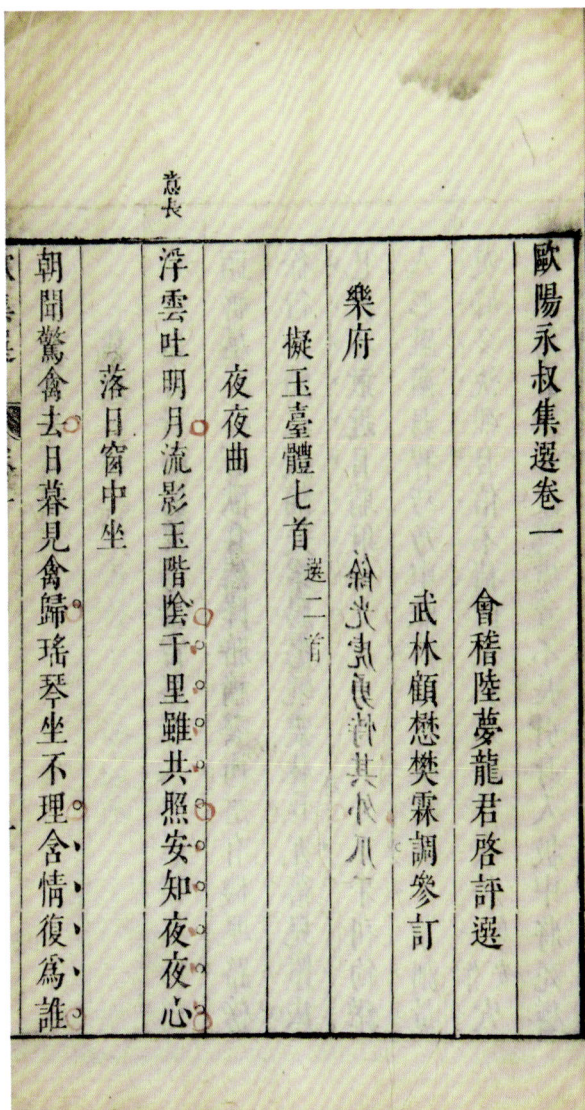

243 歐陽永叔集選十六卷

（宋）歐陽修撰　（明）陸夢龍評選

明崇禎刻本。半葉九行，行二十字。白口，四周單
邊。框高 19 厘米，寬 14.2 厘米。

歐陽文忠公文抄卷一

準詔言事上書

歐公經畧已具見其概矣

月日臣脩謹昧眾再拜上書于皇帝陛下臣近
準詔書許臣上書言事臣學識愚淺不能廣引
深遠以明治亂之原謹條當今急務條為三弊
五事以應詔書所求伏惟陛下裁擇臣聞自古
王者之治天下雖有憂勤之心而不知致治之

法所謂親而離之者亦伐交之策也元昊叛逆
以來幸而屢勝常有輕視諸將之心今又見朝
廷北憂戎虜方經營於河朔必謂我師不能西
出今乘其驕怠正是疾驅急擊之時此兵法所
謂出其不意者此取勝之上策也前年西將有
請出師況今元昊有可攻之勢此不可失之時
其出攻者當時賊氣方盛我兵未練朝廷尚許
彼方幸吾憂河北而不虞我能西征出其不意

244 歐陽文忠公文抄十卷

（宋）歐陽修撰　（明）茅坤評

明吴興閔齊伋刻朱墨套印本。半葉八行，行十八字。白口，四周單邊。框高 20.1 厘米，寬 14.4 厘米。江蘇省珍貴古籍名録號 0941。

左图：

元豐類稿卷之一

五言古詩

李氏素風堂

　　　　　梅峯公重梓

丞相事唐室獨馳三絕名家世在圖史詩書傳後生
耶位遠流澤出令僑輩歲慕替燕坐高居遺世情
翠竹帶書幌青山臨酒甕已使檐龍遠況開吟誦聲
自可化鄉里登惟門戶榮果有過庭子穎然村思精
抱璞已三獻驚人當一鳴風義故常在茲堂非偶成
和章友這城東春日

元豐頁高　卷一

右图：

翠娛閣評選徐文長文集

竟陵鍾惺伯敬選
錢塘陸雲龍雨侯
仁和閩艮棟贊皇訂

徐文長集卷一

○○
畫鶴賦

朱冠縞衣四池玄緣鐵塵昂屝金眸央顯長喙易
渚圓吭聞天乘寥歸之高皛小蓉莽之微騫忽一
舉而追九萬之翼亦孤栖而養千歲之玄爾其焦
山瘞銘 弘豐鶴銘 桂陽避彈道林縱歸林束道揚
州貧纏乘軒衛國徒傳甲者之言聞喙華亭雖共

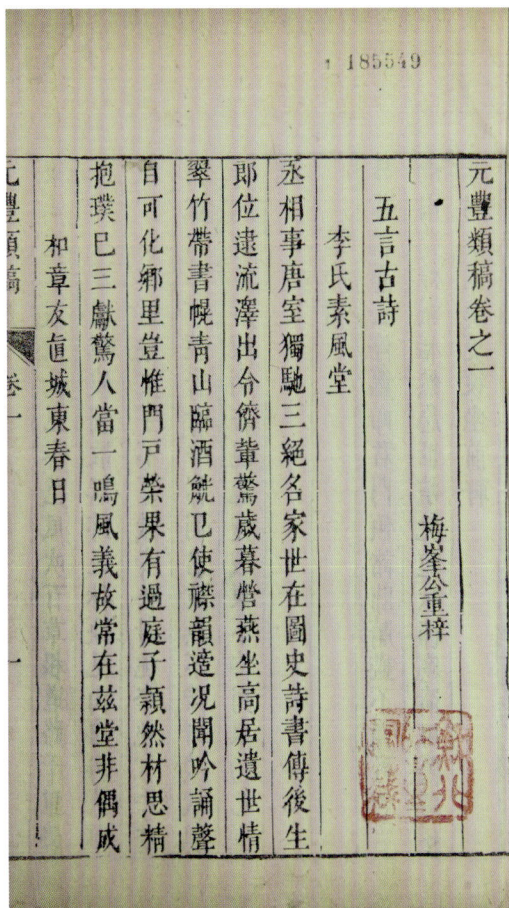

245 元豐類稿五十卷

（宋）曾鞏撰

清乾隆二十八年（1763）梅峯公刻本。半葉十行，行二十字。白口，左右雙邊。框高19.6厘米，寬14.5厘米。

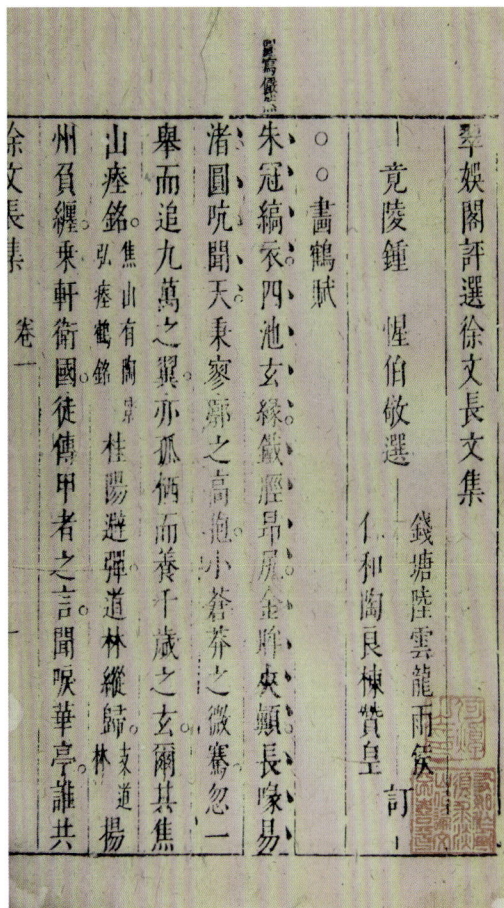

246 翠娛閣評選徐文長文集二卷

（明）鍾惺選

明末刻本。半葉九行，行十九字，小字雙行同。白口，四周單邊。框高20.3厘米，寬13.9厘米。

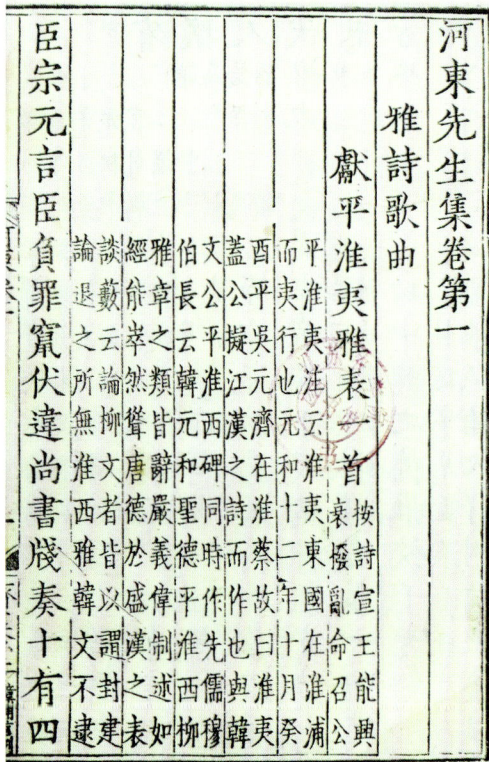

河東先生集卷第一

雅詩歌曲

獻平淮夷雅表一首

平淮夷雅表一首　按詩宣王能命召
而夷行也　注云元和　公召
盖公平擬江元西和　國在淮浦
經俞卒然類皆淮文　時西儒豫與韓夷
論談退蔽之所論無　作德皆以謂不封
臣宗元言臣負罪竄伏違尚書讞奏十有四

霏屑集卷之一

長洲朱載颺瑚山鈔

天青

天色本元以其空邈爲日月光映故青山則或土或
石黃赤白黑不齊或草木茂盛則緑其見爲青者晴
霽之候遠而且高日月照之色亦與天相若矣然則
色莫貴乎青亦必首乎青青者春也仁也春包三時
仁包三德故曰元者善之長

陰陽

---

247 河東先生集四十五卷外集二卷龍城録二卷附録二卷

（唐）柳宗元撰

明嘉靖郭雲鵬濟美堂刻本。半葉九行，行十七字，小字雙行同。上下黑口，四周雙邊。框高20.2厘米，寬13.5厘米。

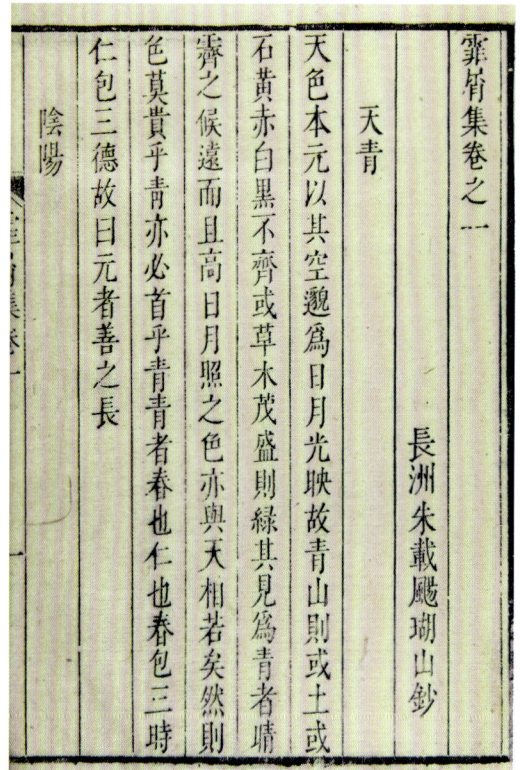

248 霏屑集四卷目録四卷

（清）朱載颺撰

清雍正墨山莊刻本。半葉九行，行二十字，小字雙行同。白口，左右雙邊。框高15厘米，寬10.5厘米。

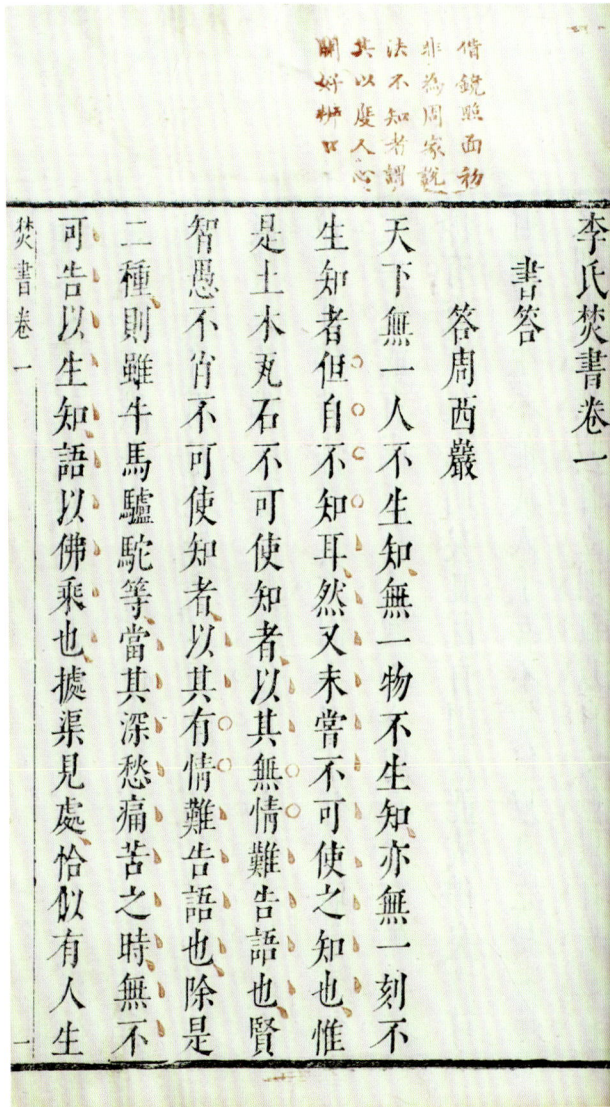

李氏焚書卷一

書答

答周西巖

天下無一人不生知無一物不生知亦無一刻不生知者但自不知耳然又未嘗不可使之知也惟是土木瓦石不可使知者以其無情難告語也賢智愚不肖不可使知者以其有情難告語也除是二種則雖牛馬驢駝等當其深愁痛苦之時無不可告以生知語以佛乘也攄渠見處恰似有人生

焚書卷一

249 李氏焚書六卷

（明）李贄撰

明刻朱墨套印本。半葉九行，行十九字。白口，四周單邊。框高20.1厘米，寬14.7厘米。國家珍貴古籍名録號06124。

總集類

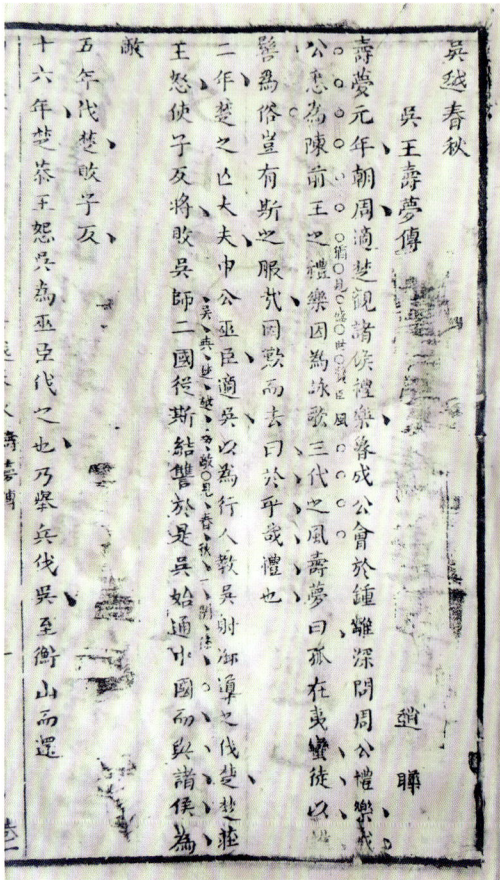

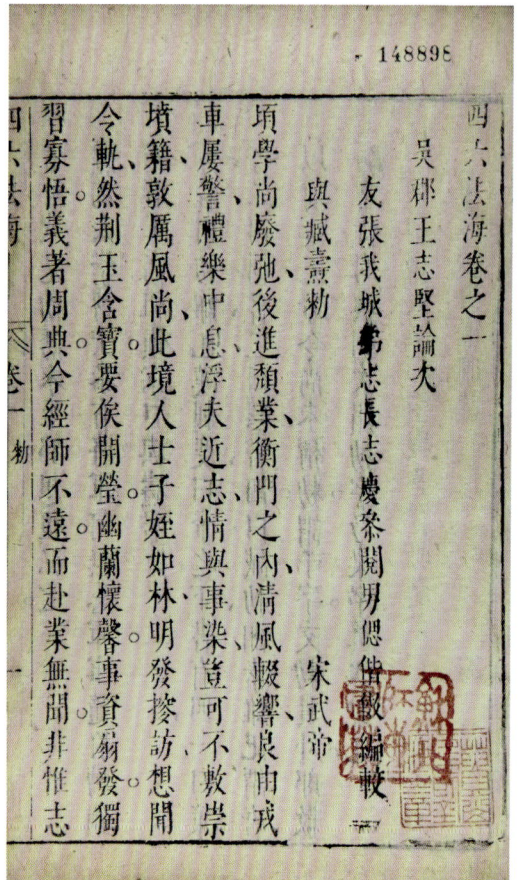

250 漢魏名文乘不分卷

（明）張運泰、余元熹輯

明末刻本。半葉十行，行二十七字。白口，四周單邊。框高 21 厘米，寬 12.3 厘米。

251 四六法海十二卷

（明）王志堅輯

明天啟七年（1627）刻本。半葉九行，行二十字。白口，四周單邊。框高 21 厘米，寬 14.3 厘米。

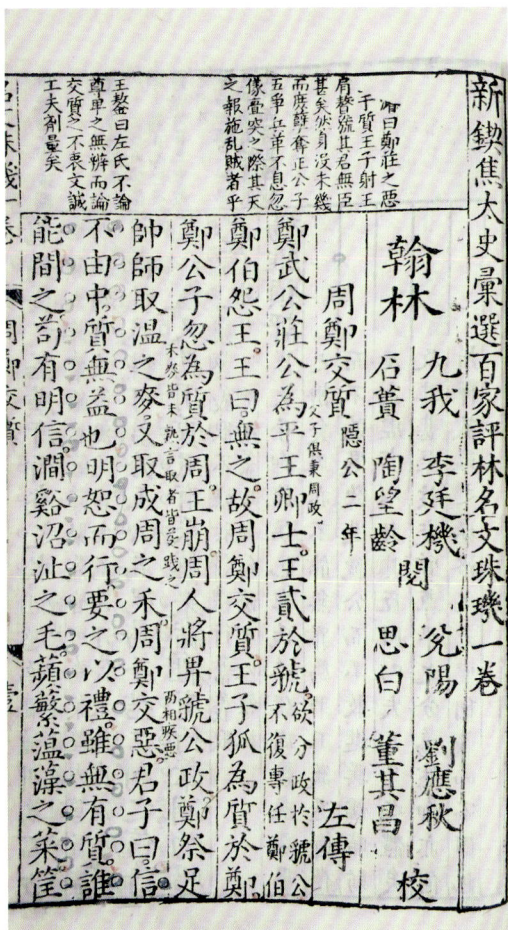

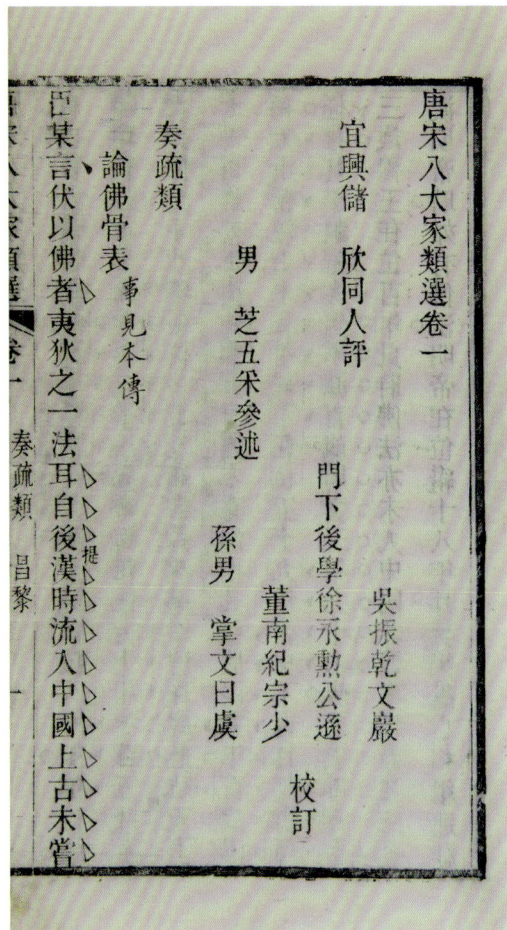

252 新鍥焦太史彙選百家評林名文珠璣十三卷名文珠璣姓氏一卷子書考實一卷子書談藪一卷

（明）焦竑輯　（明）劉應秋、董其昌校

明刻本。半葉十行，行二十字，小字雙行同。白口，四周單邊。框高20.9厘米，寬13厘米。

253 唐宋八大家類選十四卷

（清）儲欣評

清乾隆刻本。半葉八行，行二十五字。白口，左右雙邊。框高19.1厘米，寬11.8厘米。

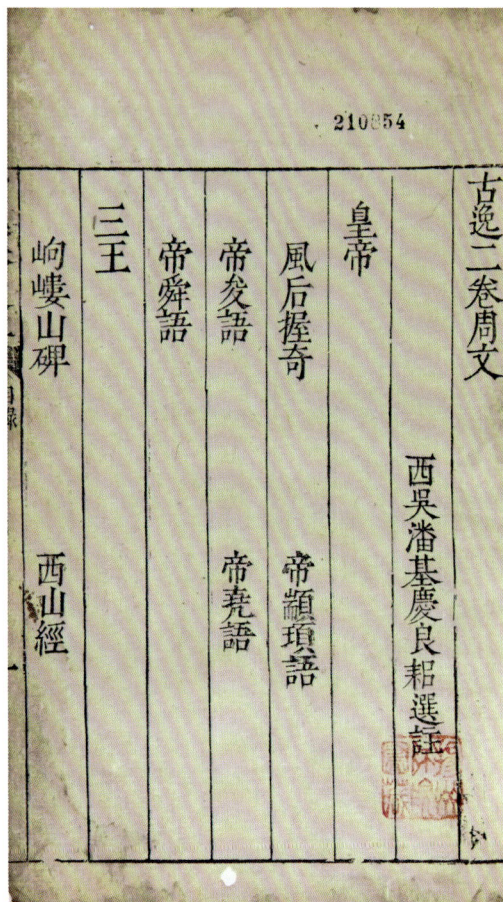

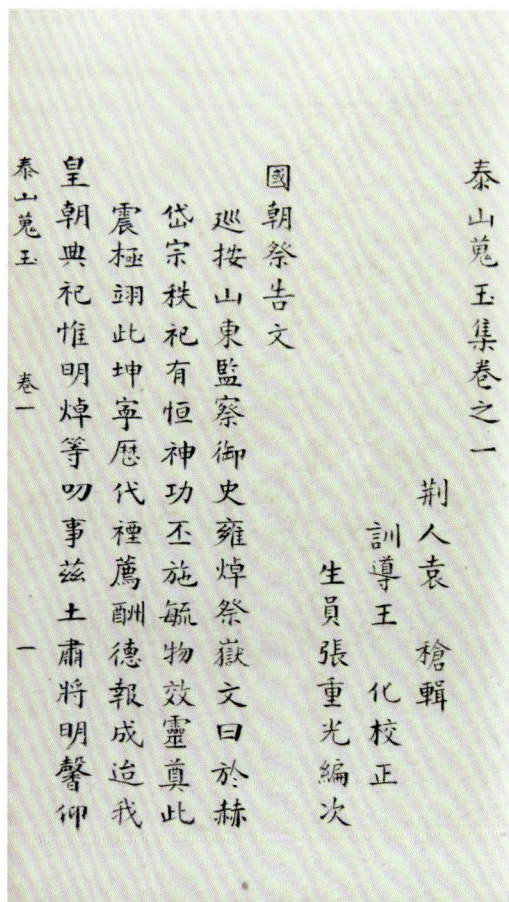

254 古逸書三十卷首一卷末一卷

（明）潘基慶輯

明萬曆刻本。半葉八行，行二十字，小字雙行同。白口，四周單邊。框高 21.4 厘米，寬 15 厘米。

255 泰山蒐玉集二卷

（明）袁檜輯

清抄本。半葉九行，行十七字，小字雙行同。白口。

古文奇賞卷之一

離騷經

古吳陳仁錫選評

屈平

帝高陽之苗裔兮，朕皇考曰伯庸。攝提貞于孟陬兮，惟庚寅吾以降。皇覽揆余于初度兮，肇錫余以嘉名。名余曰正則兮，字余曰靈均。紛吾既有此內美兮，又重之以修能。扈江離與辟芷兮，紉秋蘭以為佩。汩余若將不及兮，恐年歲之不吾與。朝搴阰之木蘭兮，夕攬洲之宿莽。日月忽其不淹兮

唐隨州詩卷第一

唐隨州刺史劉長卿撰

逢雪宿芙蓉山主人

日暮蒼山遠，天寒白屋貧。柴門聞犬吠，風雪夜歸人。

送張起崔載華之閭中

朝無寒士達，家在舊山貧。相送大涯裏，憐君更

贈秦系徵君

公誰讓位五柳獨知貧。惆悵青山路，煙霞老

遠人

256 古文奇賞二十二卷首一卷

（明）陳仁錫輯

明萬曆刻本。半葉十行，行二十字，小字雙行同。白口，四周單邊。框高20厘米，寬15厘米。

257 唐詩百名家全集四百二卷（存二百九十八卷）

（清）席啟寓編

清康熙席氏琴川書屋刻光緒後印本。半葉十行，行十八字。白口，左右雙邊。框高16.6厘米，寬13.3厘米。

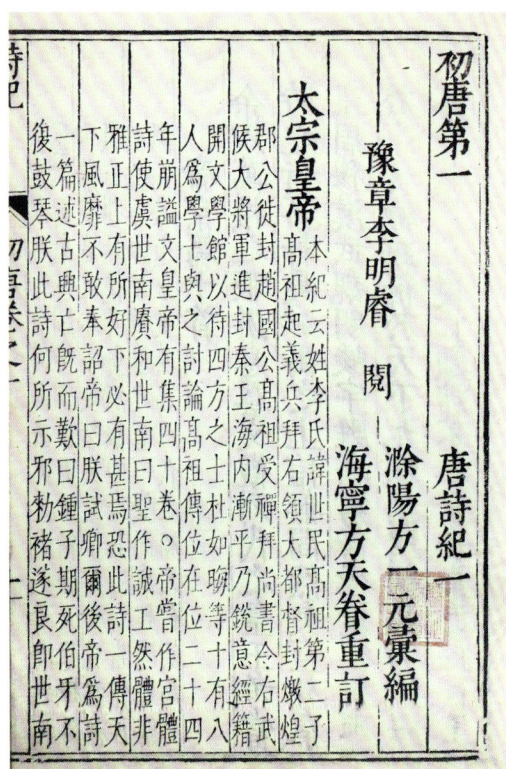

258 唐詩紀一百七十卷目録三十四卷
（明）黄德水、吳琯輯
明萬曆十三年（1585）吳琯刻本。半葉九行，行十九字，小字雙行同。白口，四周雙邊。框高20.2厘米，寬13.7厘米。

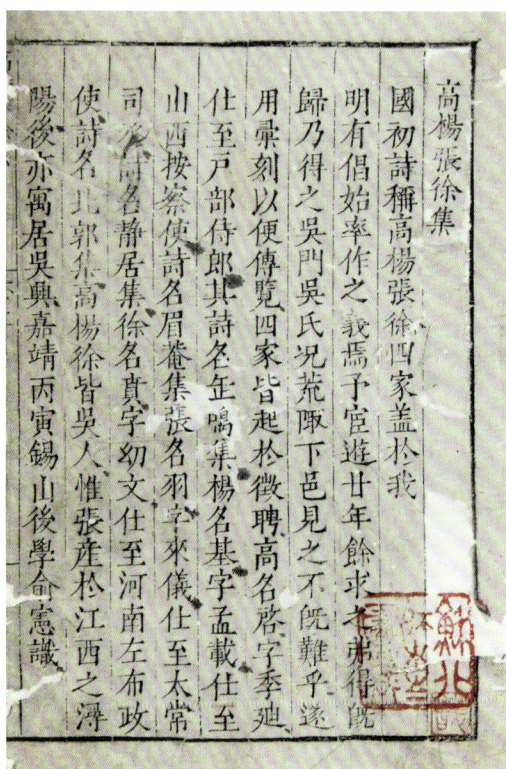

259 高楊張徐集三卷
（明）俞憲編
明隆慶五年（1571）序刊盛明百家詩本。半葉十行，行二十一字。白口，四周單邊。框高18.7厘米，寬12.8厘米。

御選唐詩第一卷

五言古

唐太宗皇帝

帝京篇

　帝姓李氏諱世民神堯次子初建泰
　　邸即開文學館既即位殿左置弘文
　館悉引內學士番宿更休聽朝之間與討論典
　籍雜以文詠詩筆草隸卓越前古至於天文秀發
　沈麗高朗有唐三百年風
　雅之盛帝實有以啟之焉

〔三秦記長安正南秦嶺嶺根水流為秦川〕

秦川雄帝宅　一名樊川魏明帝詩出身秦川愛居伊洛

佩文齋詠物詩選

天類

四言古

八伯歌

明明上天爛然星陳日月光華宏予一人

　　釋天地圖贊

祭地肆瘞郊天致禋氣升太乙精渙九淵至敬不文明

　　　晉 郭璞

德惟虔

　天贊

　　　宋 何承天

軒轅改物以經天人容成造曆大撓創辰龍集有次星

紀乃分

古逸詩

天類

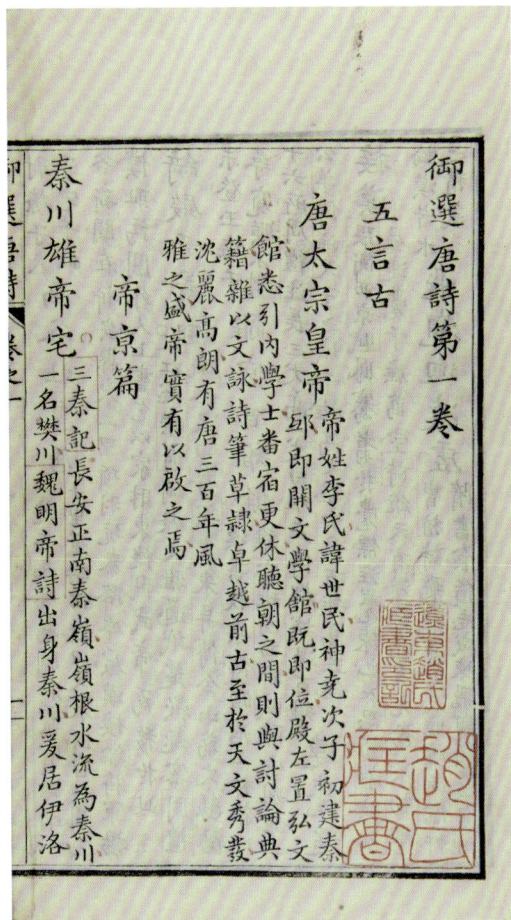

260 御選唐詩三十二卷目録三卷

（清）聖祖玄燁輯　（清）陳廷敬等輯註

清康熙五十二年（1713）內府刻朱墨套印本。半葉七行，行十七字，小字雙行不等。白口，四周雙邊。框高18.9厘米，寬12.4厘米。

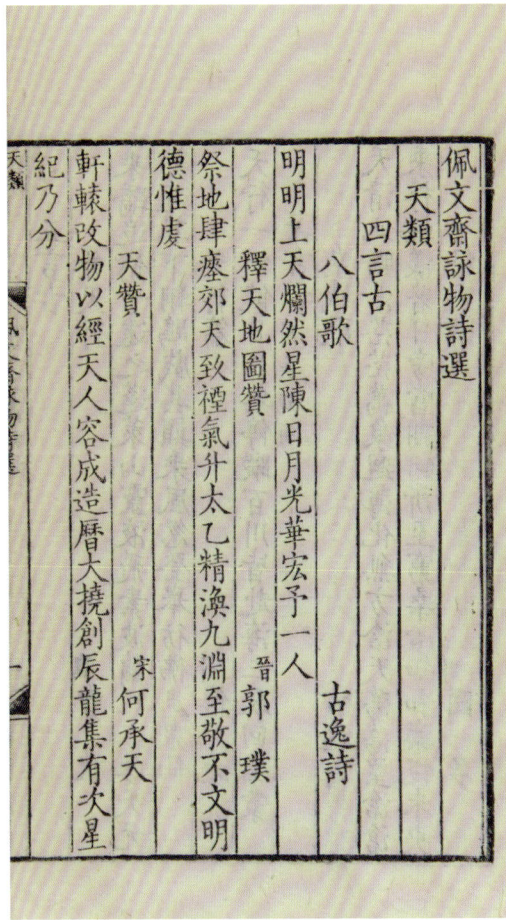

261 佩文齋詠物詩選四百八十六卷

（清）張玉書等輯

清康熙刻本。半葉十一行，行二十一字，小字雙行同。上下黑口，左右雙邊。框高16.5厘米，寬11.5厘米。

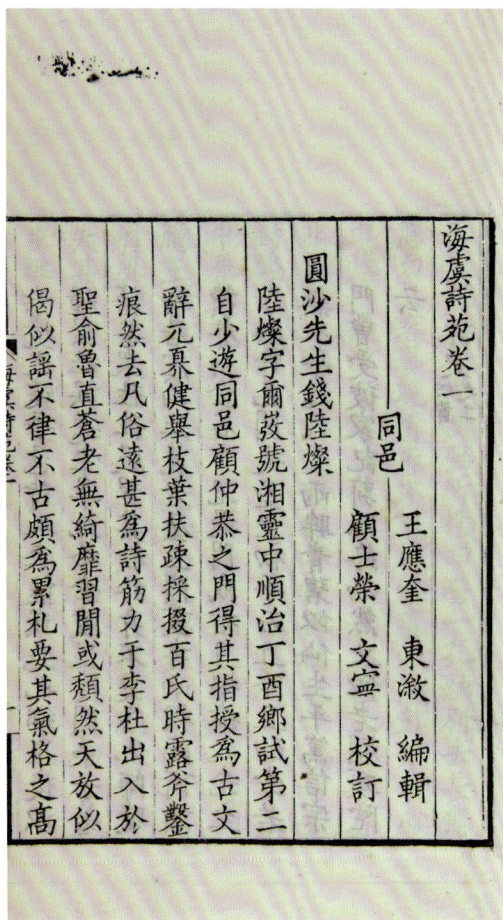

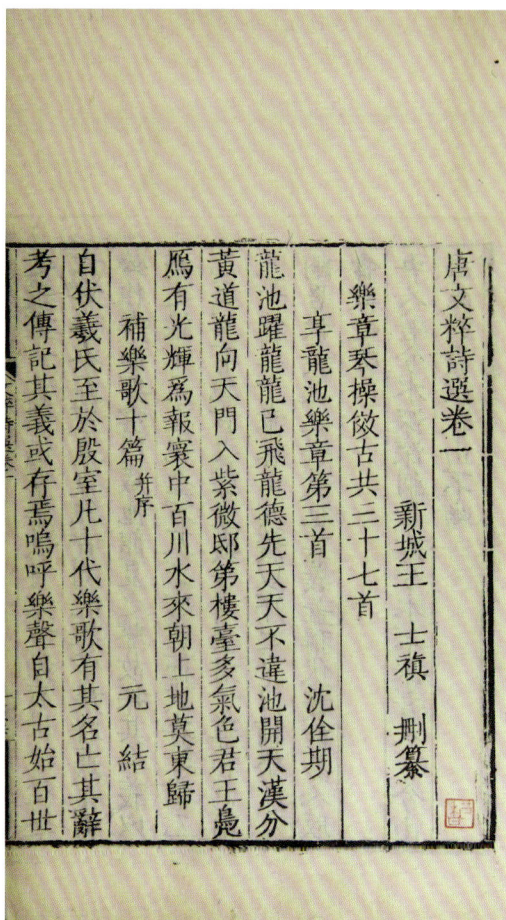

262 海虞詩苑十八卷

（清）王應奎輯

清乾隆刻本。半葉十行,行十九字。上下黑口,左右雙邊。框高16.5厘米,寬13.4厘米。

263 唐文粹詩選六卷

（清）王士禎刪纂

清康熙刻本。半葉十行,行十九字,小字雙行十九字。上下黑口,左右雙邊。框高16.7厘米,寬13.4厘米。

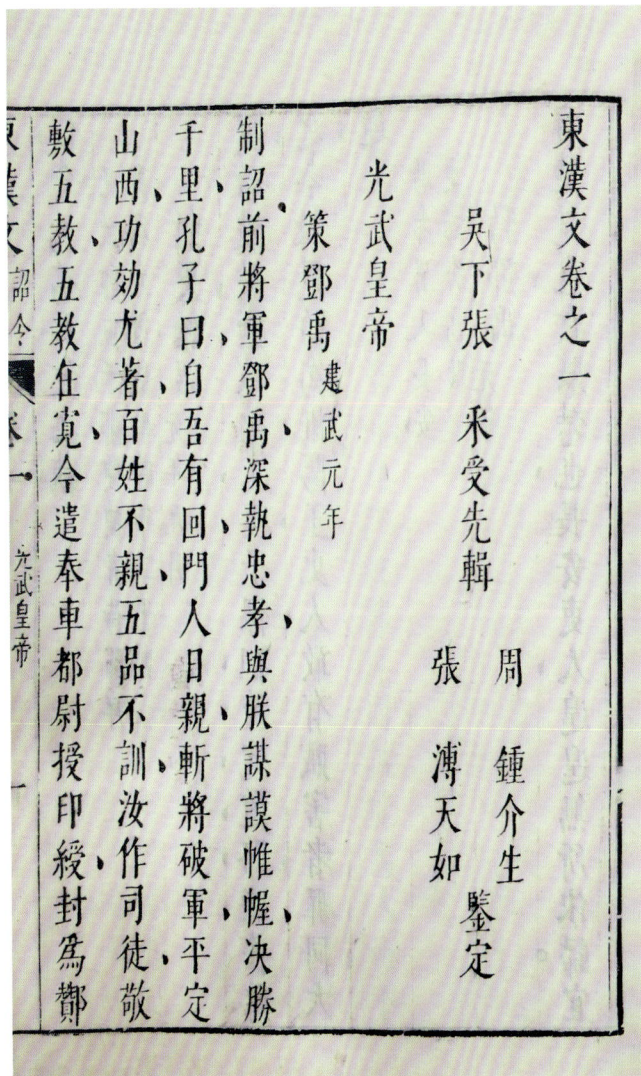

東漢文卷之一

　　　　吳下張　　采受先輯

　　　　　　　　　　周　鍾介生
　　　　　　　　　　張　溥天如　鑒定

光武皇帝

策鄧禹　建武元年

制詔前將軍鄧禹深執忠孝與朕謀謨帷幄決勝
千里孔子曰自吾有回門人日親斬將破軍平定
山西功劾尤著百姓不親五品不訓汝作司徒敬
敷五教五教在寬今遣奉車都尉授印綬封爲鄶

264 東漢文二十卷

（明）張采輯

明崇禎刻本。半葉九行，行十九字，小字雙行同。白口，
左右雙邊。框高 20.8 厘米，寬 13.8 厘米。

梁昭明文選卷之一

明吳郡張鳳翼纂註

延陵吳　芝校訂

賦

○兩都賦序

班固　固字孟堅北地人九歲能屬文……宗時除蘭臺令史遷爲郎大……將軍竇憲出征匈奴以固爲中護軍

明帝修洛陽西土父老怨帝不都長安固作兩都賦以諷

或曰賦者古詩之流也昔成康没而頌聲寢王澤竭

而詩不作於神明作興也

至於武宣之世乃崇禮官考文章

大漢初定日不暇給不……言武帝宣帝始……文化……立禮官考校……

章内設金馬石渠之署外興樂府協律之事銅馬故……

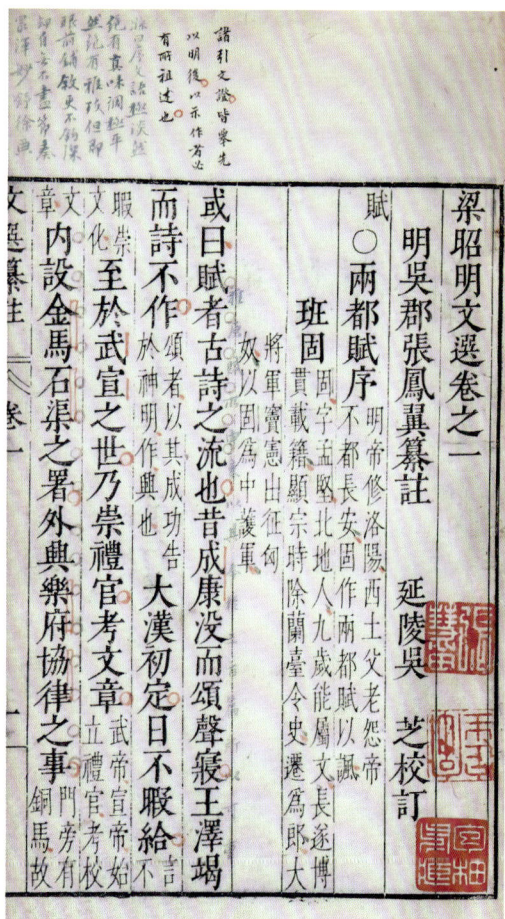

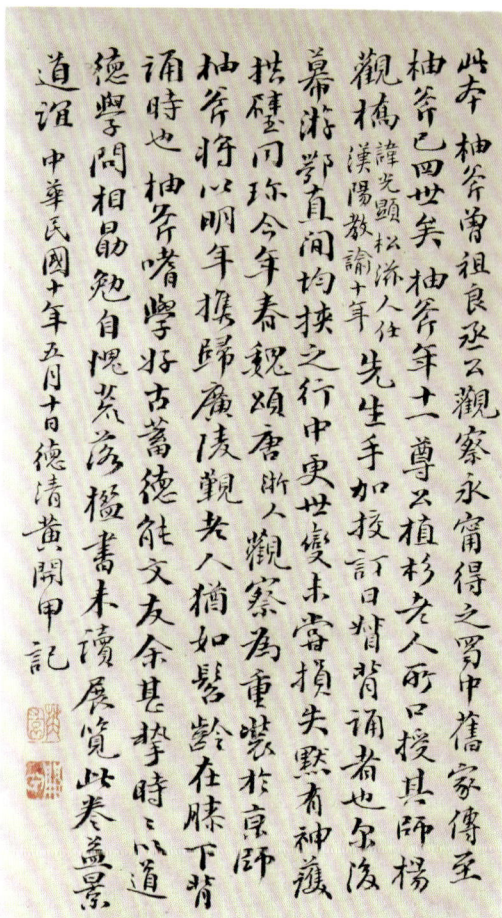

265 文選纂註十二卷

（明）張鳳翼纂注

明萬曆刻本。半葉九行，行二十字，小字雙行同。白口，左右雙邊。框高 20.2 厘米，寬 14.9 厘米。

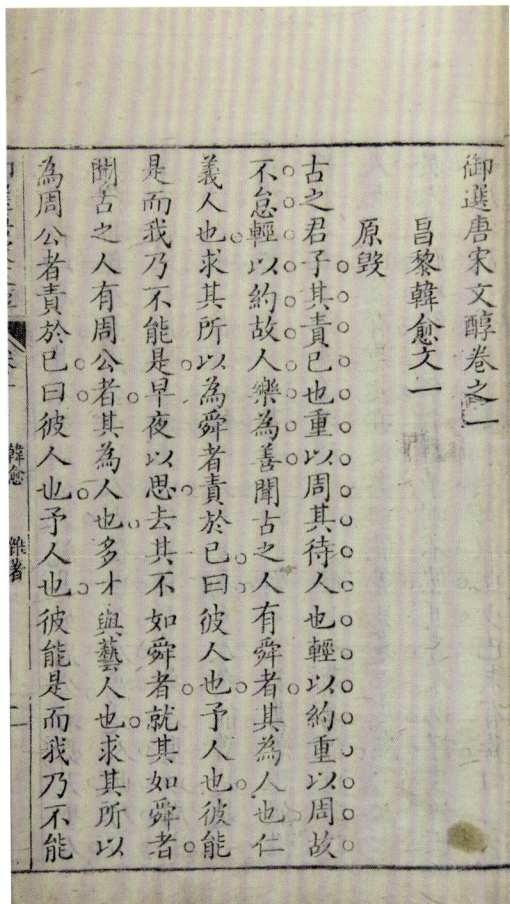

御選唐宋文醇卷之一

昌黎韓愈文一

原毀

古之君子其責己也重以周其待人也輕以約重以周故
不怠輕以約故人樂為善聞古之人有舜者其為人也仁
義人也求其所以為舜者責於己曰彼人也予人也彼能
是而我乃不能是早夜以思去其不如舜者就其如舜者
聞古之人有周公者其為人也多才與藝人也求其所以
為周公者責於己曰彼人也予人也彼能是而我乃不能

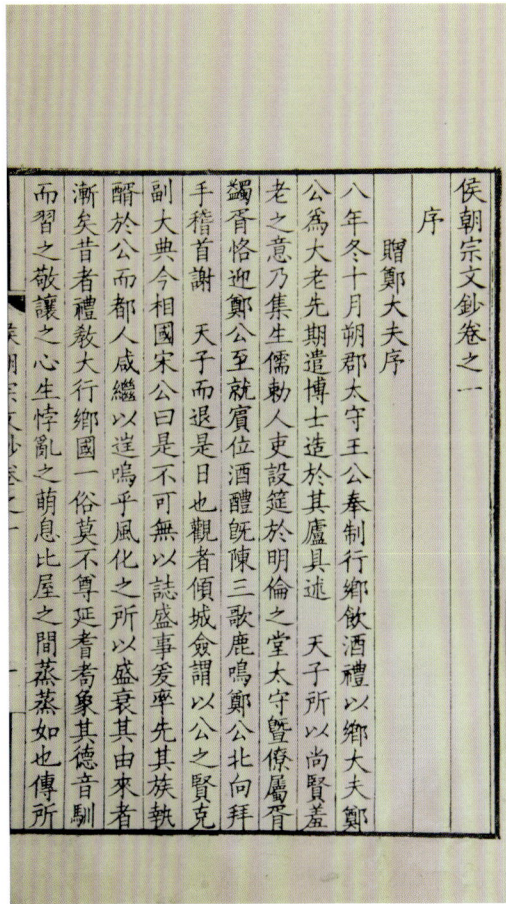

侯朝宗文鈔卷之一

序

贈鄭大夫序

八年冬十月朝郡太守王公奉制行鄉飲酒禮以鄉大夫鄭
公為大老先期遣博士造於其廬具述
天子所以尚賢蓋
老之意乃集生儒勸人更設筵於明倫之堂太守暨僚屬皆
蠲膏恪迎鄭公至就賓位酒禮既陳三歌鹿鳴鄭公北向拜
手稽首謝
天子而退是日也觀者傾城僉謂以公之賢執
副大典今相國宋公曰是不可無以誌盛事爰率先其由來者
漸矣昔者禮教大行鄉國一俗莫不尊延者喬象其德音馴
醇於公而都人咸繼以遑鳴平風化之所以盛衰其由來者
而習之敬讓之心生悖亂之萌息比屋之間蒸蒸如也傳所

266 御選唐宋文醇五十八卷

（清）高宗弘曆輯

清乾隆刻本。半葉九行，行二十二字。白口，
四周單邊。框高19.4厘米，寬14.1厘米。

267 國朝三家文鈔三十二卷

（清）宋犖、許汝霖編

清康熙刻本。半葉十二行，行二十三字。上
下黑口，左右雙邊。框高18.5厘米，寬14.1
厘米。

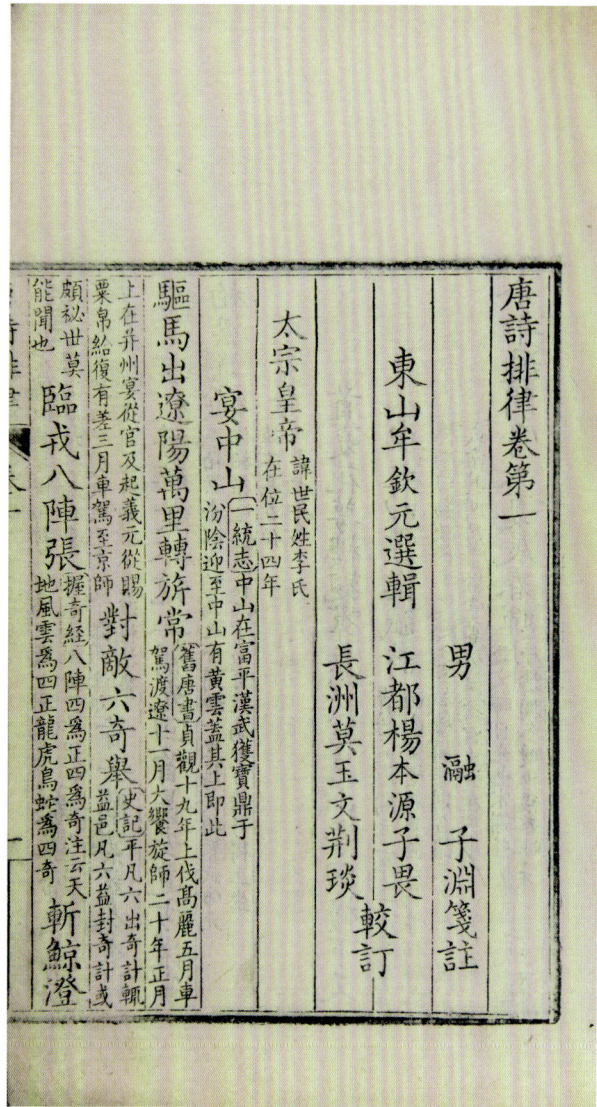

268 唐詩排律七卷

（清）牟欽元選　（清）牟瀜箋註

清乾隆二十三年（1758）刻本。半葉九行，行二十字，小字雙行三十字。下黑口，四周雙邊。框高 17.1 厘米，寬 12.8 厘米。

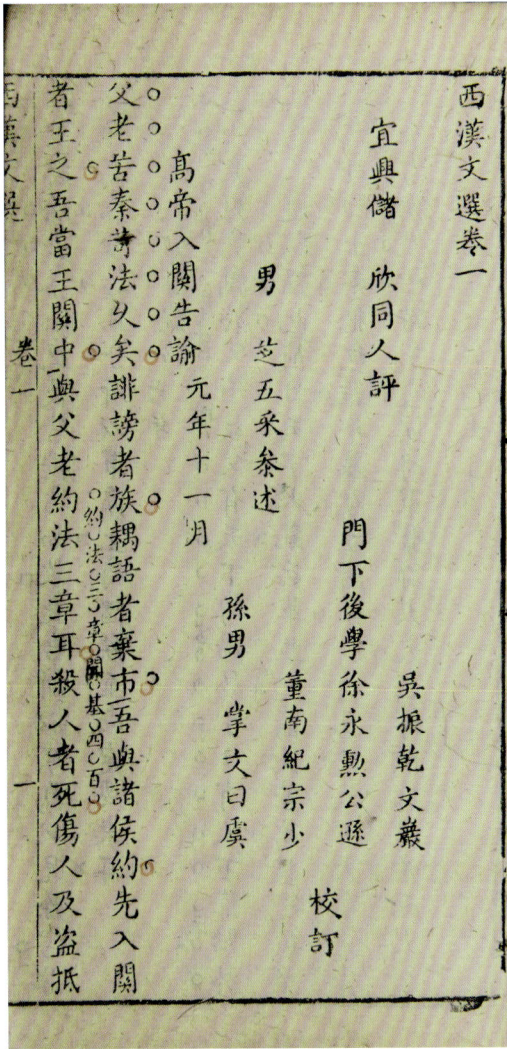

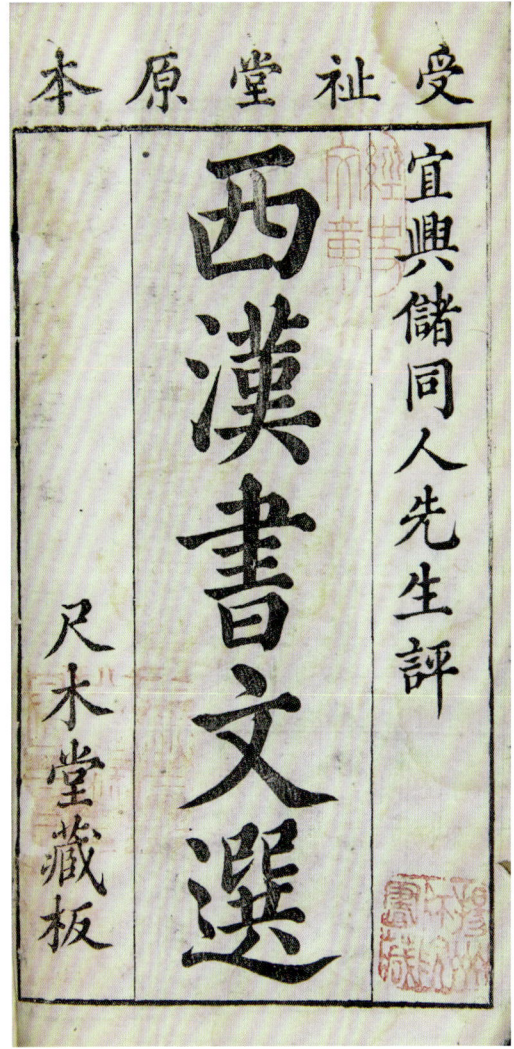

269 西漢文選四卷

（清）儲欣評

清乾隆刻本。半葉八行，行二十五字，小字雙行同。白口，四周單邊。框高20厘米，寬11.1厘米。

御定全唐詩録卷第一

禮部侍郎　臣徐倬翰林院侍讀學士臣徐元正奉

旨校刊

太宗

帝姓李氏諱世民高祖第二子高祖起義兵拜右領大都督封燉煌郡公徙封趙國公高祖受禪拜尚書令右武侯大將軍進封秦王海内漸平乃鋭意經籍開文學館以待四方之士杜如晦等十有八人爲學士與之討論雖受高祖傳位實首開劍之主

唐詩品云文皇生更隋代蠆事藝文習氣既開神

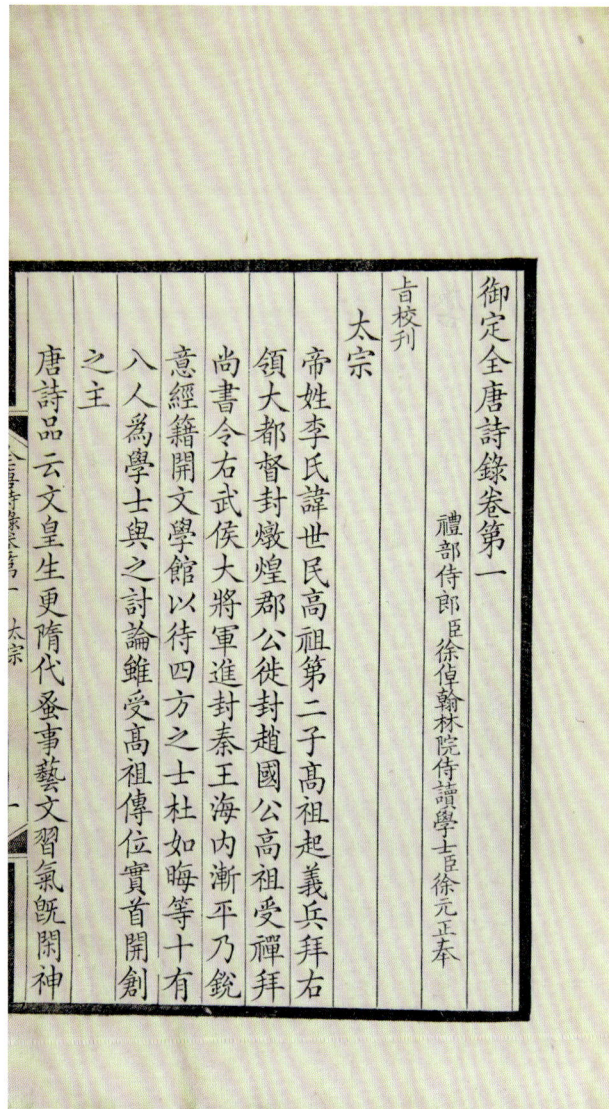

270 御定全唐詩録一百卷

（清）徐倬、徐元正輯

清康熙刻本。半葉十一行，行二十一字，小字雙行同。上下黑口，左右雙邊。框高 23.9 厘米，寬 11.6 厘米。

御選

古文淵鑒卷第一

旨編注
內閣學士兼禮部侍郎敕習庶吉士臣徐乾學等奉

周

左傳
左丘明

周　姬姓黃帝苗裔后稷之後武王伐紂而有天下至幽王為犬戎所弑謂之西周平王東遷洛邑

左丘明著左史也孔子將修春秋與左丘明乘如周觀書於周史歸而修春秋之經丘明為之傳經七十子之徒口受其傳指各安其意失其眞故論其語成左氏春秋或曰左丘明受經以始事或依經以辯理或錯經以合異隨義而發是為春秋內傳

一左傳鄭難公叔段末

就自所知分與，上言之者有也，如位雖才智不地，故為其所用也，如子產而子產人之私於，其用之多乃於，理當深察也。

臣正泊曰恩吾，愛之此用人大，患眛美所用以見，戀於司馬為至，未能操刀而使，割所害非小宜，子走麥曲折之，子皮服善亦足，多焉

子皮欲使尹何為邑，子產曰：「少，未知可否。」子皮曰：「愿，吾愛之，不吾叛也。使夫往而學焉，夫亦愈知治矣。」子產曰：「不可。人之愛人，求利之也。今吾子愛人則以政，猶未能操刀而使割也，其傷實多。子之愛人，傷之而已，其誰敢求愛於子？子於鄭國，棟也。棟折榱崩，僑將厭焉，敢不盡言？子有美錦，不使人學製焉。大官大邑，身之所庇也，而使學者製焉，其為美錦，不亦多乎？僑聞學而後入政，未聞以政學者也。若果行此，必有所害。譬如田獵，射御貫則能獲禽，若未嘗登車射御，則敗績厭覆是懼，何暇思獲？」

子皮曰：「善哉！虎不敏。吾聞君子務知大者遠者，小人務知小者近者。我，小人也。衣服附在吾身，我知而慎之；大官大邑，所以庇身也，我遠而慢之。微子之言，吾不知也。他日我曰：『子為鄭國，我為吾家，以庇焉，其可也。』今而後知不足。自今請雖吾家聽子而行。」子產曰：「人心之不同，如其面焉，吾豈敢謂子面如吾面乎？抑心所謂危，亦以告也。」

271 古文淵鑒六十四卷

（清）徐乾學等輯註

清康熙二十四年（1685）內府刻四色套印本。半葉九行，行二十字，小字雙行同。上下黑口，四周單邊。框高19.2厘米，寬14.2厘米。江蘇省珍貴古籍名錄號1181。

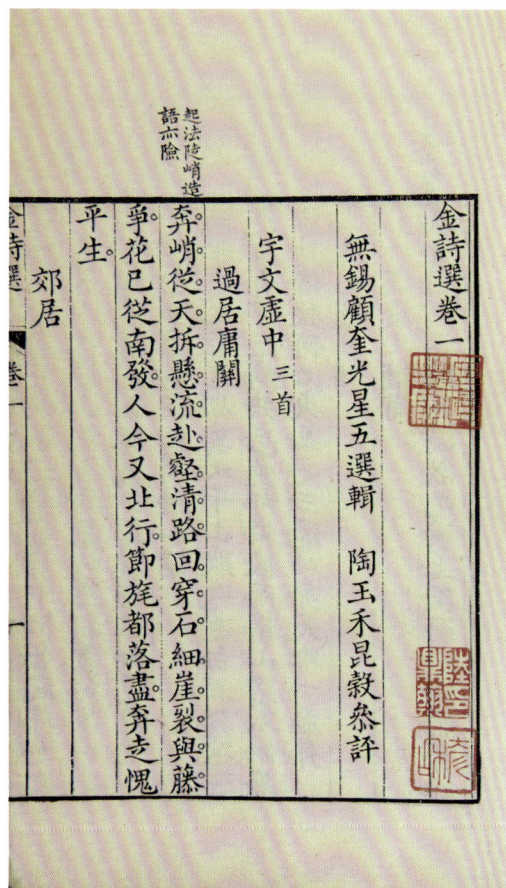

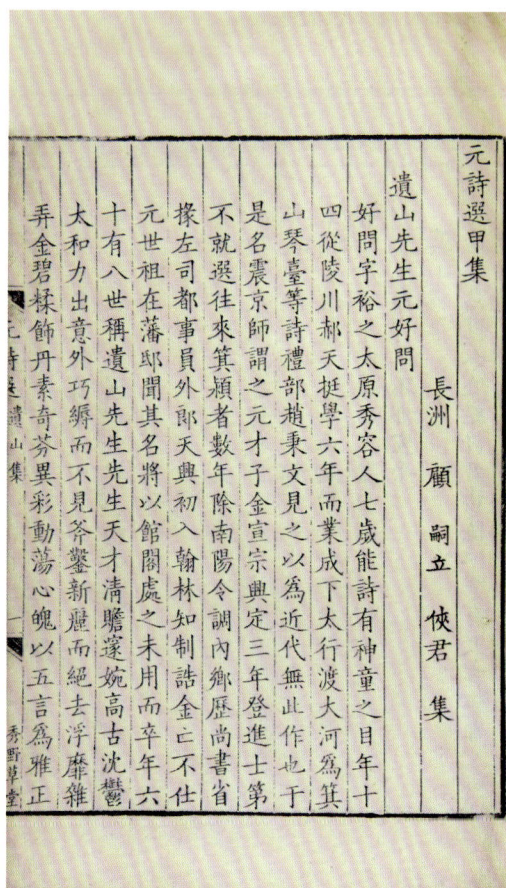

272 金詩選四卷

（清）顧奎光輯

清乾隆刻本。半葉十行,行十九字,小字雙行同。行十九字,白口,左右雙邊。框高16.4厘米,寬13.2厘米。

273 元詩選十二集首一卷

（清）顧嗣立輯

清康熙顧氏秀野草堂刻本。半葉十三行,行二十三字,小字雙行三十五字。白口,左右雙邊。框高19.5厘米,寬14.8厘米。

兩漢鴻文卷之一

太史顧瑞屏錫疇評選

門人徐漢臨開雍 參訂

男 顧禔明 鑒

○○○入關告諭

高帝

父老苦秦苛法久矣誹謗者族耦語者棄市吾與諸侯約先入關者王之吾當王關中與父老約法三章耳殺人者死傷人及盜抵罪餘悉除去秦法吏民皆按堵如故凡吾所以來為父兄除害非有所侵暴毋恐且吾所以軍霸上待諸侯至而定要束耳

續文選卷第一

明平原湯紹祖公孟撰

賦

畋獵

大獵賦 并序

李白

子虛所言楚國不過千里夢澤居其大半而齊徒吞以為文雄莫敢詆訐臣謂語其大略竊或褊其用心以光贊盛矣感天動神而相如子雲競誇辭賦歷代白以為賦者古詩之流辭欲壯麗義歸博達不然何

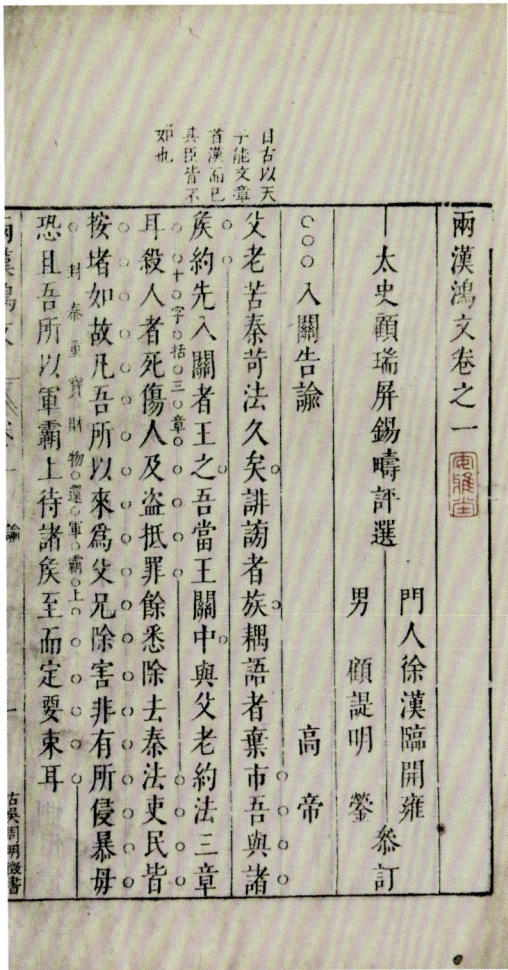

274 兩漢鴻文二十卷

（明）顧錫疇輯

明崇禎刻本。半葉九行,行二十字。白口,四周單邊,框高19.9厘米,寬14.2厘米。

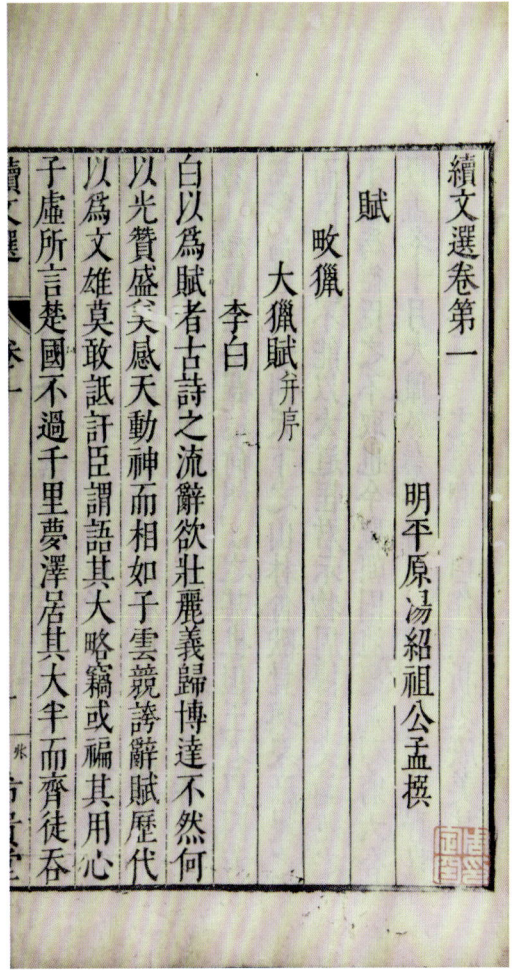

275 續文選三十二卷

（明）湯紹祖輯

明萬曆三十年（1602）刻本。半葉十行,行二十字。白口,左右雙邊。框高21厘米,寬14.3厘米。

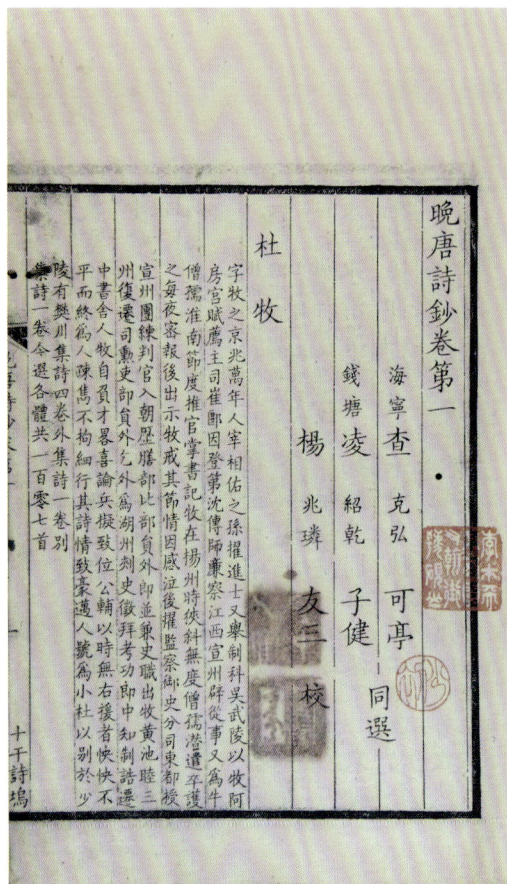

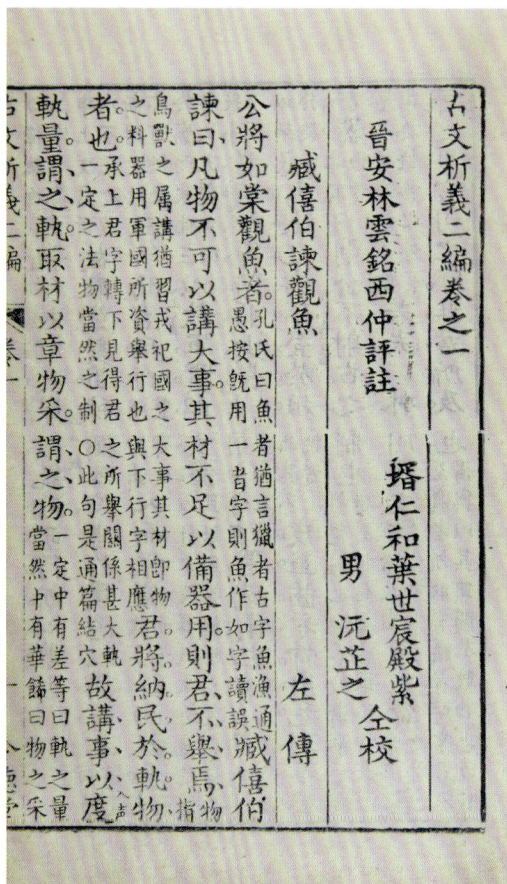

276 晚唐詩鈔二十六卷

（清）查克弘、淩紹乾輯

清康熙十千詩塢刻本。半葉十行，行十九字，
小字雙行三十字。白口，左右雙邊。框高
19.2 厘米，寬 14.8 厘米。

277 古文析義二編八卷

（清）林雲銘評註

清康熙刻本。半葉九行，行二十四字，小字
雙行同。白口，四周單邊。框高 19.1 厘米，
寬 12.7 厘米。

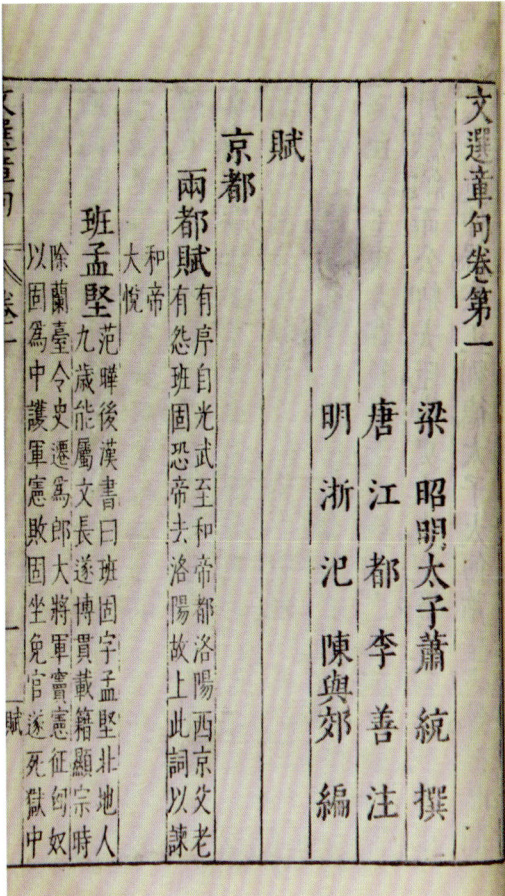

278 文選章句二十八卷

（梁）蕭統撰　（唐）李善注　（明）陳與郊輯

明萬曆二十五年（1597）刻本。半葉十行，行二十字，小字雙行同。白口，左右雙邊。框高 20.5 厘米，寬 13.7 厘米。

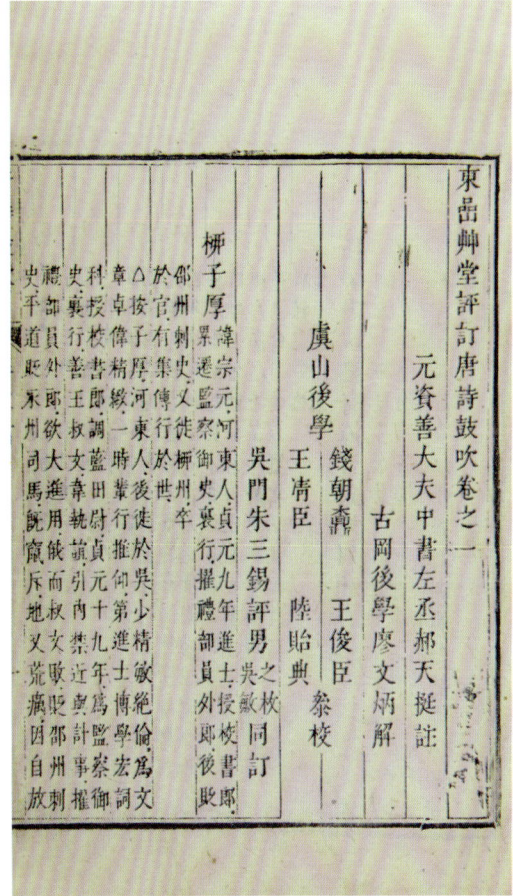

279 東嵒草堂評訂唐詩鼓吹十卷

（金）元好問編　（元）郝天挺注　（明）廖文炳解

清康熙刻本。半葉十一行，行二十一字，小字雙行同。白口，四周雙邊。框高 18.9 厘米，寬 14.2 厘米。

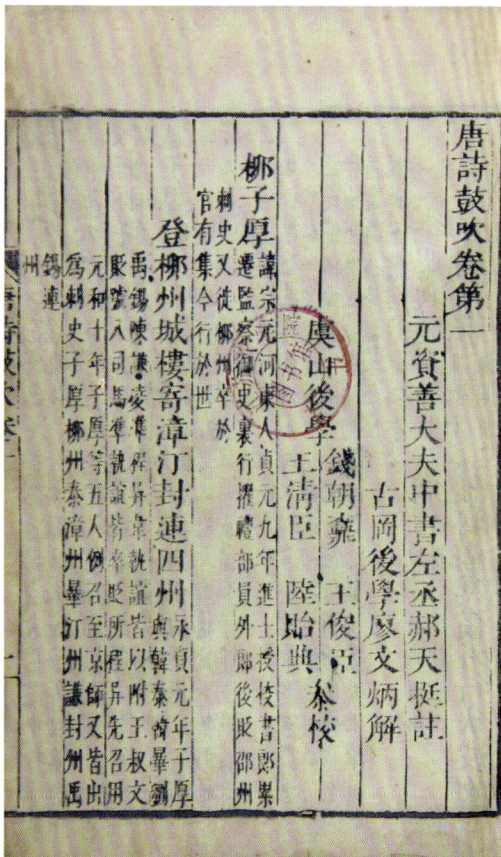

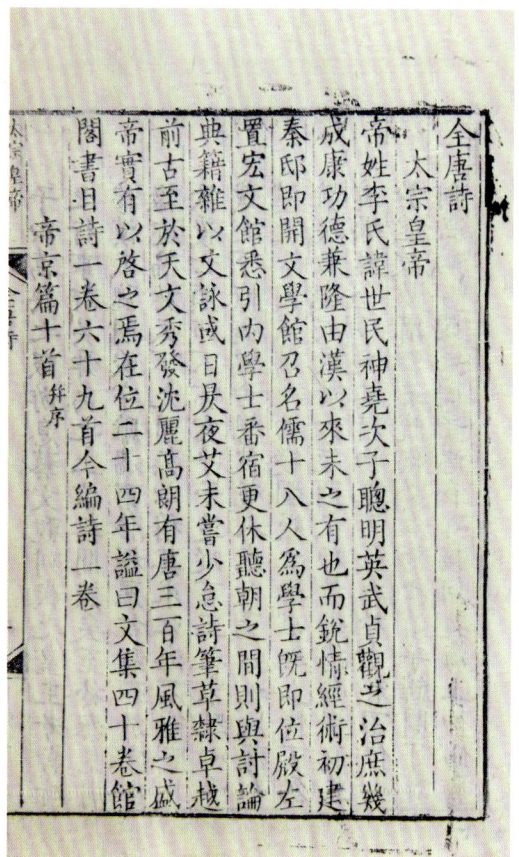

280 唐詩鼓吹十卷

（金）元好問編　（元）郝天挺註　（明）廖文炳解

清順治刻本。半葉十一行,行二十一字,小字雙行同。上下黑口,左右雙邊。框高 23.3 厘米,寬 14.1 厘米。

281 全唐詩九百卷目錄十二卷

（清）曹寅等輯

清康熙四十四年至四十六年（1705—1707）揚州詩局刻本。半葉十一行,行二十一字。上下黑口,左右雙邊。框高 16.8 厘米,寬 11.7 厘米。

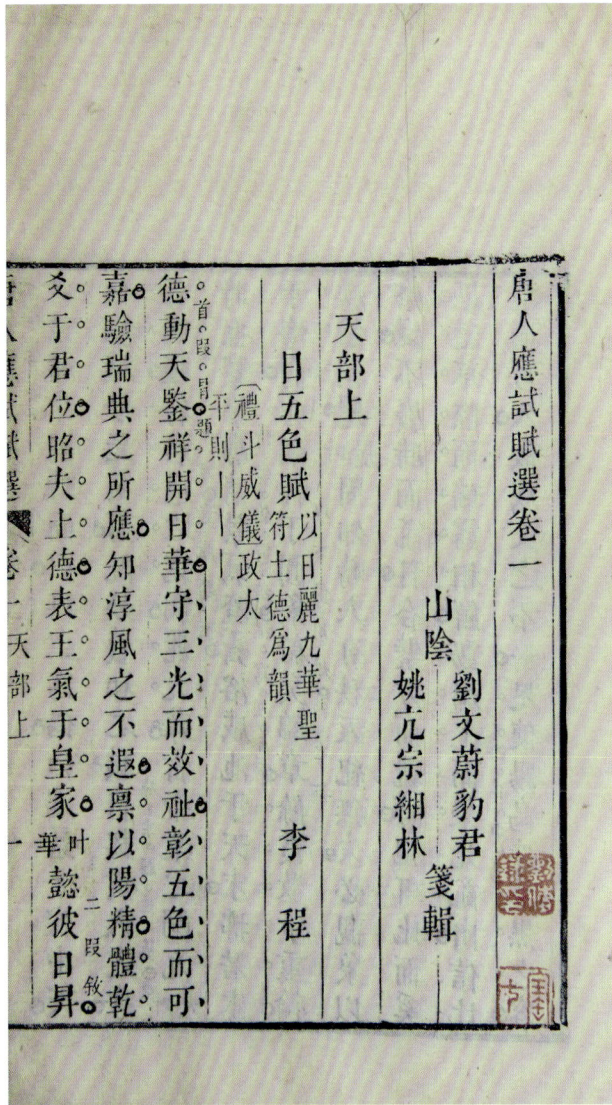

唐人應試賦選卷一

山陰　劉文蔚豹君　箋輯
　　　　姚亢宗緗林

天部上

日五色賦〔以日麗九華聖符土德爲韻〕
〔禮斗威儀政太〕

李程

德動天鑒祥開日華守三光而效祉彰五色而可
嘉驗瑞典之所應知淳風之不退稟以陽精體乾
爻于君位照夫土德表王氣于皇家葉懿彼日昇

〔首一段，冒題。平則。〕〔二段，敘。〕

282　唐人應試賦選八卷

（清）劉文蔚、姚亢宗箋輯

清乾隆二十五年（1760）刻本。半葉九行，行十九字，
小字雙行十九字。白口，左右雙邊。框高 17 厘米，
寬 12.8 厘米。

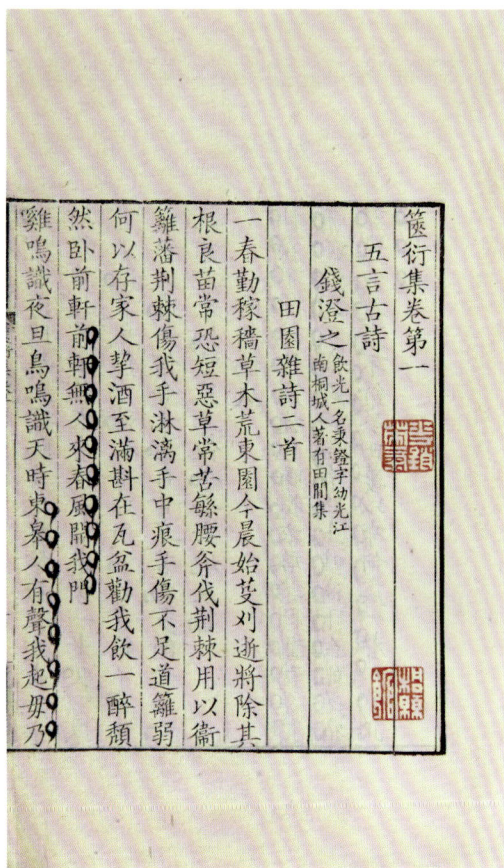

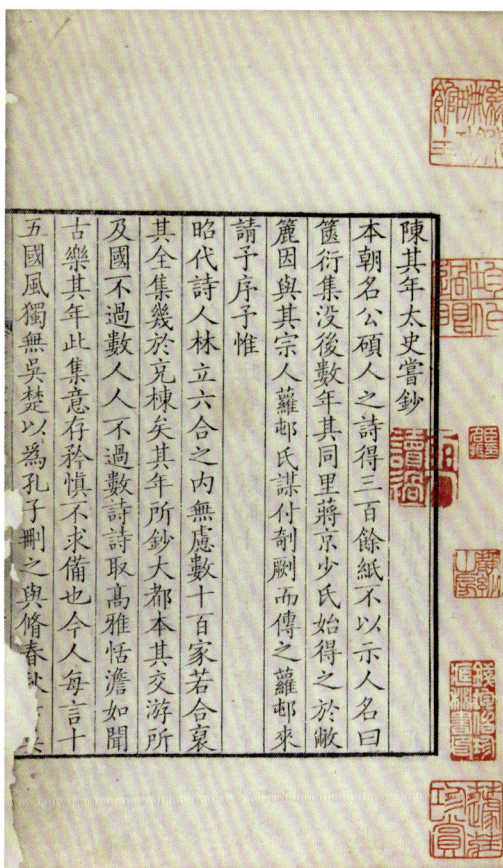

283 篋衍集十二卷

（清）陳維崧輯

清康熙三十六年（1697）蔣國祥刻本。半葉十行，行十九字。上下黑口，左右雙邊。框高16厘米，寬13.3厘米。

明文奇賞卷之一

史官陳仁錫明卿父評選

序

會試紀錄序

宋　濂

皇明設科做古者六藝之教叅以歷代遺制欲兼收文武而任之既詔天下三年一賓與其薦于州郡者凡五百人五抜其一而授之以官猶以爲未足復勅有司自壬子至甲寅三歲連貢歲擢三百人逮于乙卯始復舊制其恩至渥也先是京畿遵行鄉試中程式者七十二人及貢南宮上求治之切皆采用之至于有拜監察御

古今有好士若渇如此者否未及貢

明文奇賞

卷之一

續古文奇賞卷之一

選經一

史官陳仁錫選評

武經　孫武子

妙計計料幸計於廟堂也

孫子曰兵者國之大事死生之地存亡之道不可不察也故經之以五事校之以計而索其情我之情彼一曰道導之以二曰天三曰地四曰將五曰法道者令民與上同意可與之死可與之生而不畏危也天者陰陽寒暑時制也地者遠近險易廣狹死生也將者智信仁勇嚴也法者曲制官道主用也曲制旗職全

選經一

續古文奇賞

卷之一　孫子

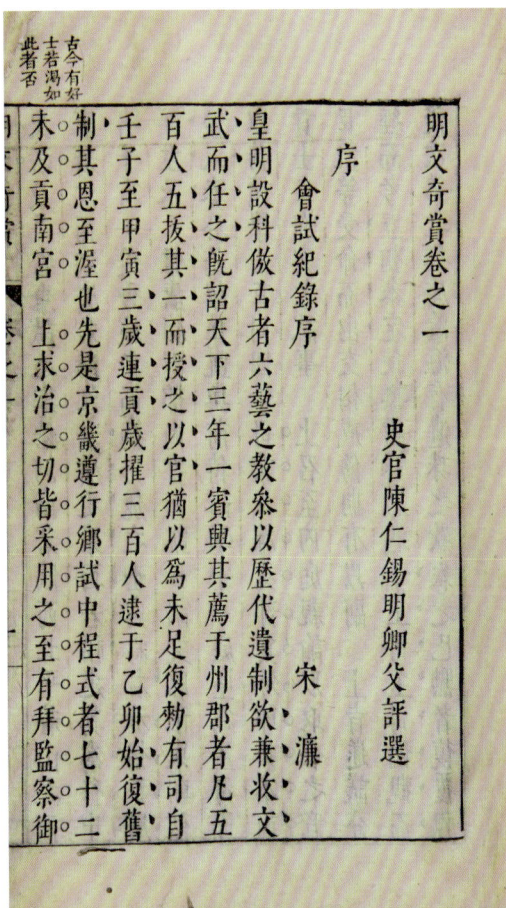

284 明文奇賞四十卷

（明）陳仁錫輯

明天啟三年（1623）刻本。半葉十行，行二十一字。白口，四周單邊。框高22.3厘米，寬14.2厘米。

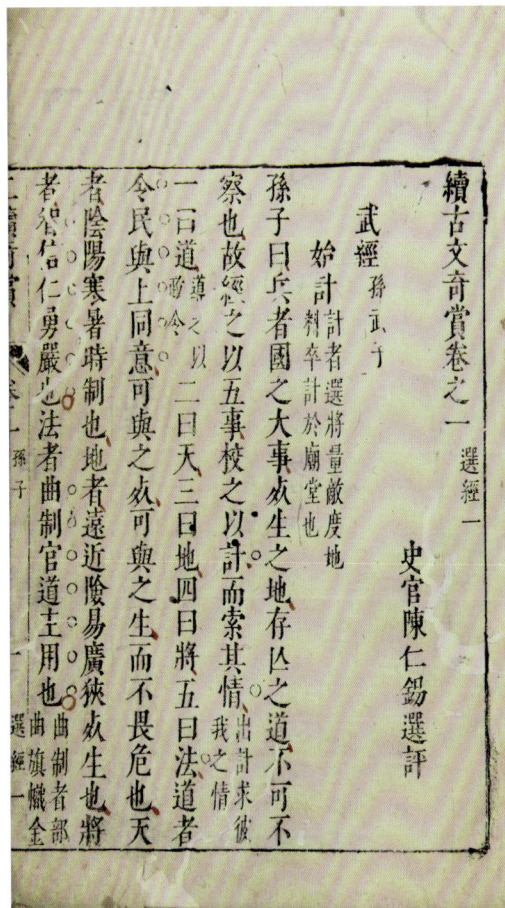

285 續古文奇賞三十四卷

（明）陳仁錫輯

明天啟刻本。半葉十行，行二十字，小字雙行同。白口，四周單邊。框高19.8厘米，寬14.4厘米。

御定歷代題畫詩類卷第一

翰林院編修臣陳邦彥奉

旨校刊

天文類

觀慶雲圖

觀慶雲圖　唐李行敏

縑素傳休祉丹青狀慶雲非煙疑漠漠似蓋乍紛紛尚駐從
龍意全舒捧日文光因五色起影向九霄分裂素觀嘉瑞披
圖賀聖君寧同覩汗漫方此觀氛氳

觀慶雲圖　唐柳宗元

設色初成象卿雲示國都九天開祕祉百辟賛嘉謨抱日依
龍袞非煙近御爐高標連汗漫向望接虛無刻袞素榮光發舒

删補唐詩選脈箋釋會通評林

汝南青羊周　珽無瑕父集註
雲間眉公陳繼儒仲醇父批點

唐詩選脈會通　初唐上

五言古詩　初唐上

嚴羽印五言始于李陵以興在漢故云古

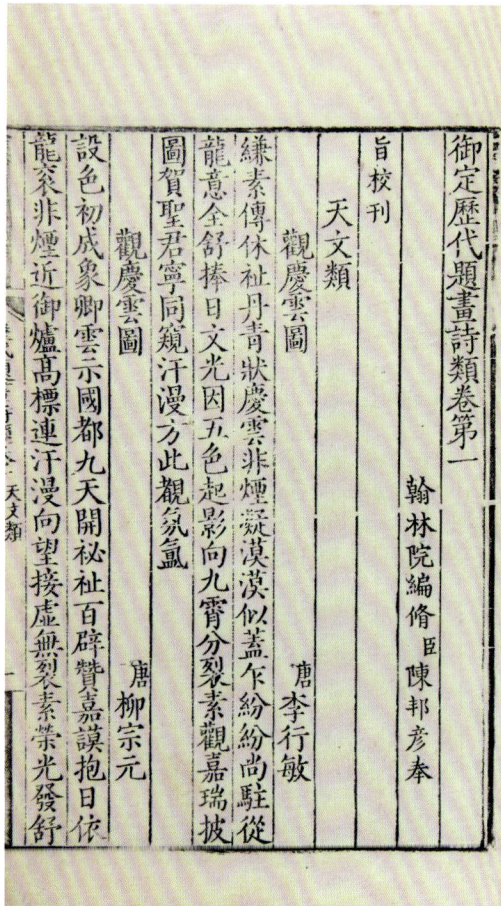

286 御定歷代題畫詩類一百二十卷

（清）陳邦彥撰

清康熙四十六年（1707）刻本。半葉十一行，
行二十三字，小字雙行同。上下黑口，左右
雙邊。框高 18.4 厘米，寬 12.9 厘米。

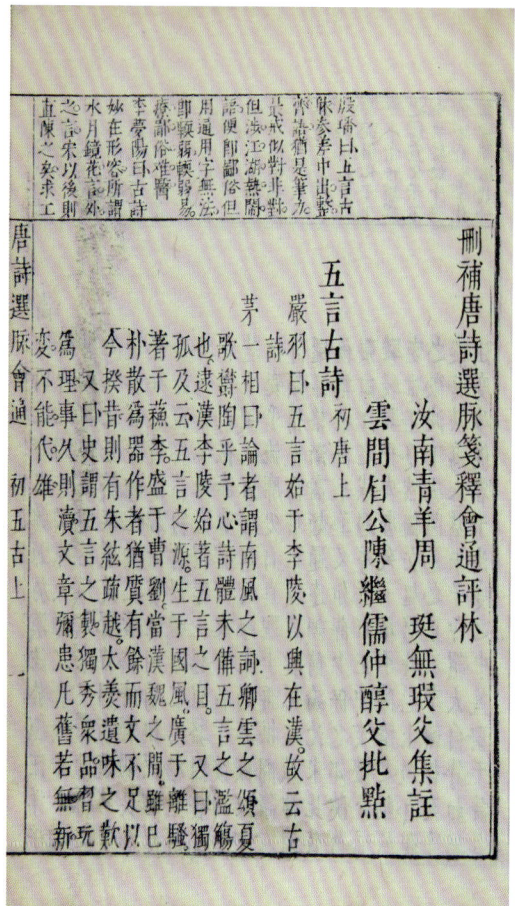

287 删補唐詩選脈箋釋會通評林六十卷

（明）周珽集註　（明）陳繼儒批點

明崇禎八年（1635）穀采齋刻本。半葉十行，
行十八字，小字雙行同。白口，左右雙邊。
框高 18.3 厘米，寬 14.5 厘米。

韓江雅集卷
金陵穆梅岳昇序

廣陵近有唱和之集胡都御史復翁與其里之詩
人相與過從之作而寓公如屬徽君樊榭葷皆豫
焉已選定數卷行于丑今年秋抄予至廣陵諸君
半遊攝山未迄已而畢至馬君嶰谷半查方自白
下移古梅一十三本植于七峯草亭之陽即予所
假館地方君西疇芽榿就予同席者皆唱和中人
也予拈移梅為題在席各賦七言古詩一章襄成
一卷同人即令開雕惟花之名貴者皆自愛故不

御覽詩

翰林學士朝議郎守中書舍人賜紫金魚袋慈姥
勅纂進

劉方平　十三首

秋夜思

旅夢何時盡征途每躁望晚秋淮上水新月楚人
家獨嘯空山近鴻飛極浦斜明朝南峄去言折桂
枝花

印覽詩

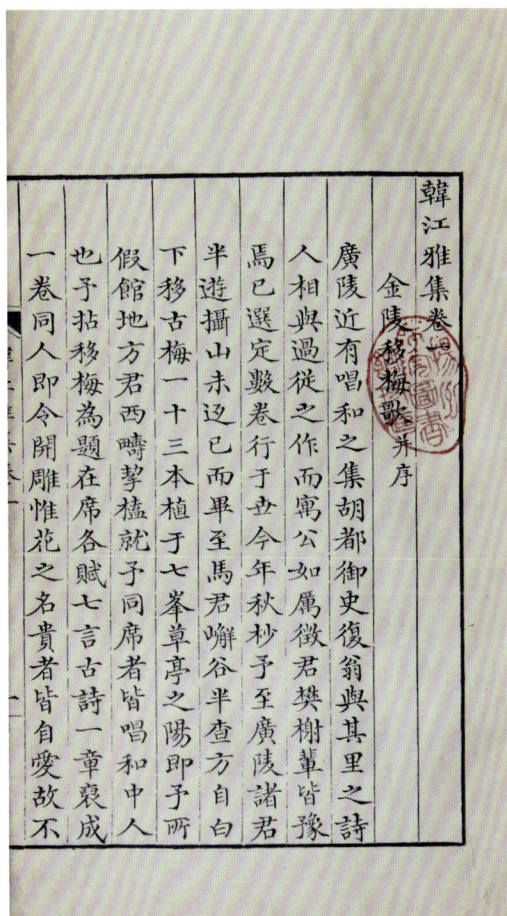

288 韓江雅集十二卷
（清）全祖望等撰
清乾隆十二年（1747）刻本。半葉十行，行
二十一字，小字雙行同。白口，四周單邊。
框高 18 厘米，寬 12.5 厘米。

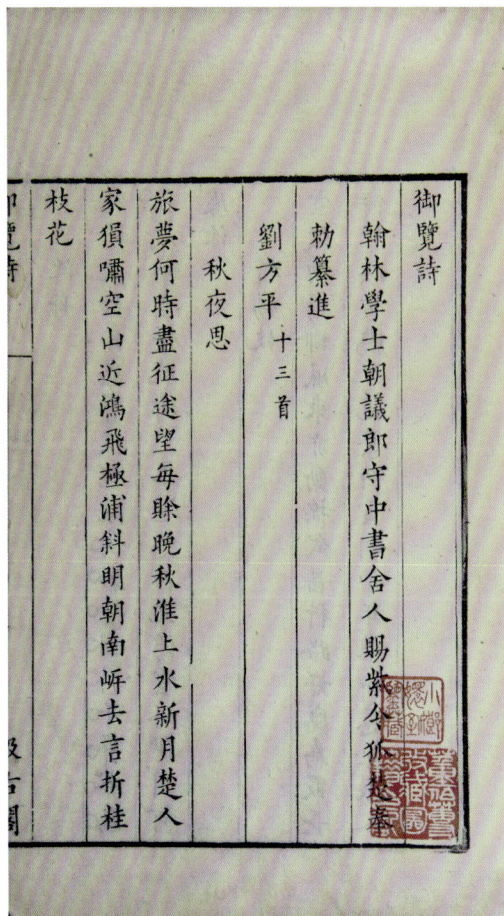

289 唐人選唐詩八種（存六種十一卷）
（明）毛晉編
明崇禎元年（1628）毛氏汲古閣刻本。半葉
八行，行十九字，小字雙行同。白口，左右雙
邊。框高 19.3 厘米，寬 13.7 厘米。

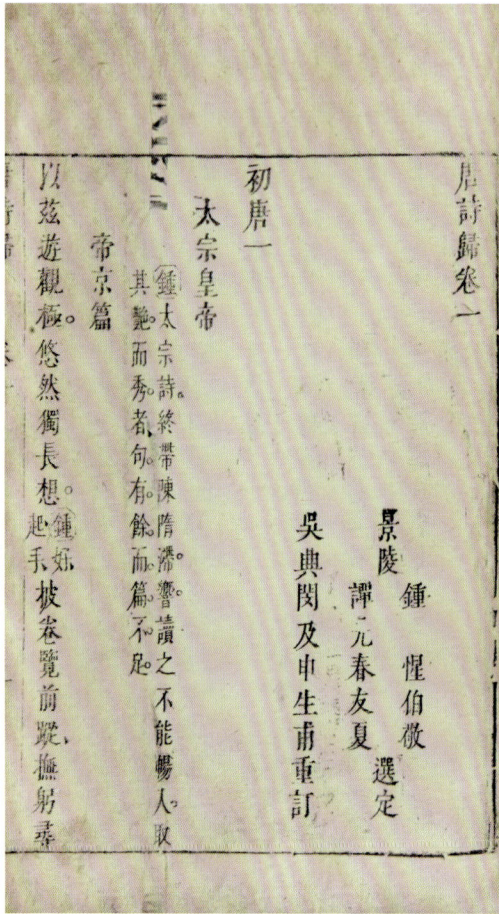

290 唐詩歸三十六卷

（明）鍾惺、譚元春輯

明末刻本。半葉九行，行二十字，小字雙行同。白口，四周單邊。框高 20 厘米，寬 14.5 厘米。

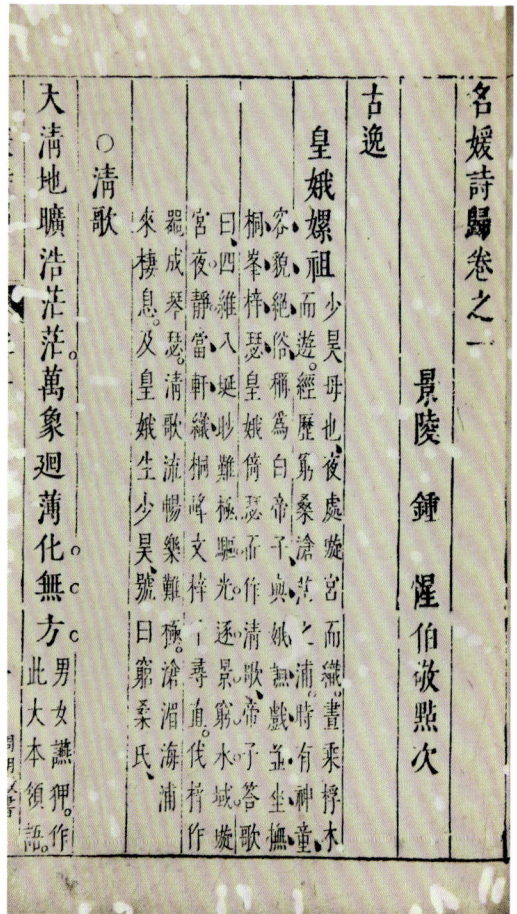

291 名媛詩歸三十六卷

（明）鍾惺輯

明刻本。半葉九行，行十九字，小字雙行同。白口，左右雙邊。框高 20.4 厘米，寬 13.5 厘米。

詩文評類

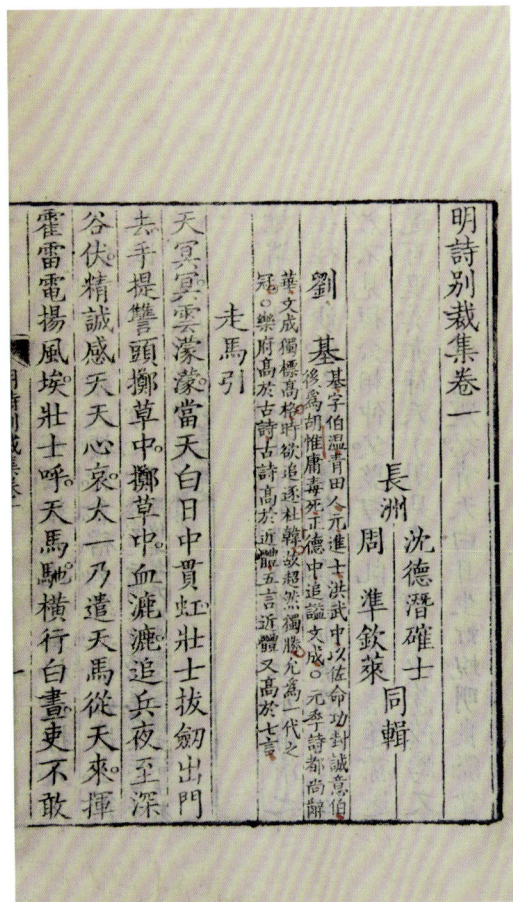

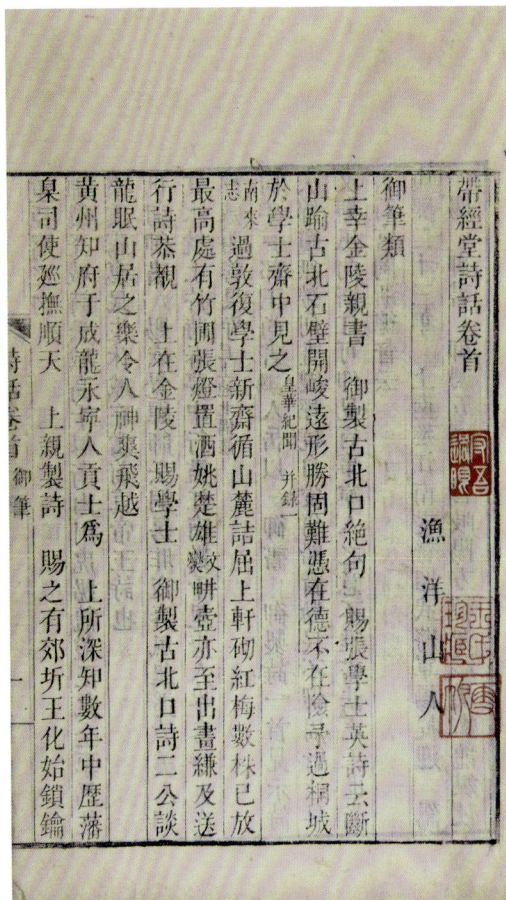

292 明詩別裁集十二卷目錄十二卷

（清）沈德潛、周準輯

清乾隆刻本。半葉十行,行十九字,小字雙行二十九字。白口,左右雙邊。框高17厘米,寬13.8厘米。

293 帶經堂詩話三十卷首一卷

（清）王士禎撰　张宗楠辑

清乾隆刻本。半葉十二行,行二十三字,小字雙行二十三字。上下黑口,左右雙邊。框高18.6厘米,寬14厘米。

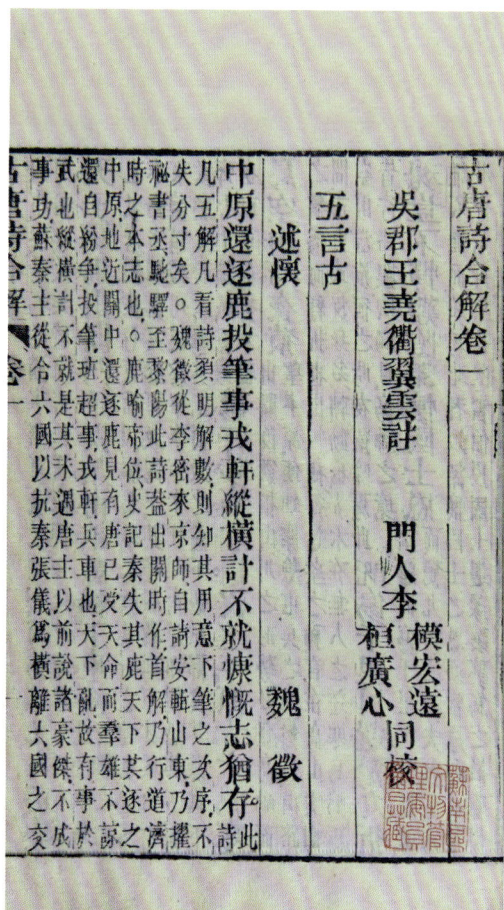

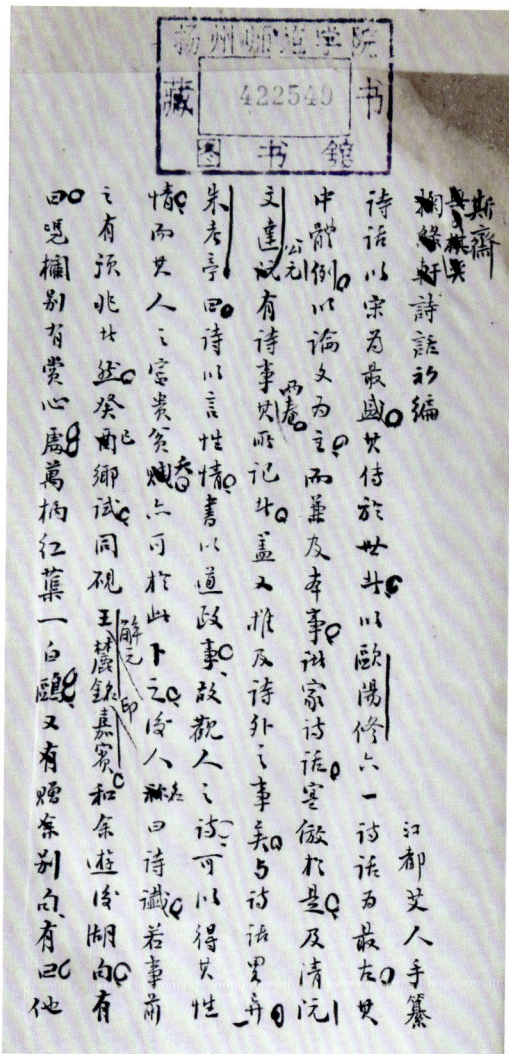

294 古唐詩合解十六卷

（清）王堯衢註

清乾隆刻本。半葉十一行，行二十一字，小字雙行同。白口，四周雙邊。框高20.4厘米，寬14.2厘米。

295 斯齋詩話稿二卷

（清）張燮恩撰

稿本。半葉八行，行二十四字不等。

初白菴詩評卷上　　海鹽後學張載華芷齋輯

陶靖節

停雲　其一　靄靄停雲四句當平世者不知此語之悲

亦是　後有所譏刺　人豈無他四句直追古人　三其東園之　樹四句

時運　其三　我愛其靜目狂者以靜千古特識

榮木　其三　警策浮生不特學問　其四　脂我名先生豈忘用

世者

贈長沙公族祖　生民之詩追本姜嫄思文之詩郊祀后稷

參之以常棣伐木行葦亮驚方知作者用意深厚

酬丁柴桑　此二首東坡缺和詩

形贈影　必爾不爾字指適見以下六句而言必爾者謂必

詩平卷二　陶靖節　一

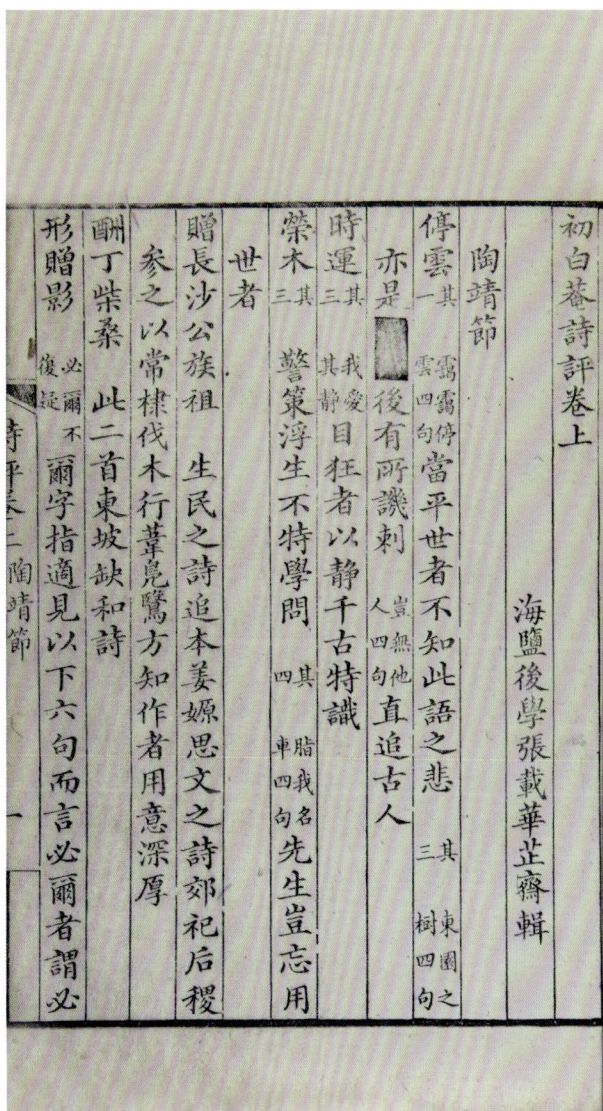

296 初白菴詩評三卷

（清）張載華輯

清乾隆涉園觀樂堂刻本。半葉十二行，行二十三字，小字雙行同。上下黑口，左右雙邊。框高 18.4 厘米，寬 13.9 厘米。

<table>
<tr>
<td>

實亦為驚絕矣人代冥滅而清音獨遠悲夫

疑是建安中曹王所製客從遠方來橘柚垂華

去者日以踈四十五首雖多哀怨頗為總雜舊

意悲而遠驚心動魄可謂幾乎一字千金其外

其體源出於國風陸機所擬十四首文溫以麗

古詩

</td>
<td>

詩品卷上 歷代詩話第一冊

梁　鍾嶸　著

後學　何文煥　訂

</td>
</tr>
</table>

<table>
<tr>
<td>

有莞見為考索若干條附於末

乾隆庚寅四月八日嘉善何文煥序

</td>
</tr>
</table>

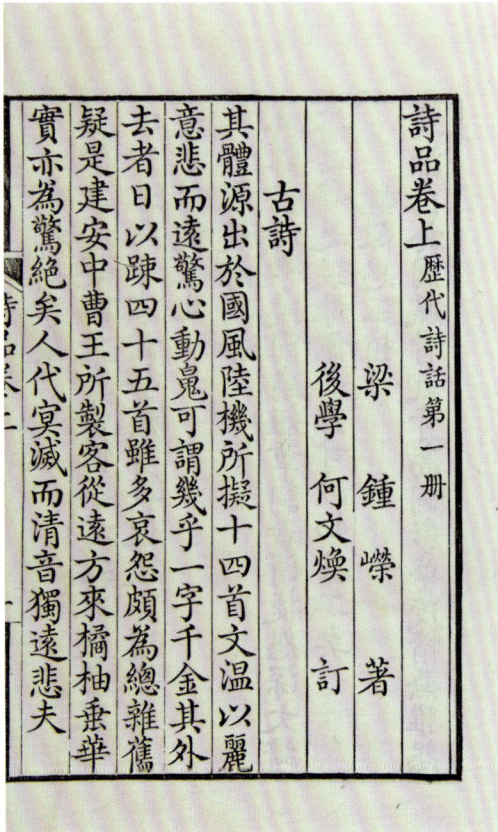

297 歷代詩話二十七種五十七卷考索一卷

（清）何文煥編

清乾隆刻本。半葉九行，行十八字，小字雙行同。上下黑口，左右雙邊。框高 14.2 厘米，寬 10.2 厘米。

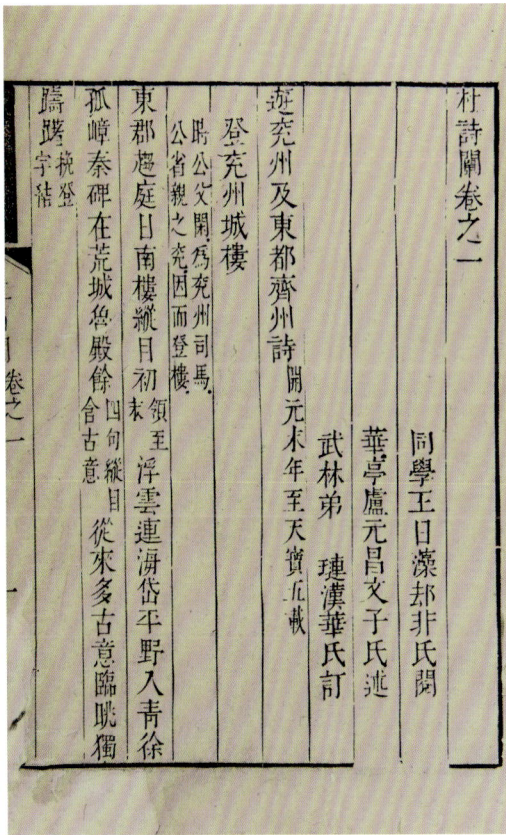

298 杜詩闡三十三卷

（清）盧元昌述

清康熙刻本。半葉十行，行二十二字，小字雙行同。上下黑口，四周單邊。框高18.2厘米，寬13.5厘米。

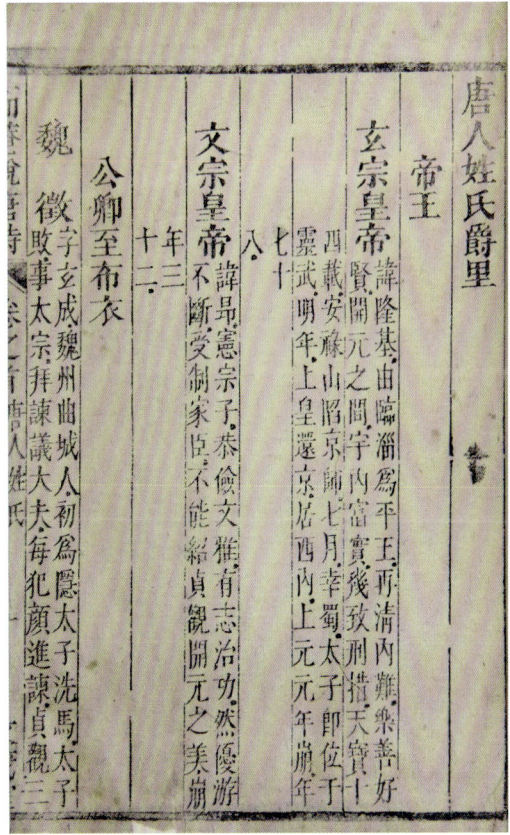

299 而菴說唐詩二十二卷首一卷

（清）徐增撰

清康熙刻本。半葉九行，行十九字。白口，四周單邊。框高19.9厘米，寬14厘米。

本事詩卷一

前集

楓江漁父　徐釚　編輯

　　　桐鄉　汪肯堂　重校刊

楊維禎 廉夫鐵崖

城西美人歌

丙戌花朝後一日與客游長城之靈山宴於

賦話卷一

　　巴西　李調元　贊菴　雨村

共二十七條

東漢張衡天象賦云雙三奐斗兩乙賓門雙三秦階六符也兩乙天乙大乙也又云畢露雲油箕躔吹發樞降軒而繞電景瑞堯而麗月撰句工麗是六朝人語通篇文氣平順不似東漢人手筆且用殷堪識曹公李郃知漢使二事其為偽託無疑宋謝莊赤鸚鵡賦云雲移霞嶺靆委雪翻陸離鞏漸

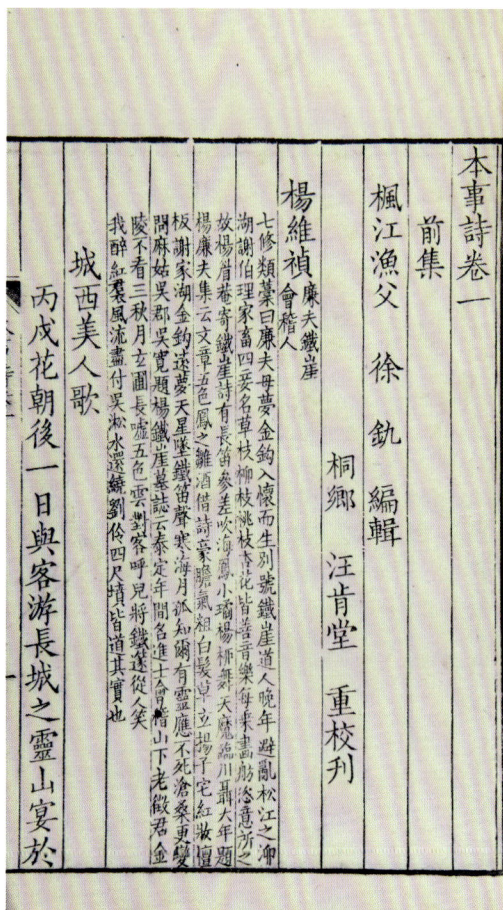

300 本事詩十二卷

（清）徐釚輯

清乾隆二十二年（1757）汪肯堂半松書屋刻本。半葉十一行，行二十一字，小字雙行三十二字。白口，左右雙邊。框高18.8厘米，寬13.4厘米。

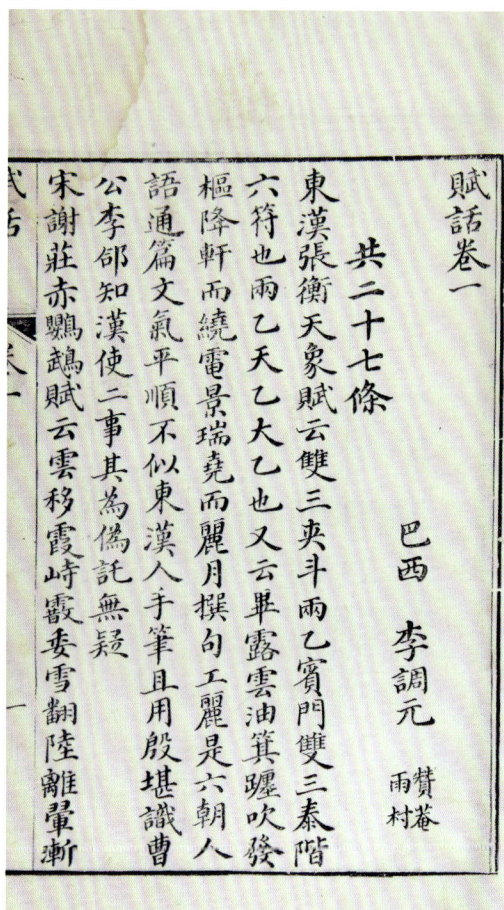

301 賦話十卷

（清）李調元撰

清乾隆刻本。半葉九行，行二十字。白口，左右雙邊。框高19.1厘米，寬13.7厘米。

詞　類

太陽初出光赫赫千山萬山如火發一輪項刻上天衢䍑

詠初日

英武睿文神德聖功至明大孝皇帝

葬永昌陵大中祥符元年加上尊謚曰啟運立極

在位十七年謚曰英武聖文神德皇帝廟號太祖

校太尉恭帝七年禪位於帝建元建隆乾德開寶

帝諱匡引姓趙氏涿郡人仕周爲殿前都點檢檢

太祖皇帝

　　　　祁門　馬曰琯　同緝

　　錢唐　厲鶚　緝

宋詩紀事卷一

誰破餘酣綠樹風微起一笑推簾窮蘊底夜來瓦

憑還可倚蘄州古簟寒潭水　午汗乍融殘睡美

六月西軒無暑氣白木匡牀安穩如平地曲录可

待諸天戲

香積寥寥難稱維摩意打併新凉成一味散花還

暘停雨際肘弓自覓幽棲地　不是避人貪客詣

六月西軒無暑氣楊柳梧桐支拄森虧菽皓魄清

蝶戀花　納凉西軒追和迦陵

　　　　千山曹寅子清誤

棟亭詞鈔

302　宋詩紀事一百卷

（清）厲鶚輯

清乾隆十一年（1746）刻本。半葉十一行，行二十二字，小字雙行三十二字。上下黑口，左右雙邊。框高 19.6 厘米，寬 14.5 厘米。

303　棟亭詞抄一卷文抄一卷

（清）曹寅撰

清康熙刻本。半葉十行，行十九字，小字雙行二十八字。上下白口，左右雙邊，框高 18.3 厘米，寬 13.9 厘米。

詞譜卷一

竹枝　二十四字至十八字

唐教坊曲名。元郭茂倩樂府詩集云：竹枝本出於巴渝。唐貞元中，劉禹錫在沅湘，以俚歌鄙陋，乃依騷人九歌作竹枝新詞九章，教里中兒歌之。由是盛於貞元、元和之間。按劉禹錫竹枝詞九首，其一有和聲者，其一無和聲者，今以皇甫松、孫光憲詞作譜。黃鍾羽短笛擊鼓以赴節，歌者揚袂睢舞，其音協黃鍾羽。居易聯唱和聲。

竹枝　單調十四字　皇甫松

芙蓉並蒂一心連（竹枝）花侵槅子眼應穿（女兒）

竹枝、女兒皆和聲，眼應穿（女兒）

尊前集載皇甫松竹枝詞六首皆兩句體，平韻者五，又韻者一，每句第二字俱用平聲，餘字平仄不拘，所以韻者一，每句第二字俱用平聲

304 詞譜四十卷

（清）王奕清等撰

清康熙五十四年（1715）內府刻朱墨套印本。半葉八行，行二十字，小字雙行同。白口，四周雙邊。框高19.4厘米，寬12.4厘米。江蘇省珍貴古籍名錄號1267。

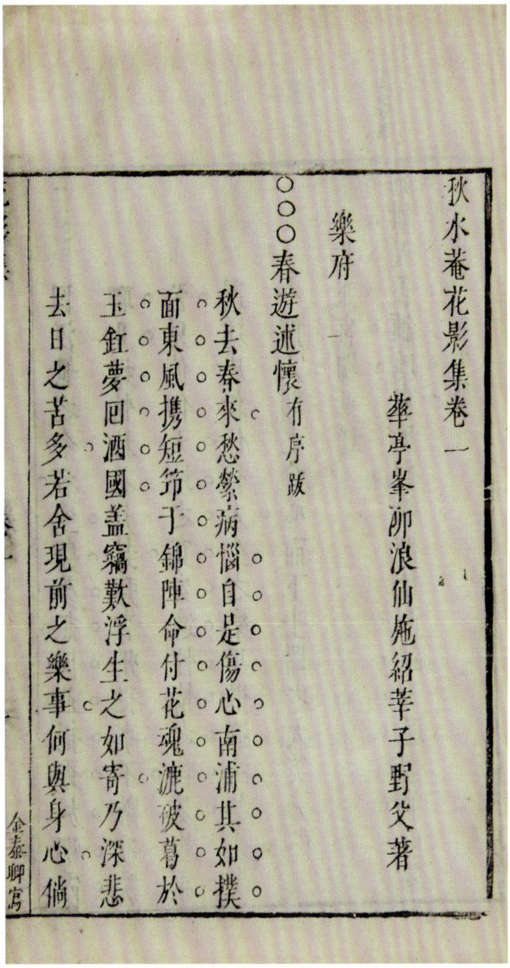

秋水菴花影集卷一

華亭峯泖浪仙施紹莘子野父著

樂府

○○○春遊述懷有序跋

秋去春來愁縈病惱自是傷心南浦其如撲

面東風攜短笻于錦陣命付花魂漉破蓦於

玉釭夢回酒國盖竊歎浮生之如寄乃深悲

去日之苦多若舍現前之樂事何與身心倘

金泰卿寫

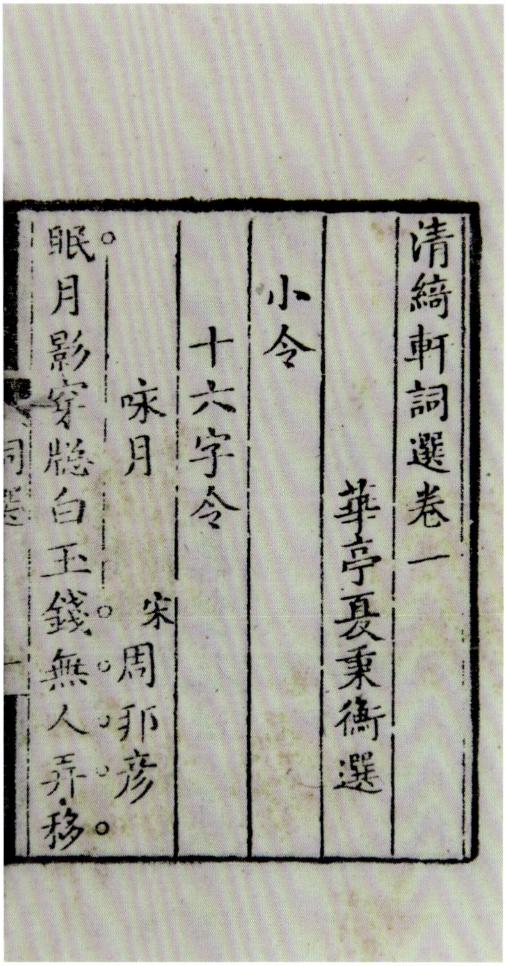

清綺軒詞選卷一

華亭夏秉衡選

小令

十六字令

咏月　宋周邦彦

眠。月影穿牕白玉錢。無人弄。移。

305 秋水菴花影集五卷

（明）施紹莘撰

明末刻本。半葉八行，行二十字。白口，四周單邊。框高 19.3 厘米，寬 13 厘米。

306 清綺軒詞選十三卷

（清）夏秉衡輯

清乾隆十六年（1751）清綺軒刻本。半葉六行，行十二字。上下黑口，左右雙邊。框高 7.8 厘米，寬 5.8 厘米。巾箱本。

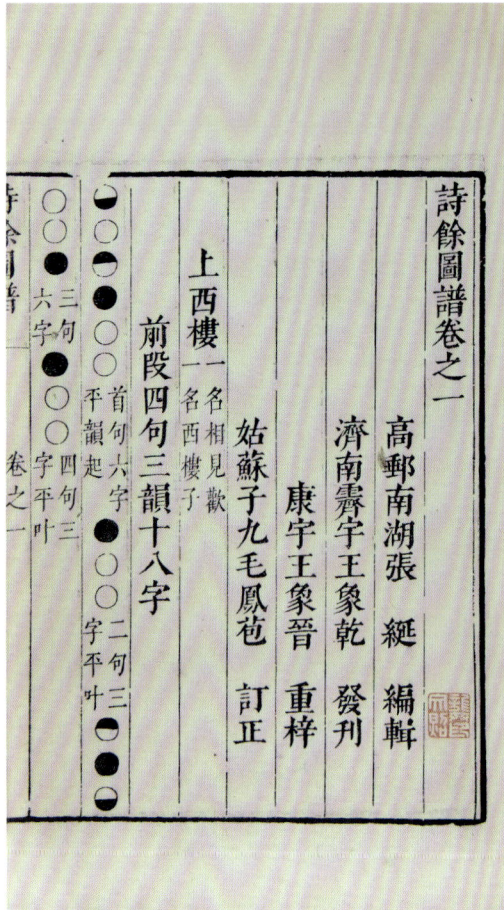

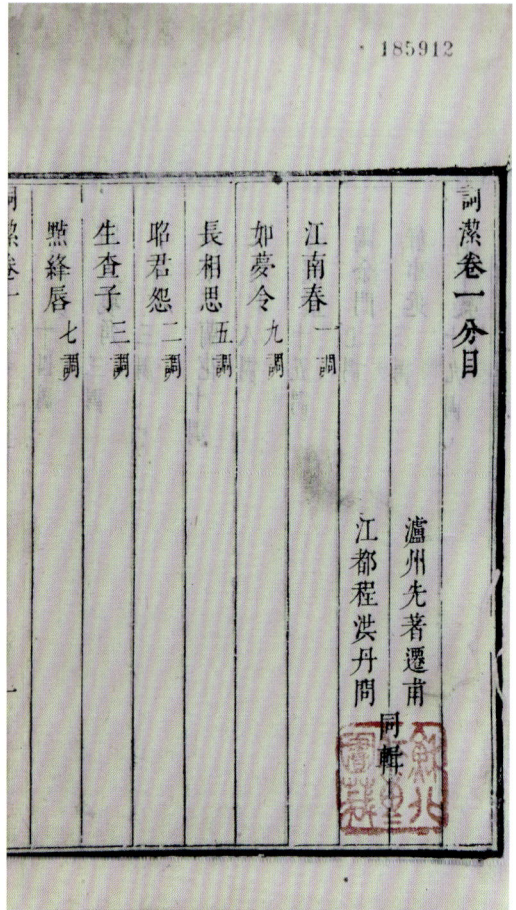

307 詩餘圖譜三卷

（明）張綖輯

明崇禎八年（1635）王象晉刻本。半葉九行，
行十九字，小字雙行同。白口，左右雙邊。
框高 18.8 厘米，寬 14.3 厘米。

308 詞潔六卷目録六卷

（清）先著、程洪輯

清康熙刻本。半葉九行，行二十字，小字雙
行同。白口，四周雙邊。框高 19.7 厘米，寬
14.5 厘米。

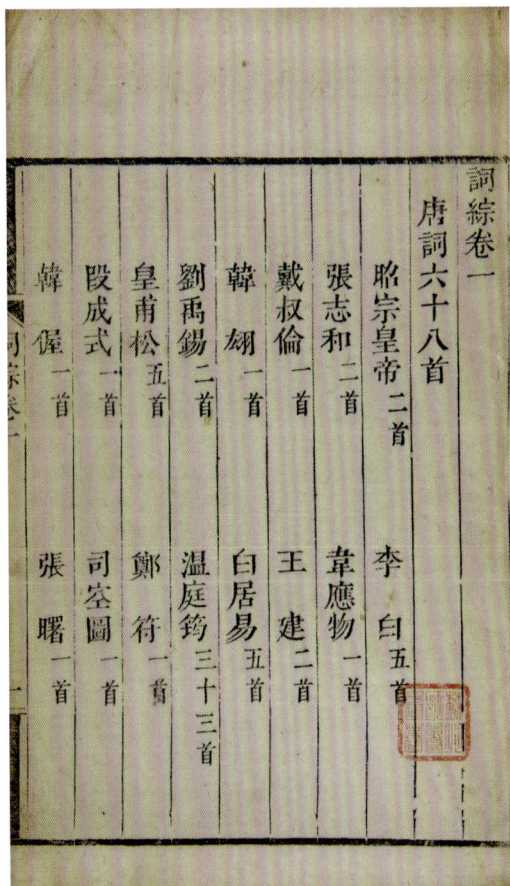

309 詞綜三十八卷

（清）朱彝尊輯

清乾隆汪氏碧梧書屋刻本。半葉十行,行二十一字,小字雙行同。上下黑口,左右雙邊。框高18.4厘米,寬14厘米。

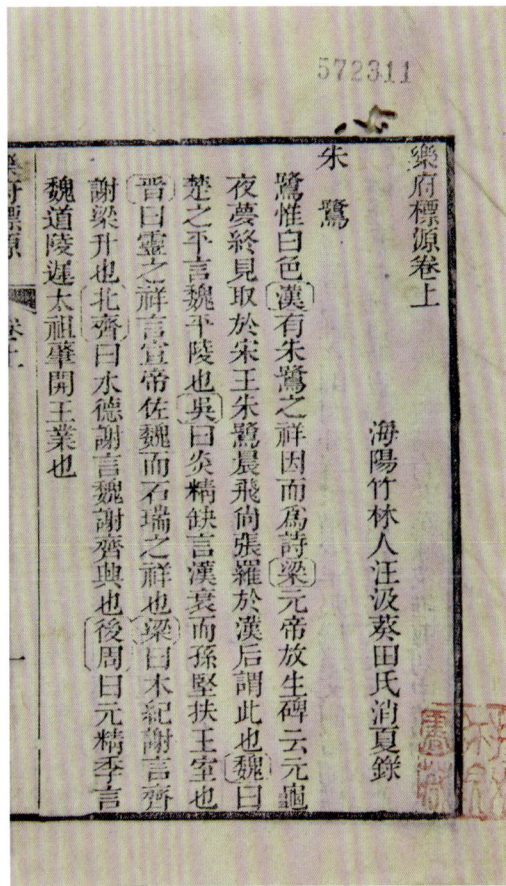

310 樂府標源二卷

（清）汪汲撰

清乾隆嘉慶間古愚山房刻本。半葉九行,行二十四字。白口,四周單邊。框高14.4厘米,寬10厘米。

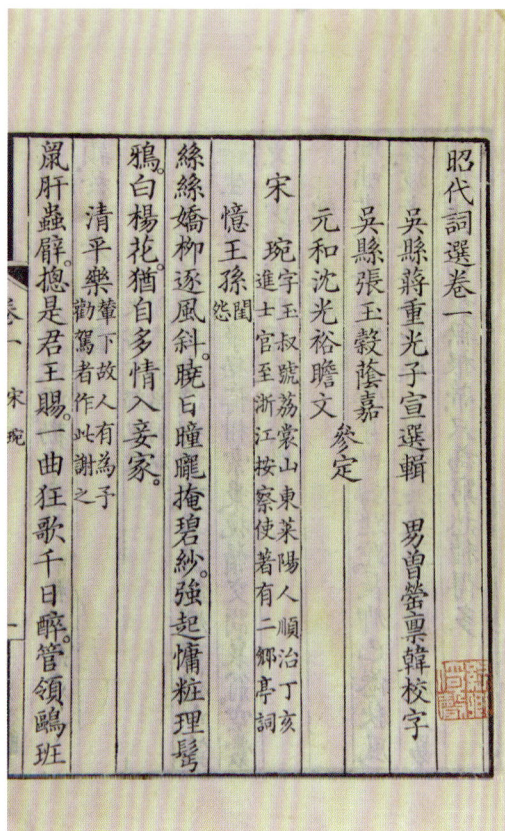

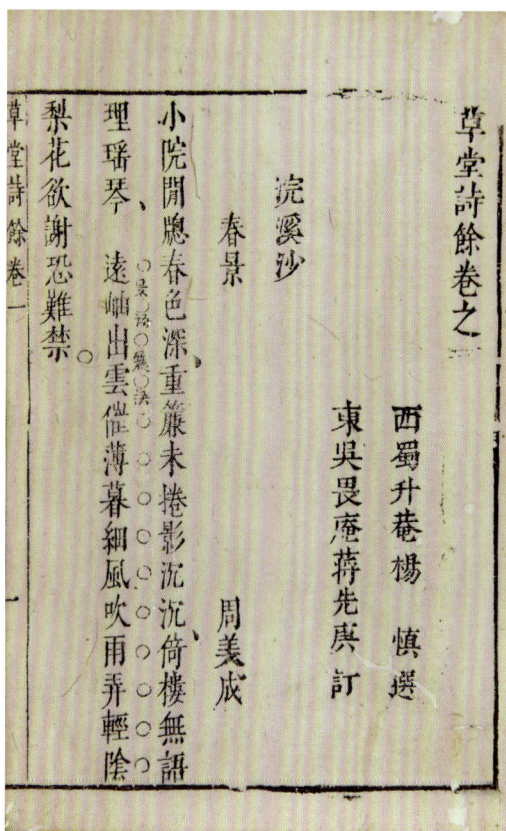

311 昭代詞選三十八卷

（清）蔣重光輯

清乾隆三十二年（1767）經鉏堂刻本。半葉
十行，行二十字，小字雙行同。上下黑口，左
右雙邊。框高 17 厘米，寬 13.2 厘米。

312 草堂詩餘九卷

（明）楊慎輯

明末刻本。半葉行數不一，卷一至卷五爲八
行十八字，卷六至卷九爲九行十八字。白
口，四周單邊。框高 20 厘米，寬 14.6 厘米。

曲　類

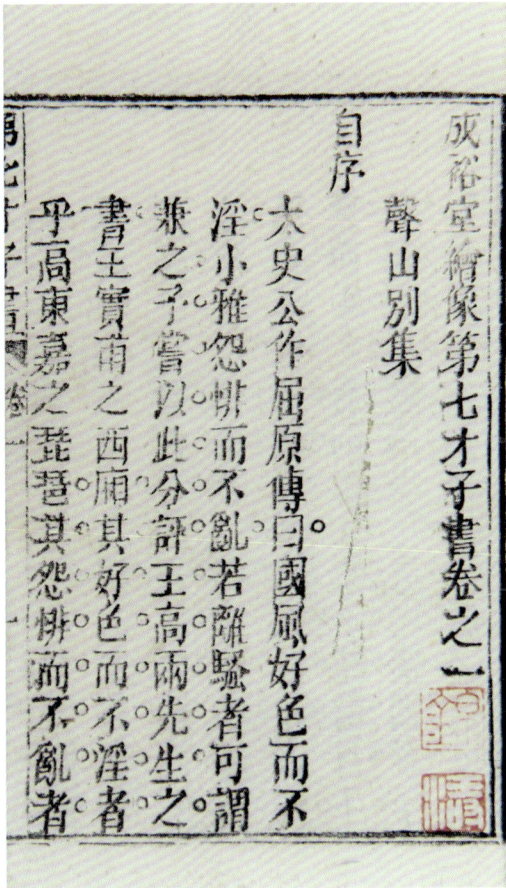

313 成裕堂繪像第七才子書六卷
（元）高明撰

清雍正十三年（1735）程士任成裕堂刻本。
半葉八行，行十六字。白口，四周雙邊。框
高 10.1 厘米，寬 6.9 厘米。

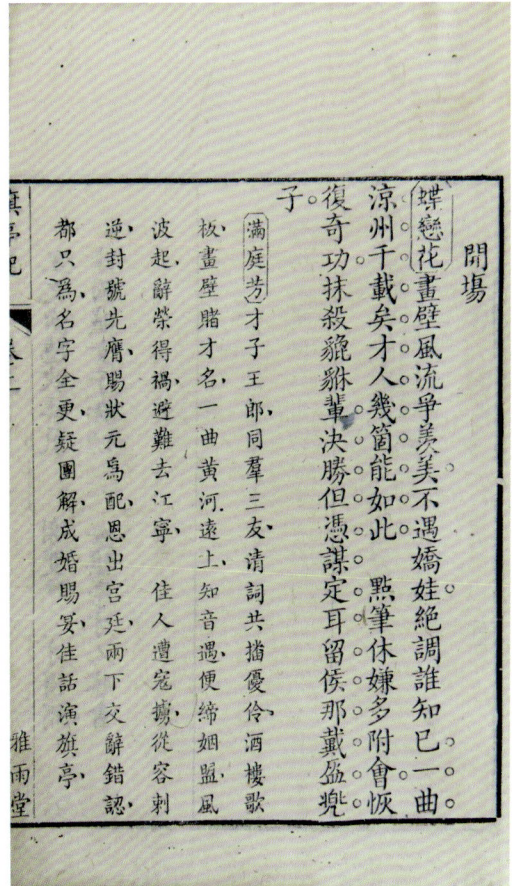

314 旗亭記二卷
（清）金兆燕撰

清乾隆二十四年（1759）盧見曾雅雨堂刻
本。半葉十行，行二十一字，小字雙行同。
白口，四周單邊。框高 18.5 厘米，寬 14.4 厘
米。

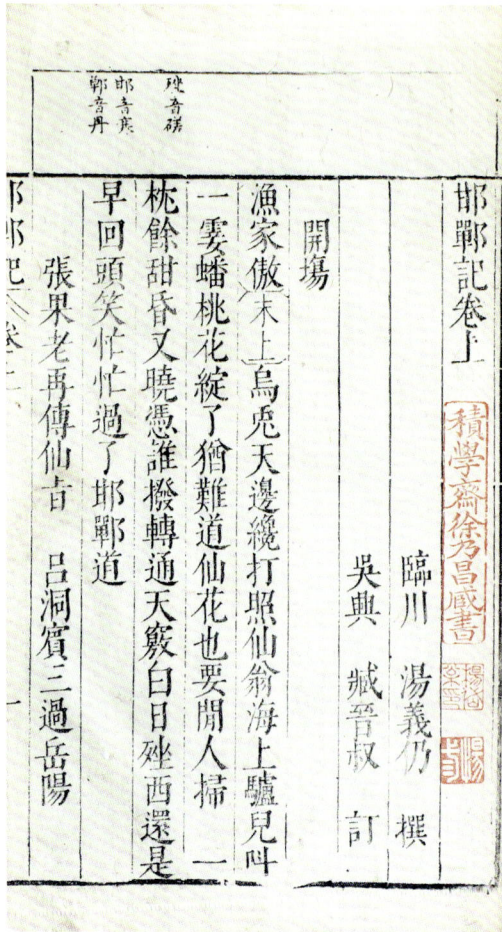

315 邯鄲記二卷

（明）湯顯祖撰　（明）臧懋循訂

明萬曆刻本。半葉九行，行十九字。白口，左右雙邊。版框高 19.1 厘米，寬 13.8 厘米。江蘇省珍貴古籍名錄號 1274。

玉茗堂還魂記卷上
清暉閣原本
第一齣　標目
快雨堂　冰絲館　重刊

蝶戀花〔末上〕忙處拋人間處住百計思量沒箇為歡
處白日消磨腸斷句世間只有情難訴　玉茗堂前
朝復暮紅燭迎人俊得江山助但是相思莫相負牡
丹亭上三生路〔漢宮春〕杜寶黃堂生麗娘小姐愛踏
春陽感夢書生折柳竟為情傷寫真留記葬梅花道

乞食圖上卷　一名後崔張
林棲居士填詞
同學諸子評點

第一齣　開宗
〔末僧服竹笠扮生公上〕偏袒來從舍衛城世尊托鉢苦修
行老僧勘破窮通境乞食生涯最有情吾乃竺道生是也
原是古佛降生昔當劉宋之世會在虎邱山寺演說涅盤
妙諦顯出神通能令頑石點頭已過一千二百餘年今日
飛錫雲遊到此可中亭畔你看虎阜依然只幾墨蒼烟低
縈寺邑劍池無恙有一泓落月遠帶歌聲可惜偌大姑蘇

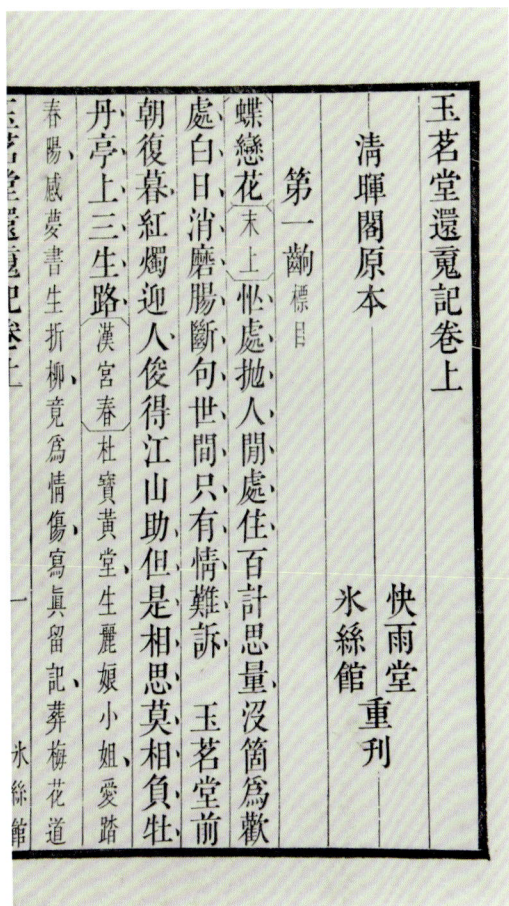

316 玉茗堂還魂記二卷

（明）湯顯祖撰

清乾隆五十年（1785）冰絲館刻本。半葉九行，行二十字，小字雙行同。白口，四周單邊。框高21.1厘米，寬13.4厘米。

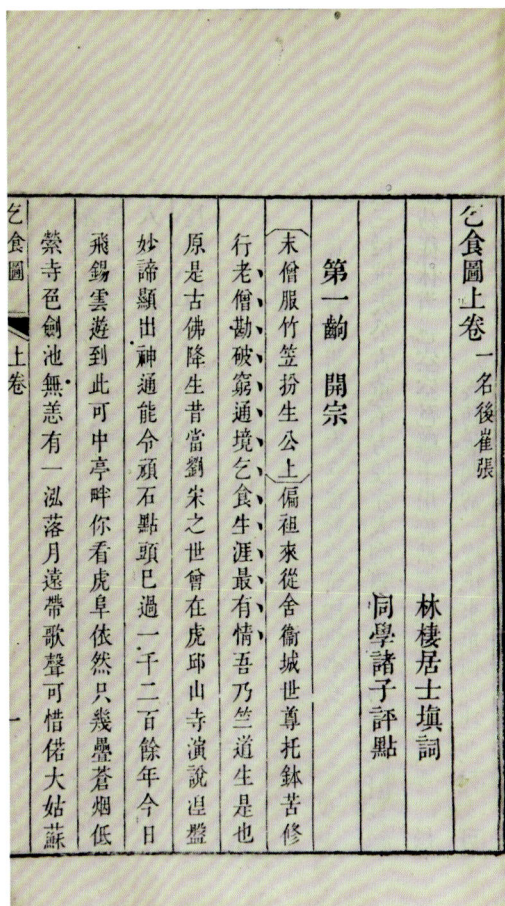

317 乞食圖二卷

（清）錢維喬撰

清乾隆小林棲刻本。半葉十行，行二十三字。白口，左右雙邊。框高17.3厘米，寬13.6厘米。

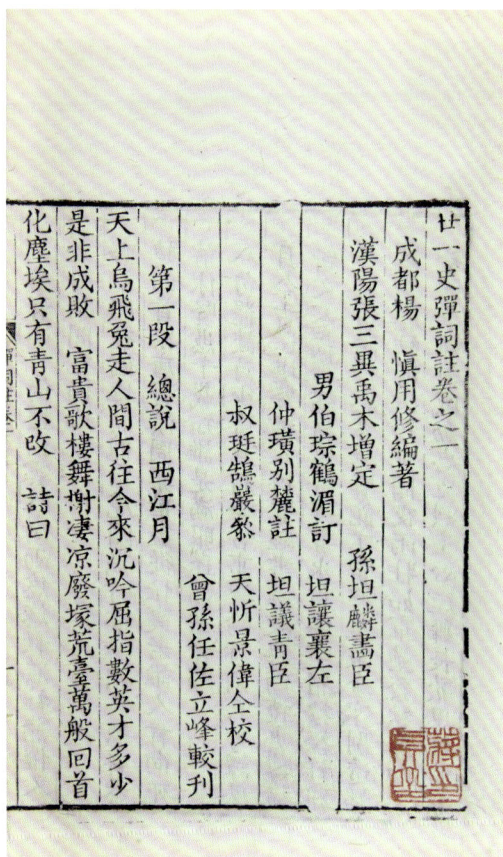

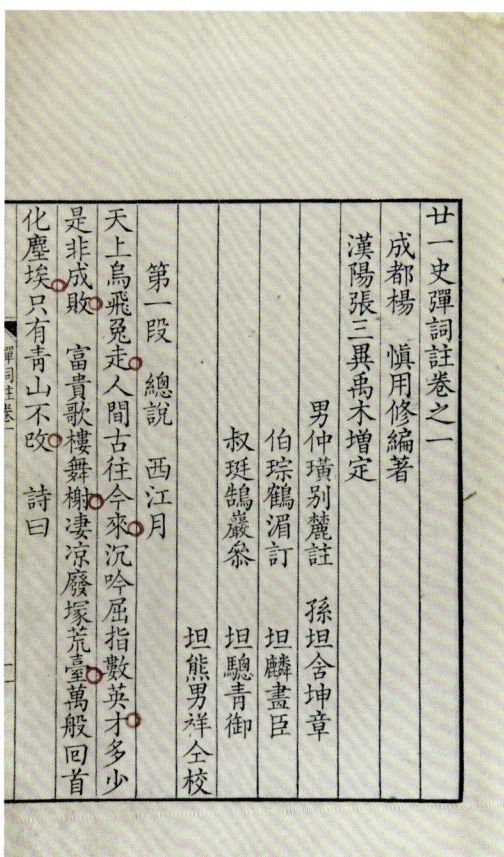

318 廿一史彈詞註十卷

（明）楊慎撰　（清）張三異增定

明史彈詞註一卷

（清）張三異撰

清乾隆五十一年（1786）視覆堂刻本。半葉十一行，行二十一字，小字雙行同。白口，四周單邊。框高 17.5 厘米，寬 13.7 厘米。

319 廿一史彈詞註十卷

（明）楊慎撰　（清）張三異增定

清康熙樹玉堂刻本。半葉十一行，行二十一字，小字雙行同。上下黑口，四周單邊。框高 17.7 厘米，寬 13.8 厘米。

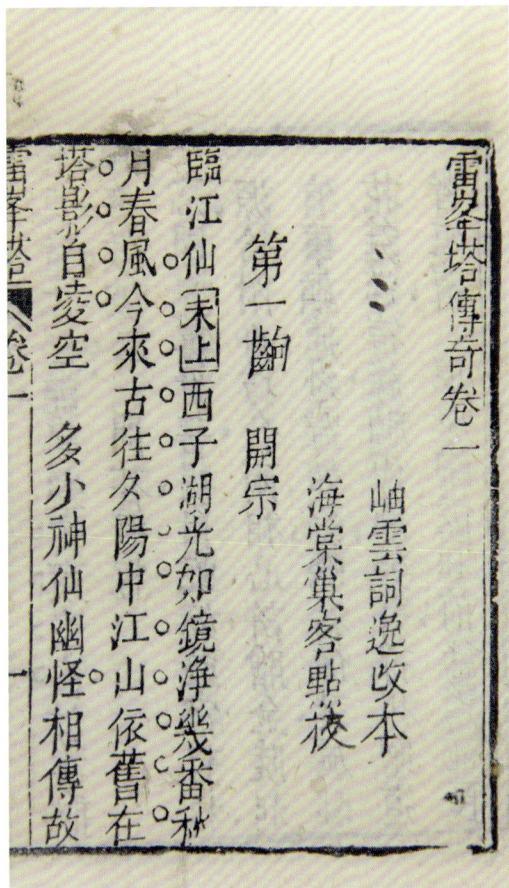

320 雷峰塔傳奇四卷

（清）方成培　（岫雲詞逸）重訂　（清）海棠
巢客點校

清乾隆刻本。半葉七行，行十五字，小字雙
行同。白口，左右雙邊四周單邊兼有。框高
10厘米，寬7厘米。巾箱本。

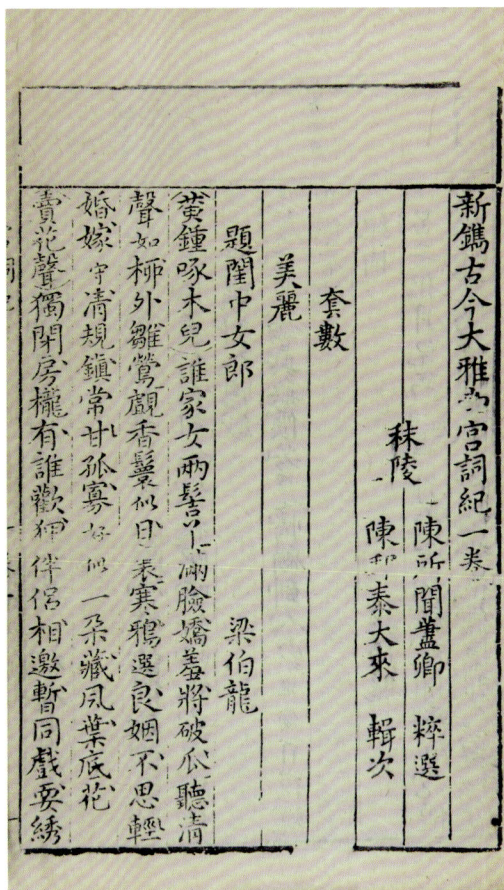

321 新鐫古今大雅南宮詞紀六卷

（明）陳所聞輯

明萬曆三十三年（1605）陳氏繼志齋刻本。
半葉十行，行二十字。白口，四周單邊。框
高21.5厘米，寬14.3厘米。

叢　部

類書類

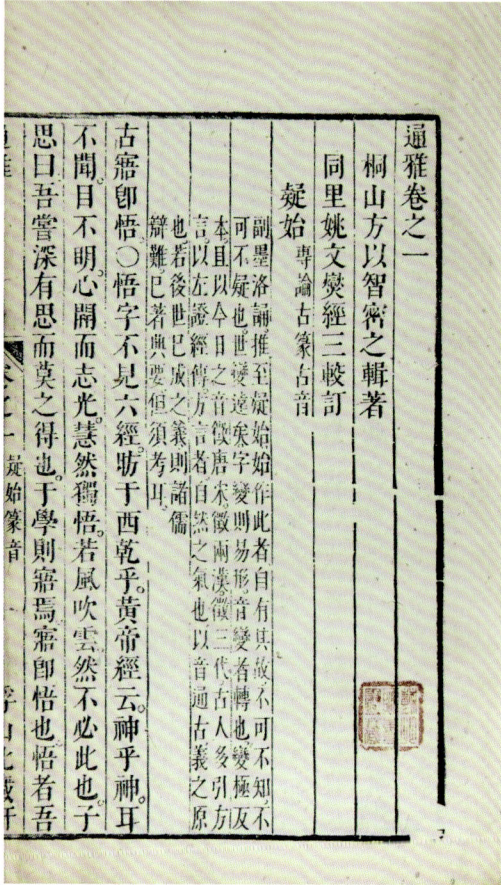

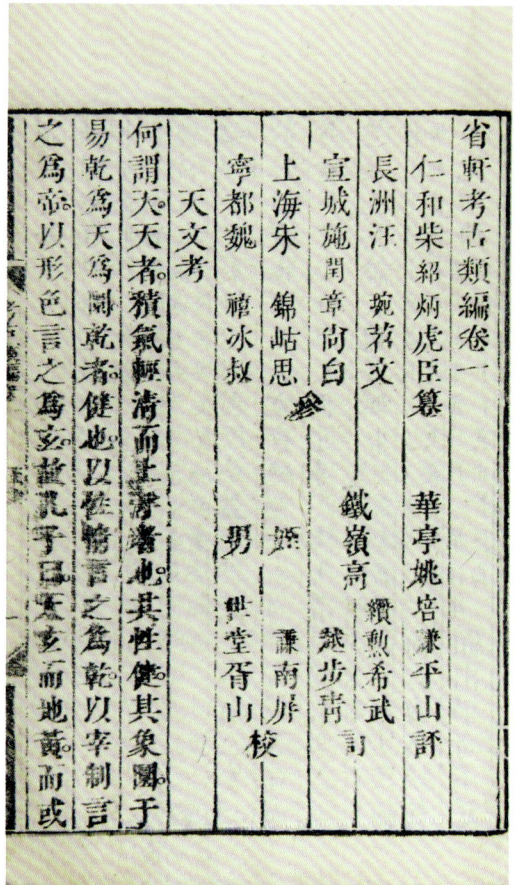

322 通雅五十五卷

（明）方以智輯

清康熙刻本。半葉十行，行二十四字，小字雙行同。白口，四周單邊。框高 20.9 厘米，寬 13.5 厘米。

323 省軒考古類編十二卷

（清）柴紹炳撰　（清）姚培謙評

清雍正刻本。半葉十行，行二十一字，小字雙行同。上下黑口，左右雙邊。框高 17.5 厘米，寬 12.4 厘米。

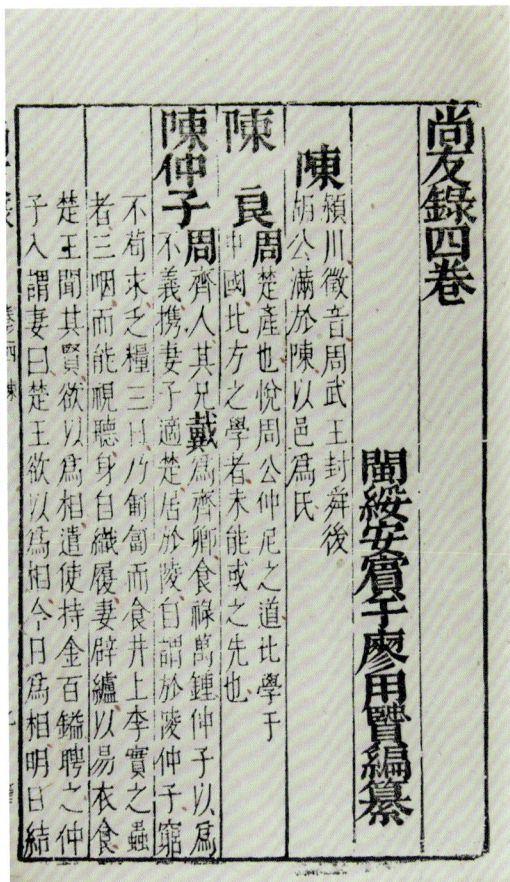

324 尚友錄二十二卷

（明）廖用賢輯

明萬曆四十五年（1617）刻本（卷 1-2、5-6、11-12 為抄補）。半葉七行，行二十字，小字雙行同。白口。框高 21.3 厘米，寬 13.4 厘米。

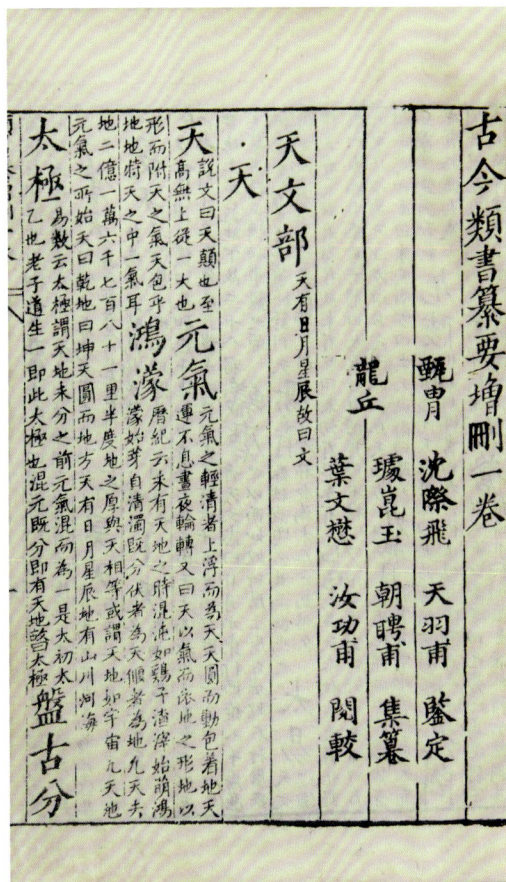

325 古今類書纂要增刪十二卷

（明）璩崑玉輯

明崇禎七年（1634）刻本。半葉十行，行十六字不等，小字雙行三十二字。白口，四周單邊。框高 21.7 厘米，寬 15.4 厘米。

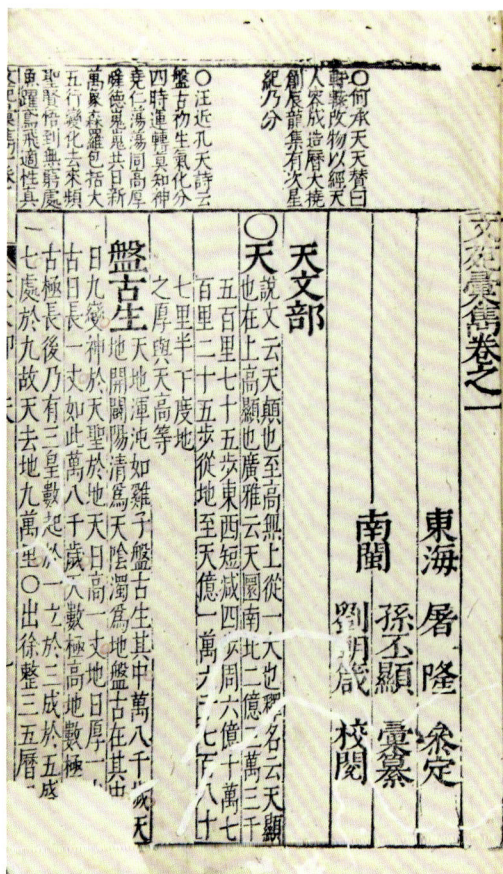

326 文苑彙雋二十四卷

（明）孫丕顯輯

明萬曆三十六年（1608）刻本。半葉十一行，行二十一字，小字雙行同。白口，四周單邊。框高 18.5 厘米，寬 14.8 厘米。

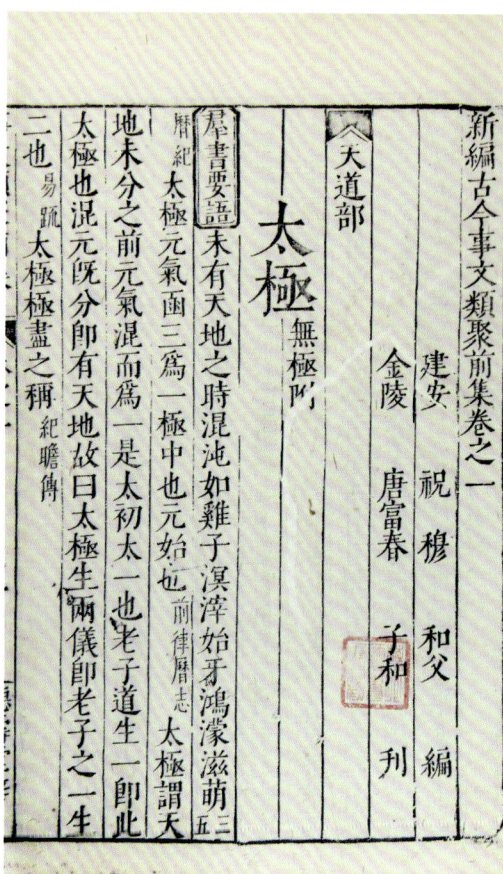

327 新編古今事文類聚前集六十二卷後集五十卷續集二十八卷別集三十二卷

（宋）祝穆輯

新集三十六卷遺集十五卷

（元）富大用輯

明萬曆三十二年（1604）刻本。半葉十一行，行二十四字，小字雙行同。白口，四周單邊。框高 21 厘米，寬 14.8 厘米。

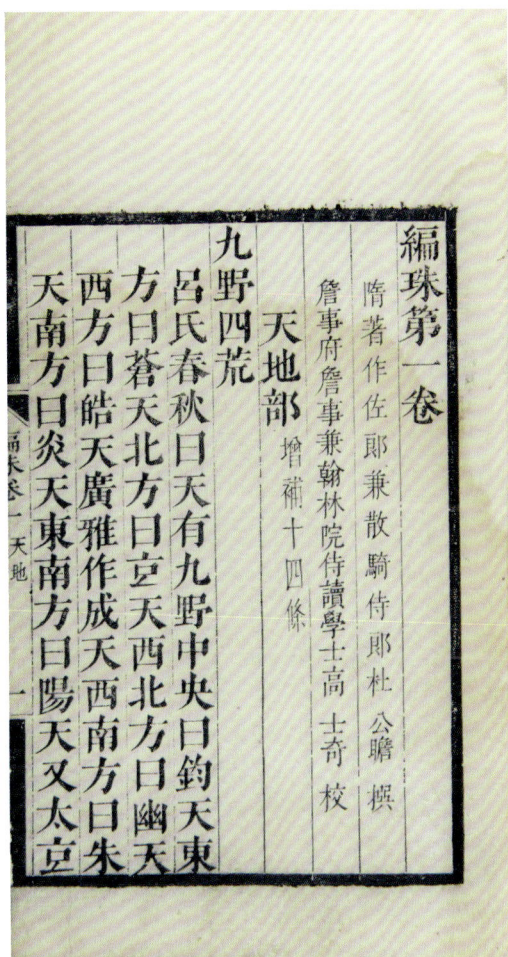

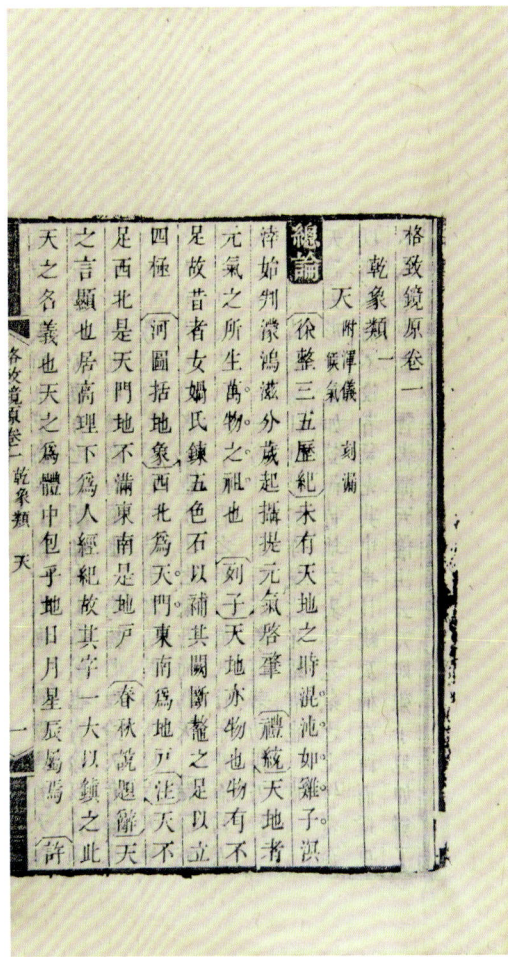

328 編珠四卷　題(隋)杜公瞻撰
清康熙刻本。半葉九行,行十六字,小字雙行同。上下黑口,四周單邊。框高 14 厘米,寬 9.6 厘米。

329 格致鏡原一百卷
(清)陳元龍輯
清雍正刻本。半叶十一行,行二十一字,小字雙行同。上下黑口,左右雙邊。框高 16.9 厘米,寬 11.6 厘米。

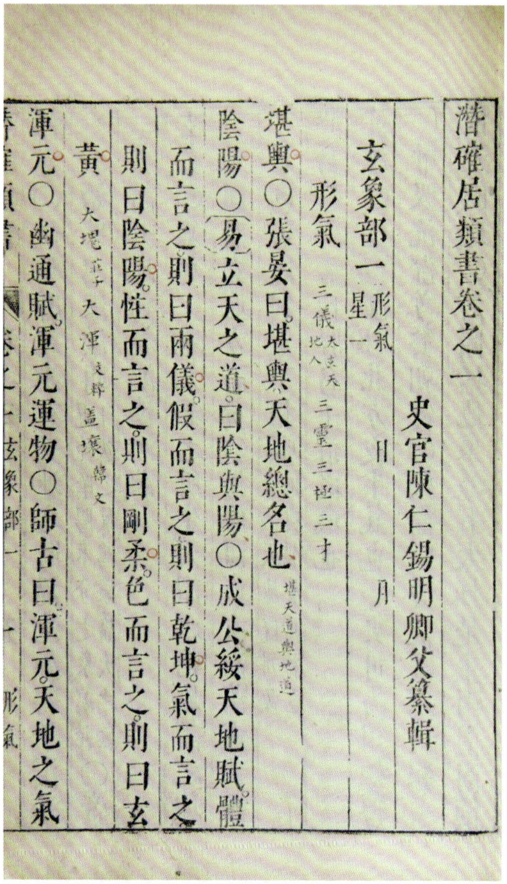
潛確居類書卷之一
史官陳仁錫明卿父纂輯
形氣　日　月
玄象部一　星一
形氣　三儀 天玄天地人　三靈　三極　三才
堪輿○張晏曰堪輿天地總名也 堪天道輿地道
陰陽○易立天之道曰陰與陽○成公綏天地賦體
而言之則曰兩儀假而言之則曰乾坤氣而言之
則曰陰陽性而言之則曰剛柔色而言之則曰玄
黃　大塊 莊子　大渾 支拃　蓋壤 錦文
渾元○齒通賦渾元運物○師古曰渾元天地之氣
潛確類書卷之一　玄象部一　形氣

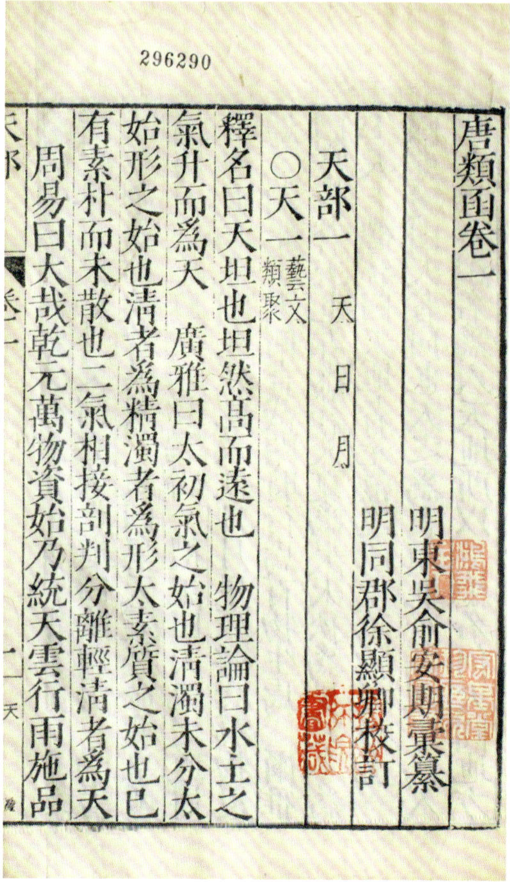
296290
唐類函卷一
明東吳俞安期彙纂
明同郡徐顯卿校訂
天部一　天　日　月
○天一 藝文類聚
釋名曰天坦也坦然高而遠也　物理論曰水土之
氣升而為天　廣雅曰太初氣之始也清濁未分太
始形之始也清者為精濁者為形太素質之始也已
有素朴而未散也二氣相接剖判分離輕清者為天
周易曰大哉乾元萬物資始乃統天雲行雨施品
天部　卷一　二　天

330 潛確居類書一百二十卷

（明）陳仁錫輯

明崇禎刻本。半葉十行，行二十字，小字雙行二十字。白口，四周單邊。框高 21.1 厘米，寬 14.8 厘米。

331 唐類函二百卷目録二卷

（明）俞安期輯

明萬曆三十一年（1603）自刻本。半葉十行，行二十字，小字雙行同。白口，四周單邊。框高 20.8 厘米，寬 14.8 厘米。

叢書類

石林詩話

宋建康葉少蘊夢得撰

明海虞毛 晉子晉訂

趙清獻公以清德服一世平生畜雷氏琴一張鶴

與白龜各一所向與之俱始除帥成都蜀風素

後公單馬就道以琴鶴龜自隨蜀人安其政治

聲藉甚元豐間既罷政事守越復自越再移蜀

時公將老矣過泗州渡淮前已放鶴至是復以

小爾雅

漢　魯人孔鮒著　潘之淙閱

漢魏叢書原本

廣詁一

淵懿邃頤深也封巨莫恭艾祁大也頒賦鋪敷布也

蕋戴叢蒙冒覆也飾崇府最積灌聚樣叢也開楗顧

庀具也攻為話相旬宰營匠治也嶠高也遷尼附傳

陵微曼末沒無也隆巢岸峻高也袪禮屑潔也勿

戚近也邵媚伐美也賢褱繁優侊賤多也幾蔡橫

臬法也蔡取著龜也發換變貿交更易也生造奏詣進

義亦也

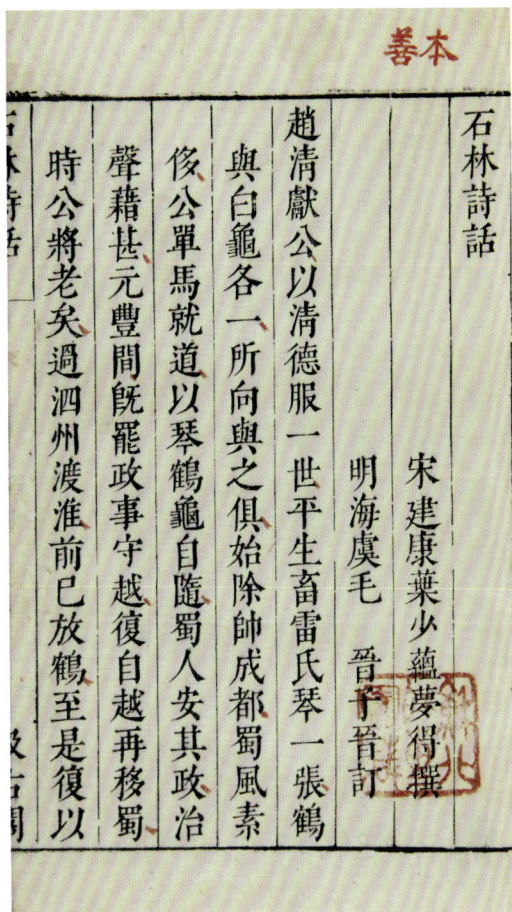

332 津逮秘書十五集一百十一種（存八種）
（明）毛晉輯
明崇禎虞山毛氏汲古閣刻本。開本高 24 厘米，寬 15.4 厘米。

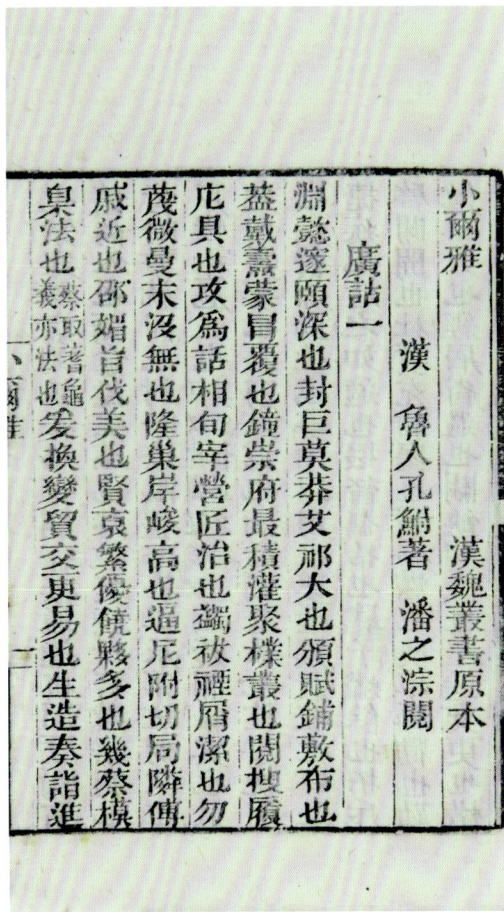

333 龍威秘書
（清）馬俊良輯
清乾隆五十九年（1794）石門馬氏大酉山房刻本。開本高 17.3 厘米，寬 10.8 厘米。

法書攷卷之一

一書譜

夫學書之要在於師古然去古既遠名跡紛雜不
可不詳擇也嘗攷歷代之善書者多矣其聲譽著
于時書翰傳于後者固已何限況乎好利售奇傳
揭亂真自非精鑒鮮能去取也故首著書譜纂集

集評

諸家之評論研究書刻之精麤以備采摭云

國家以神武定天下
世祖皇帝大興文治至于
仁廟典章具備自是

事物原會卷一

天地萬物

海陽竹林人汪汲魘川氏消夏録

魏張揖博雅太初氣之始也生于酉仲清濁未分也太始形之
始也生于戌仲清者爲精濁者爲形也太素質之始也生于亥
仲已有素樸而未散也三氣相接至于子仲剖古剖学判分離輕
清者上爲天重濁者下爲地中和爲萬物東江子曰荒哉其言
也有至理爲夫陰生于午中于月爲午于日爲中炎曉赭曉陰
伏而人弗知衆正粟進邪伏而人弗知旅力方剛老伏而人弗

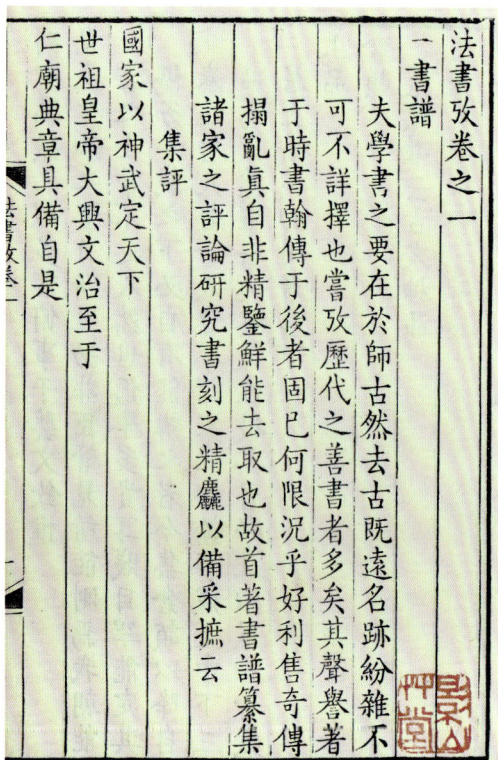

334 棟亭藏書十二種六十九卷（缺一種）

（清）曹寅輯

清康熙四十五年（1706）揚州使院刻本。開本高 22.5 厘米,寬 14.3 厘米。

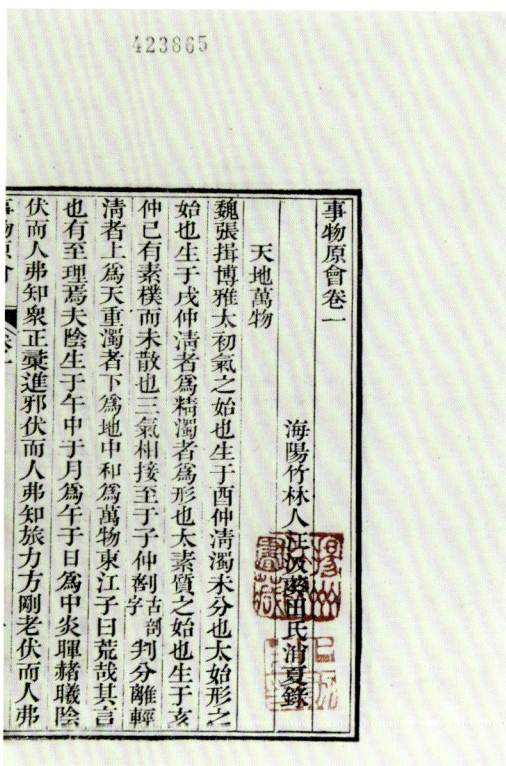

335 古愚老人消夏録六十一卷

（清）汪汲撰

清乾隆嘉慶間古愚山房刻本。開本高 25.7 厘米,寬 15.9 厘米。

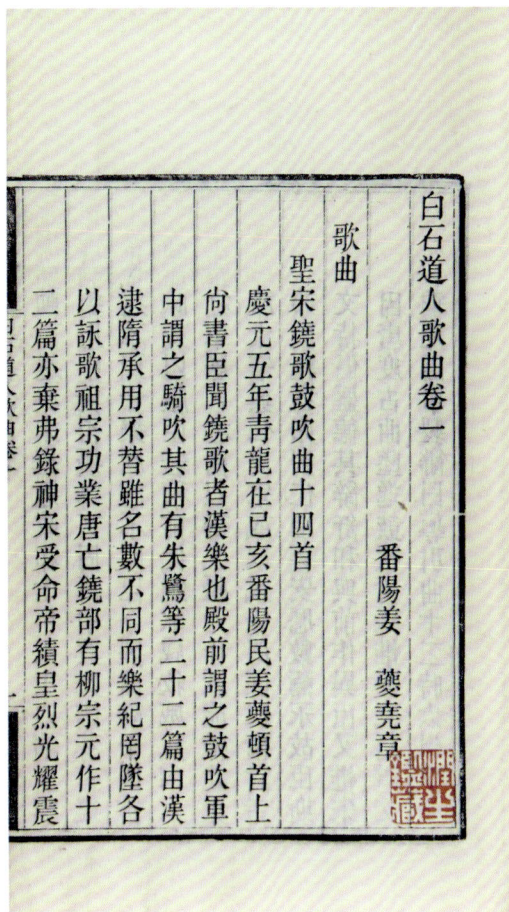

番陽姜　夔堯章

白石道人歌曲卷一

歌曲

聖宋鐃歌鼓吹曲十四首

慶元五年青龍在己亥番陽民姜夔頓首上

尚書臣聞鐃歌者漢樂也殿前謂之鼓吹軍

中謂之騎吹其曲有朱鷺等二十二篇由漢

逮隋承用不替雖名數不同而樂紀罔隆各

以詠歌祖宗功業唐亡鐃部有柳宗元作十

二篇亦棄弗錄神宋受命帝績皇烈光耀震

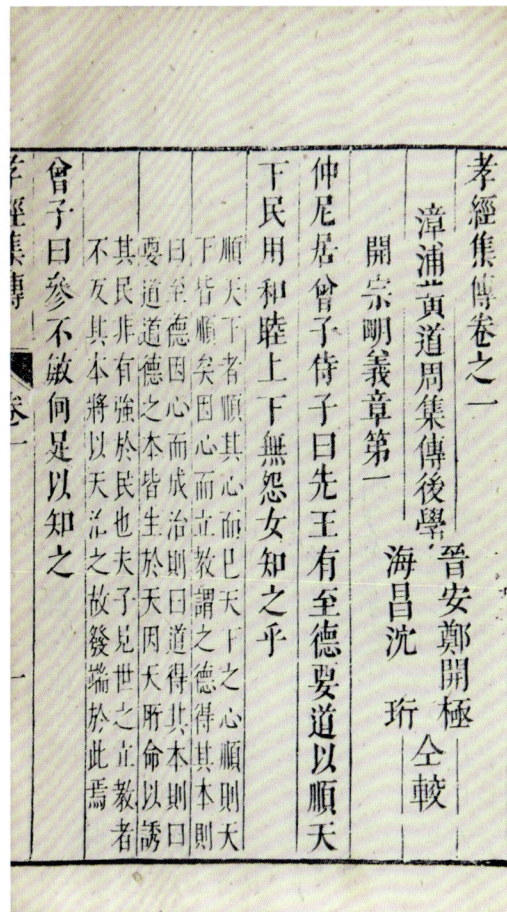

孝經集傳卷之一

漳浦黃道周集傳後學

晉安鄭開極

海昌沈　珩　全較

開宗明義章第一

仲尼居曾子侍子曰先王有至德要道以順天

下民用和睦上下無怨女知之乎

曾子曰參不敏何足以知之

336 白石道人四種

（宋）姜夔撰

清乾隆八年（1743）江都陸氏刊二十一年
（1756）歙縣江春補刻本。開本高24.9厘米，
寬15.1厘米。

337 黃石齋先生九種

（明）黃道周輯

清康熙刻本。半葉九行，行十八字，小字雙
行同。白口，左右雙邊。框高20.2厘米，寬
14.8厘米。

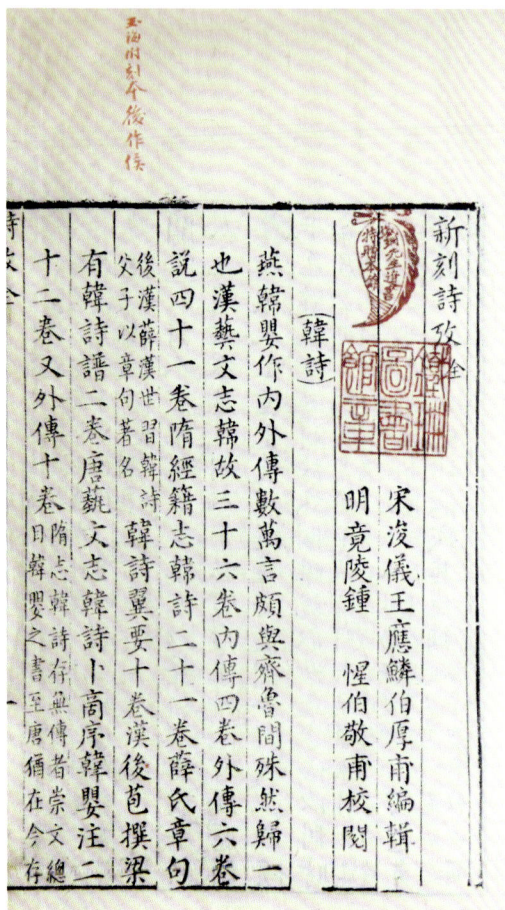

338 古名儒毛詩解十六種（存七種）

（明）鍾惺輯

明擁萬堂刻本。開本高 27.5 厘米，寬 17 厘米。

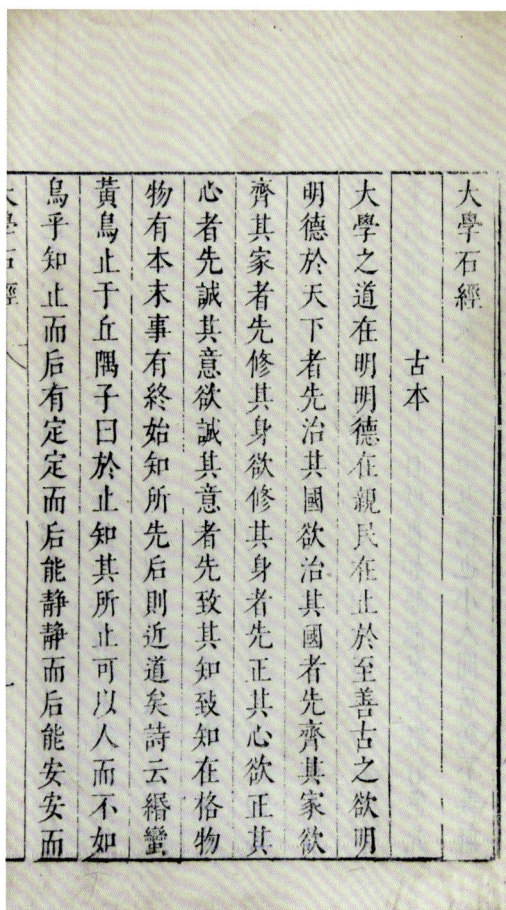

339 説郛一百二十卷（存一百十九卷）

（元）陶宗儀輯　（明）陶珽重校

説郛續四十六卷（存四十五卷）

（明）陶珽輯

清順治三年（1646）兩浙督學周南李際期宛委山堂刻本。開本高 25.6 厘米，寬 16.8 厘米。

十科策畧箋釋卷之二

經科

泳新劉文安公手著

雲孫作檠証釋

金谿唐煌崇閣校

嗣孫廷琨重訂

問上古之書莫尊於周易禮大卜掌三易有連山歸藏周易其詳可得聞與今之存者惟周易而重

女學卷一

女學總要

漳浦藍鼎元玉霖編

○女子之學一曰婦德二曰婦言三曰婦容四曰婦功

○孔子曰婦人伏於人也是故無專制之義有三從之道在家從父適人從夫夫死從子無所敢自遂也。節婦有七去不順父母去無子去淫去妬去有惡疾去多言去竊盜去。

340 十科策略箋釋十卷年譜一卷

（明）劉定之著　（清）劉作梁釋

清雍正刻本。半葉九行，行二十字，小字雙行同。白口，四周單邊。框高 19.3 厘米，寬 12.7 厘米。

341 鹿洲全集（缺一種）

（清）藍鼎元撰

清康熙五十七年至雍正十年（1718—1732）刻本。半葉九行，行十七字，小字雙行同。白口，左右雙邊。框高 17.9 厘米，寬 14.4 厘米。

冬心先生畫竹題記

　　錢塘　金農　壽門

饞鳳非竹實不能子畫竹行之實殘無所
收安得爲羽儀者之食也竹之族六十有
一而獨盛西南曰箘曰篠曰篁曰篂
嘗曰篠歙皆可貌其幽姿者也其他若
篔之類則不堪寫入豪楮矣未人有詠竹
米詩竹米者竹實也即覆也儋石之儲何

香祖樓卷上（一名轉情關）

　　天都　兩峯外史評文
　　鶩湖　藏園居士填詞
　　新城　種木山人訂譜

情旨

水調歌頭萬變亂愁緒一塊大疑團任爾風輪旋轉難透
此重闖賢聖幾多苦趣仙佛幾多惡劫舊案怕尋着細想
不能語老淚濕闌干　收自眼持翠管寫烏絲偶譜斷腸
情事舉一例千端不管周郎顧曲誰道醉翁嗜酒作者意

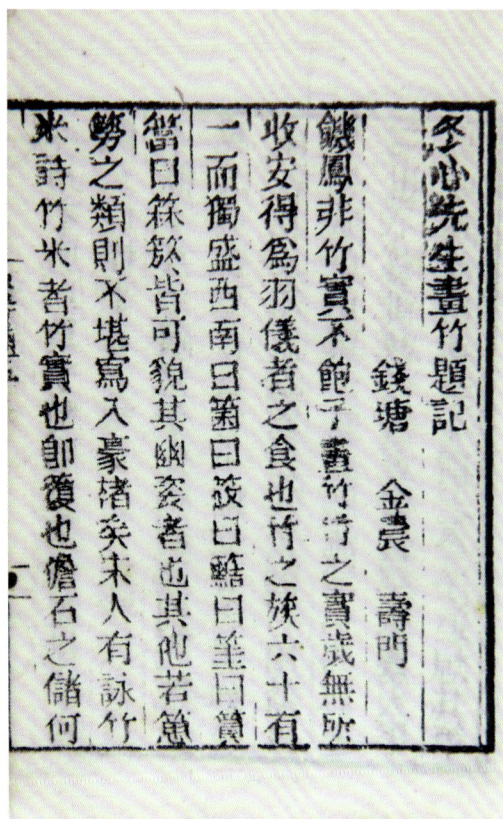

342 巾箱小品十三種

（清）□□輯

清華韻軒刻本。半葉八行，行十六字。上下
黑口，左右雙邊。框高8.9厘米，寬7厘米。
巾箱本。

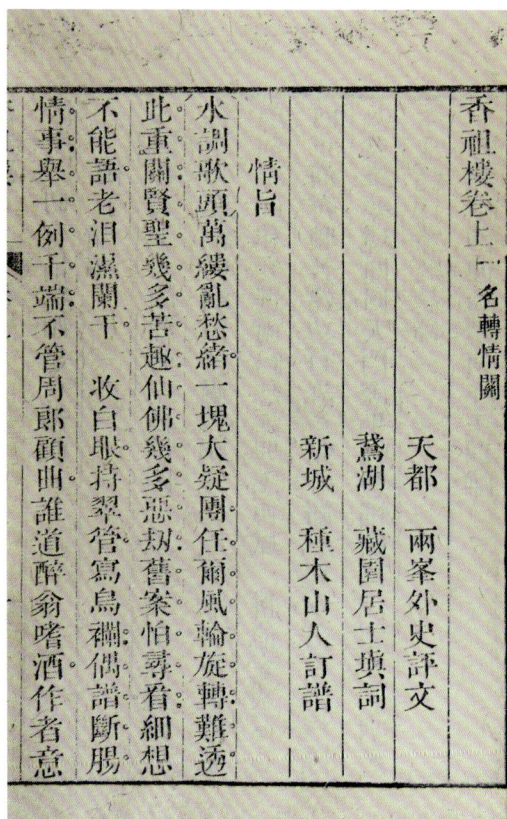

343 紅雪樓九種曲（一名清容外集）

（清）蔣士銓撰

清乾隆紅雪樓刻本。開本高26.3厘米，寬
14.7厘米。